Isolde Aigner | Jobst Paul | Regina Wamper (Hg.)

Autoritäre Zuspitzung

Rechtsruck in Europa

Edition des Duisburger Instituts für Sprach- und
Sozialforschung im *UNRAST* Verlag, Münster

Die Edition DISS wird im Auftrag des Duisburger Instituts für Sprach- und Sozialforschung herausgegeben von Gabriele Cleve, Margarete Jäger, Siegfried Jäger, Helmut Kellershohn, Jobst Paul und Jens Zimmermann.

Bibliografische Information der Deutschen Bibliothek
Die Deutsche Bibliothek verzeichnet diese Publikation in der Deutschen Nationalbibliografie; detaillierte bibliografische Daten sind im Internet über http://dnb.ddb.de abrufbar.

Isolde Aigner, Jobst Paul, Regina Wamper (Hg.)
Autoritäre Zuspitzung
Edition DISS Bd. 40
1. Auflage Oktober 2017
ISBN 978-3-89771-769-5
© UNRAST Verlag, Münster
Postfach 8020, 48043 Münster – Tel. (0251) 66 62 93
info@unrast-verlag.de
www.unrast-verlag.de
Mitglied in der assoziation Linker Verlage (aLiVe)

Umschlag: UNRAST-Verlag, Münster
Satz: Andreas Hollender, Köln
Druck: Interpress, Budapest

Inhalt

Einleitung

Großbritannien, Frankreich, Niederlande, Deutschland, Dänemark, Schweden, Finnland, Polen, Slowakei, Ungarn, Österreich, Italien – in verschiedenen Ländern Europas kam es im Jahr 2015 zu einem massiven Rechtsruck, der sich allerdings in den Jahren davor bereits angekündigt hatte.

Nicht nur bei Wahlen gewannen extrem rechte Parteien und Bewegungen an Zuspruch, sondern auch in Form ihrer Präsenz ›auf der Straße‹. Diese Entwicklungen spielten sich vor allem ab vor dem Hintergrund verstärkter Fluchtbewegungen nach Europa, der damit zusammenhängenden administrativen Krise sowie im Kontext islamistischer Anschläge. Ein weiterer Kontext dieses europäischen Rechtsrucks ist zweifellos eine global durchgesetzte Liberalisierung des Marktes, auf die der Rechtsruck aufsetzt und die er letztlich weitertreibt.

Schließlich vollzogen auch etliche bürgerliche Parteien einen Rechtsruck. Gerade sicherheits- und migrationspolitisch wurden massive Gesetzesänderungen vollzogen hin zu Migrationsabwehr, zu Notstandsverordnungen, zu Militarisierungen des Innen und Außen. Oftmals geschah dies mit der Begründung, so könne extrem rechten Parteien das Wasser abgegraben, bzw. ihnen die Wählerschaft entzogen werden.

Bei den Europawahlen 2014 erreichte der Front National in Frankreich 24,86 % der Stimmen. Bei den Regionalwahlen 2015 erhielt er im ersten Wahlgang 27,73 % und wurde in sechs von 13 Regionen die stärkste Partei. Im zweiten Wahlgang unterlag der Front National den bürgerlichen Parteien. Bei den Präsidentschaftswahlen 2017 kam Le Pen in die Stichwahl und sahnte dort knapp 40 % der Stimmen ab. Aus der Parlamentswahl in Polen im Oktober 2015 ging die Partei »Recht und Gerechtigkeit« (PiS) von Jaroslaw Kaczynski mit 37,6 Prozent als Sieger hervor. In Ungarn kündigte der Regierungschef Victor Orbán nach der Wahl 2014 an: Die Epoche »des liberalen Blablas« sei zu Ende. 2015 ließ er Grenzzäune zur Abwehr von Geflüchteten errichten. Die extrem rechte Jobbik-Partei ist dort seit den Wahlen 2010 die drittstärkste Partei im ungarischen Parlament, bei der letzten Wahl 2014 erreichte die Partei 20,5 %. Der bis zum Juni 2017 Vorsitzende der extrem rechten Partei »Die Finnen«, Timo Soini ist in Finnland Außenminister und Vizepremier. Im Parlament bildet seine Partei mit 18 Prozent die drittstärkste Fraktion. Die Schwedendemokraten unter Jimmie Akesson erreichten bei den Reichstagswahlen 2014 knapp 13 Prozent der Stimmen. Die extrem rechte Dänische Volkspartei unter Thulesen Dahl ist seit der Parlamentswahl 2015 die zweitstärkste Kraft. Die Rechten tolerieren eine Minderheitsregierung. Und schließlich gewann die Alternative für Deutschland unter der nun angeschlagenen Frauke Petry bei den Landtagswahlen 2016 in Baden-Württemberg, Rheinland-Pfalz und Sachsen-

Anhalt zwischen 12,6 und 24,2 Prozent der Wähler_innenstimmen. Jüngst zog die AfD einstellig in den nordrhein-westfälischen Landtag ein. Zugleich finden jeden Montag in Dresden Demonstrationen der extrem rechten Pegida-Bewegung statt, die in etlichen anderen Städten Ableger gefunden hat. Die Zahl rassistischer Angriffe ist seit 2015 in die Höhe geschnellt. Und auch in etlichen anderen europäischen Ländern häufen sich rassistische Übergriffe.

Parallel zu diesen Entwicklungen forcieren die bürgerlich regierten Staaten in Europa eine autoritäre Zuspitzung migrationsfeindlicher und sicherheitspolitischer Politiken. In Frankreich wird seit dem Herbst 2015 per Notstandsverordnung regiert. Der unlängst gewählte Präsident Frankreichs Emmanuel Jean-Michel Frédéric Marcon hat unmittelbar nach der Wahl das Parlament erfolgreich aufgefordert, den Notstand in Frankreich zu verlängern. In Spanien trat zum 1. Juli 2015 ein neues Polizeigesetz, das »Gesetz zum Schutz der Bürger« in Kraft, mit dem bürgerliche Grundrechte erheblich eingeschränkt wurden. Ähnlich wie in Polen wurden auch in Ungarn durch Victor Orbán etliche Verfassungsänderungen vorgenommen. Neben einer Beschränkung der Kompetenzen des Verfassungsgerichts, der Einführung besonders geschützter Hauptgesetze, der Erlaubnis politischer Wahlwerbung ausschließlich in öffentlich-rechtlichen Medien schrieb die Regierung einen konservativen Familienbegriff in der Verfassung fest. In Schweden, dem Land, dessen Grenzen noch lange für Geflüchtete relativ offen waren, folgte die rot-grüne Regierung Löfven den Forderungen der Schwedendemokraten nach einer Schließung der Grenzen und einer Verschärfung des Asylrechtes. Deutschland inszenierte sich 2015 selbst zwar als demokratisches und humanistisches Vorbild in Europa, war aber federführend bei dem Abkommen mit der Türkei zur Auslagerung des europäischen Migrationsregimes – ungeachtet dessen, dass ausgerechnet dort Krieg gegen die eigene Bevölkerung und gegen die Bewohner_innen der kurdischen Gebiete geführt wird. Während man in der deutschen Öffentlichkeit den Übergang der Türkei von einer parlamentarischen Demokratie zu einem Präsidialsystem als autoritären Stil kritisiert, finden in Deutschland selbst Debatten und Gesetzesänderungen um sogenannte ›Gefährder‹ (ein polizeilicher, kein juristischer Begriff), um Fußfesseln, Komplettüberwachung und unbefristete Präventivhaft statt. Die autoritären Entwicklungen der bürgerlichen Regierungspolitiken in Europa und das Erstarken der extremen Rechten – als konkurrierende Kräfte – treffen auf eine weitgehende Sprachlosigkeit. Breite Widerstände in Europa bleiben bisher weitgehend aus.

Mit diesen Phänomenen beschäftigten wir uns Ende 2016 auf einem Colloquium des Duisburger Instituts für Sprach- und Sozialforschung und in Kooperation mit der Akademie Frankenwarte. Neben etlichen Bestandsaufnahmen aus verschiedenen europäischen Ländern diskutierten wir den Rechtsruck. Wir eruierten das Zusammenwirken, aber auch die Konkurrenz zwischen verschiedenen autoritä-

ren Formierungen und suchten zugleich, die Perspektiven auszuleuchten, wie ihnen
entgegen gewirkt werden kann.

Aufbau

Wir beginnen den Sammelband mit einem ›Aufriss‹ von Jobst Paul, der Fragen
rund ums Thema umreißt und – mit Didier Eribon – auf erste Deutungsmöglich-
keiten hinweist.

In seiner zweiteiligen Studie »Der politische Rechts(d)ruck, die prozessierten Widersprüche des Neoliberalismus und die Strukturkrisen kapitalistischer
Vergesellschaftung« erarbeitet Tino Heim nicht nur eine Bestandsaufnahme des
derzeitigen gesellschaftspolitischen Status Quo, sondern ordnet diesen in viel um-
fassendere, neo-liberale und dann kapitalistische Logiken ein. Erst von diesem
Blickwinkel her wird wiederum das Ausmaß an Defiziten sichtbar, in dem sich das
gegenwärtige politische Handeln eingerichtet hat.

Heim zeigt zunächst auf, dass die deutschen Parteien der ›Mitte‹ nicht mehr
im Grundsatz einen von ›rechten‹ Positionen unterschiedenen Kurs vertreten. Der
›Rechtsruck‹ ist insofern zum ›Rechtsdruck‹ geworden, als selbst die sich traditionell eher von rechts abgrenzenden Kräfte von dieser Anpassung erfasst wurden:
Zwischen dem Rechtspopulismus und breiteren medialen und politischen Diskursen ist es, so Heim, zu einer ›entfremdete(n) epistemologische(n) Komplizenschaft‹ gekommen.

Strukturell gedeutet – so Heim – hat die neoliberale Mitte-Links-Politik der
vergangenen Jahrzehnte zwar libertäre, nicht aber die sozial- und gesellschaftspolitische Gehalte von links in sich aufgenommen. Die ›Erweiterung der Lebensmöglichkeiten‹ wurde so als Minderheiten-Politik und als ›Verrat‹ am politischen Auftrag für alle deutbar. Darüber hinaus aber ist die Verschärfung des
Widerspruchs zwischen libertären und autoritären und exklusorischen Momenten des Neoliberalismus in Grundstrukturen des kapitalistischen Weltsystems
selbst angelegt. Insofern erscheinen rechte Parteien, Bewegungen und Ideologien
weniger als Verursacher, sondern als Katalysatoren genereller gesellschaftlicher
Trends.

Den deutschen Verhältnissen widmen sich auch Isolde Aigner, Regina Wamper,
Margarete Jäger, Johannes Richter, Helmut Kellershohn und Martin Dietzsch.

Margarete Jäger und Regina Wamper analysieren den »Rechtsruck« des Fluchtdiskurses 2015. Sie stellen einige Aspekte dieses Diskurses dar und berücksichti-
gen dabei vor allem die Entwicklung innerhalb der zweiten Jahreshälfte von 2015.
Während dieser Monate hat sich die Debatte um Migration und Flucht entscheidend verschoben. In dieser Zeit »kippte« die Willkommenskultur, und es fand ein
Wechsel vom Schutz der Geflüchteten zum Schutz der europäischen Staaten statt.

Das Sagbarkeitsfeld verengte sich auf die unterschiedlichen Positionen innerhalb der CDU/CSU. Das machte es möglich, eine restriktive Asylpolitik zu legitimieren. Die Medien kommentierten diese Entwicklungen durchaus unterschiedlich. Je nach eigener Perspektive wurde von einem Rechtsruck im öffentlichen Diskurs gesprochen und der sukzessive Abbau von Grund- und Menschenrechten kritisiert. Oder es wurden eine ›linke Medienhoheit‹ und öffentliche ›Sprechverbote‹ angeprangert, die eine Lösung der Probleme verhinderten.

In dem Beitrag »Deutungskämpfe um das Recht auf sexuelle Selbstbestimmung. Die Silvester Ereignisse 2015 und ihre politischen Folgen« zeigt Isolde Aigner auf, wie sich innerhalb der öffentlich-medialen Verhandlung der Silvesternacht eine rassistische Instrumentalisierung von Frauenrechten vollzog, die eine rassismuskritische, feministische Intervention notwendig werden lässt.

Roisin Ludwig und Regina Wamper beschäftigen sich in dem Beitrag »Schnittstellen und Abgrenzungen« mit dem Umgang der Frankfurter Allgemeinen Zeitung mit der populistischen extremen Rechten. Sie kommen zu dem Schluss, dass die FAZ sich als konservatives Flaggschiff in Deutschland an einer Normalisierung rechtspopulistischer Inhalte beteiligt, an einer Ausweitung des hegemonialen Sagbarkeitsfeldes nach rechts und an einem Einschluss extrem rechter Gruppierungen in die politische ›Mitte‹ bei gleichzeitiger Diskreditierung antirassistischer und emanzipativer Kritiken.

Den politischen Entwicklungen in der AfD widmet sich Helmut Kellershohn in seinem Beitrag »Kampf zweier Linien in der Neuen Rechten und der AfD«. Er beschreibt die konkurrierenden Konzepte der Fundamentalopposition und der Realpolitik, die sich innerhalb der AfD und darüber hinaus auch in der gesamten Neuen Rechten zeigen, und fragt vor diesem Hintergrund nach der Zukunft des rechten Hegemonieprojektes.

Johannes Richter zeichnet in dem Beitrag »Normalität seit Pegida. Zurück zur Normalität?« die jüngsten Entwicklungen rund um Pegida in Dresden nach. Auch wenn die Teilnehmer_innenzahlen rückläufig sind, hat das »Phänomen Pegida« zahlreiche Diskurse nach rechts verschoben. Der Autor konstatiert, dass Pegida als Akteur einen entscheidenden Einfluss darauf hatte, bestehende rassistische Einstellungsmuster auf die Straße zu tragen und damit zu normalisieren.

Martin Dietzsch gibt in seinem Beitrag: »Die NPD und andere Neonazis nach dem Aufstieg der AfD« einen Überblick über die neueren Entwicklungen innerhalb neonazistischer Parteien und Gruppierungen im Zuge des Aufkommens von AfD und Pegida.

In seinem Beitrag »Der Front National – Diskurs und Programmatik einer ›rechtspopulistischen‹ Partei« legt Sebastian Chwala eine Untersuchung der aktuellen Programmatik des Front National vor und setzt sich kritisch mit der weit verbreiteten sozialwissenschaftlichen Annahme auseinander, dass die Partei unter der Führung von Marine Le Pen durch sozialpolitische Forderungen großen Anklang im Arbeitermilieu gefunden habe.

Cordelia Heß geht in dem Beitrag »Ende einer Ära. Asylrechtsverschärfungen und der Erfolg der rechtspopulistischen Sverigedemokraterna« der Frage nach, welchen Einfluss die Schwedendemokraten auf das Ende des schwedischen Selbstbildes als Vorreiter in Sachen humanitärer Hilfe hatten. Die Schließung der Grenzen im Juni 2016 und die Reduktion der Asylgesetzgebung auf den europäischen Mindeststandard hätte in Schweden, so die Autorin, ein Schock sein müssen – ein großer gesellschaftlicher Aufschrei aber blieb aus.

Lara Schultz beleuchtet in ihrem Beitrag »Rechtsruck in der Ukraine? Der schwierige Umgang mit der Vergangenheit in einer schwierigen Gegenwart« die gesellschaftlichen Ursachen des Ukrainekonflikts zwischen den pro-russischen und pro-ukrainischen Bevölkerungsgruppen. Sie zeigt außerdem auf, wie sich innerhalb der ukrainischen Politik seit dem Majdan ein Rechtsruck vollziehen konnte.

Graeme Atkinson beleuchtet in seinem Beitrag vor allem den sozial-politischen Hintergrund der Brexit-Entscheidung vom Juni 2016 und stellt diese in den Kontext eines seit 31 Jahren schwelenden, von Klassenkämpfen geprägten Konflikts. Zunächst betont Atkinson jedoch die ggf. verzerrende Bedeutung des hohen Nicht-Wähler-Anteils und die ganz unterschiedlichen Brexit-Ergebnisse in England, Schottland und Nordirland. Ironischer Weise kam es zur höchsten Zustimmung zum Brexit dort, wo seit Thatcher der Sozialabbau am weitesten fortgeschritten und die Abhängigkeit von europäischen Sozial- und Kulturfonds am höchsten war. Atkinson zeichnet nach, mit welchen Mitteln die Pro-Brexit-Kampagne dieses Abstimmungsergebnis erreichen konnte.

Nur wenige Tage nach dem Wahlsieg Donald Trumps unternahm es schließlich Stacey Blatt, einige Hintergründe des Rechtsrucks in den USA zu beleuchten. Danach hat Trumps Wahlkampagne die Dynamik der extremen Rechten in den USA zugleich in sich aufgenommen und dadurch wiederum gestärkt. Aber ohne die Asymmetrien des US-Wahlsystems, ohne die Geschichte der Unterdrückung bestimmter Wähler, der Beschränkungen des Zugangs zur Wahl, der Manipulation von Wahldistrikt-Grenzen und einer aufgeladenen Lagermentalität hätte Trump nicht gewinnen können. Stacey Blatt stellt im Detail dar, wie all dies die Amerikanische Demokratie in Besorgnis erregender Weise in Gefahr bringt.

Aufriss

von Jobst Paul

Unser Colloquium 2016 ist eigentlich die unmittelbare Fortsetzung unseres Colloquiums 2015 »Rechte Wutbürger im Kulturkampf«.[1] Der Unterschied ist lediglich, dass wir nun den Blick über Deutschland hinaus auf europäische, ja auf transatlantische Verhältnisse richten. Nach der Brexit-Erfahrung wollten wir, was die USA betrifft, zumindest die Möglichkeit für den Fall X – dem Wahlsieg Donald Trumps – offenlassen. Jetzt ist er eingetreten.

Niemand kann jetzt abschätzen, wo, wann es politische Abbrüche, Roll-Backs, Konfrontationen (und mehr) geben wird. Die großen Player der Weltpolitik scheinen nun alle in oligarchischer bzw. autokratischer Hand zu sein. ›Wir in Deutschland‹ – wenn ich das mit gemischten Empfindungen sagen darf – wissen nicht, ob und wie weit der rechte Populismus und seine rassistische Beifracht auch bei uns in kommenden Jahren nach der Macht greifen wird, über eine bürgerliche Mitte, die den demokratischen Mantel abschüttelt.

Umso wichtiger und drängender werden nun sorgfältige Analysen, aber eben nicht nur wegen der rechtspopulistischen Dynamik selbst, sondern auch wegen jener zweiten Übereinstimmung unseres heutigen Colloquiums und des Colloquiums von letztem Jahr. Ich möchte mich in meiner kurzen Einführung mit jenem zusätzlichen Aspekt beschäftigen.

Dieser war bereits präsent, als wir mit der Planung dieses Colloquiums weit vor den Landtagswahlen von 2016 begannen, als sich die europäische Dimension des rechtspopulistischen Phänomens aufdrängte und die Frage nach unterschiedlichen nationalen Kontexten und Bedingungen. Verstärkt bewegte uns aber auch jene zweite Frage, die sich schon im Colloquiumsband 2016 niederschlägt. Der Schlussteil ist dort nämlich mit »Was tun?« überschrieben. In ihrer Einleitung dazu schreiben Wolfgang Kastrup und Helmut Kellershohn (Kellershohn/Kastrup 2016, 96 ff.):

> »Was ist von den emanzipatorischen Kräften zu tun angesichts des Kulturkampfes von rechts? Die Frage nach Gegenkonzepten von links, muss, will sie nicht einem politischen Aktionismus verfallen, immer auch die ideologischen Grundlagen und gesellschaftlichen Zusammenhänge dieses Kulturkampfes von rechts mit bedenken. Das bedeutet einerseits Analyse und Kritik des völkisch nationalistischen Denkens und seiner Überschneidungsmerkmale mit dem Neoliberalismus; andererseits muss

---

1 Erschienen unter dem Titel »Kulturkampf von rechts. AfD, Pegida und die Neue Rechte«, herausgegeben von Wolfgang Kastrup und Helmut Kellershohn. Vgl. Kellershohn/Kastrup 2016.

in die Analyse einbezogen werden, dass der Kulturkampf von rechts nicht losgelöst von den multiplen Krisen gesehen werden darf, die der neoliberale Kapitalismus hervorbringt. Die Frage nach dem ›Was tun?‹ wird damit die theoretische Reflexion auf diesen Zusammenhang nicht ausblenden können, um die Angemessenheit linker Gegenstrategien und kollektiven Handelns zu beurteilen.«

Wir konnten diesem riesigen Erwartungshorizont auf dem Colloquium nicht gerecht werden. Wir konnten nicht den großen konzeptionellen Wurf bieten.

Mit unserer Entscheidung für ein Paket aus Beschreibung, Analyse und Strategiediskussion konnten wir uns von der Entwicklung der öffentlichen Debatte der vorausgegangenen Monate bestätigt fühlen. Ich kann nur wenige Stimmen erwähnen, wobei ich ausdrücklich noch einmal auf die Analysen im Colloquiumsband 2016, aber z.B. auch von Helmut Kellershohn im DISS-Journal 32[2] hinweise.

Im Juli 2016 bekräftigte der Foucault-Biograph Didier Eribon[3] seine Thesen[4], wonach die neoliberale Revolution die Arbeiterschaft enteignet und die Mitwirkungsrechte breiter Bevölkerungskreise gekappt habe. Als Hauptakteure, bzw. als Zuarbeiter zu dieser Entwicklung werden die EU, aber auch Angela Merkel und Wolfgang Schäuble ausgemacht.

Zur real erfahrbaren Entmündigung der abhängig Beschäftigten und der von Sozialzahlungen Abhängigen trat die Erfahrung, nicht zuletzt der jungen Generationen, dass Leistung nichts mehr bewirkt. Bestenfalls verharrt man am Fleck, während man, ob nun real oder gefühlt, von sozialem, familiärem Abstieg bedroht ist. Auf diese verbreitete Stimmung, so Eribon, sind die rechten Populisten aufgesprungen – obwohl sie für die betroffenen Wählerschichten ja gerade nichts tun werden.

Dass es soweit überhaupt kommen konnte, dafür macht Eribon aber die europäische ›Linke‹ verantwortlich, die sich von der neoliberalen Revolution zu Kompromissen hat verleiten lassen und z.B. in Gestalt von Tony Blair und Gerhard Schröder die Gerechtigkeitsfrage opferte. Kurz: Die ›Linke‹ habe vergessen, wo sie herkommt und für wen sie sprechen sollte. Statt von Klassen rede sogar auch sie nun von Nation und Vaterland und begebe sich damit in Konkurrenz zu Rechts, oder besser in eine Abwärtsspirale der eigenen Bedeutungslosigkeit.

Eribon fügt übrigens eine brisante Information hinzu. Er erwähnt die Rolle gesponsorter Konferenzen, Seminare, medialer Kampagnen in den Achtziger Jahren[5],

---

2 Kellershohn 2016.

3 Eribon 2016a, vgl. auch 2016b.

4 Er hatte sie bereits 2009 in seinem Buch ›Retour a Reims‹ formuliert (Eribon 2009; 2016c).

5 Dargelegt in seinem, leider nicht ins Deutsche übersetzten, Werk aus dem Jahr 2007 (Eribon 2007): D'une révolution conservatrice et de ses effets sur la gauche française. Im ZEIT-Interview (Eribon 2016a) formuliert Eribon: »In den Achtzigern haben linke Neokonser-

die sich an einflussreiche Multiplikatoren wandten, um sie für eine >moderne<, d.h. >pragmatische< Sicht von Arbeit, Markt und Kapital, d.h. für eine linkskonservative Position zu gewinnen. Ich kann mit Blick auf meine eigenen Recherchen nur bestätigen[6], welches Gewicht beim neoliberalen Roll-Back seit Mitte der 70er Jahre die weltweit angelegten Kampagnen im Sinn von >applied ethics< – d. h. im Sinn der neo-utilitaristischen philosophischen Schule für die Politikberatung hatten. Ich habe schon früher darauf hingewiesen und kann die Beschäftigung damit nur noch einmal empfehlen.

Was schlägt Eribon vor? Er fordert eine linke Gegenkraft, von der sich die jetzt abgedrifteten Schichten repräsentiert fühlen, auch wenn sie ihnen nicht nach dem Mund redet und den völkischen Schwenk nicht mitmacht. Wir können aus heutiger Sicht bestätigen: Sanders in den USA oder – mit Einschränkungen – Corbyn in Großbritannien scheinen Eribons Diagnose zu bestätigen.

Der Soziologe Klaus Dörre (Dörre 2016) generalisiert, ergänzt und konkretisiert Eribons Thesen. Danach deute der neue Rechtspopulismus die soziale Frage in einen Verteilungskampf um. Zur Enttäuschung über eine von der Rolle gekommene emanzipatorische Linke komme eine (nationale) Realpolitik von rechts, die sich die Zustimmung von Arbeitern, Arbeitslosen, prekär Beschäftigten, aber auch formal gut integrierter Beschäftigten, ja sogar von solchen in höheren abgesicherten Positionen zunutze mache. Der neue Rechtspopulismus ist danach eine Bewegung gegen die Zumutungen und Zwänge des Marktes.

Wie aber sollen nach Dörre die emanzipatorischen Kräfte reagieren? Soweit ich sehe, steuert er nur *einen* substanziellen Aspekt bei. Er nennt die Gewerkschaften als einzig verbliebenen sozialen Ort der möglichen Kommunikation. Vor allem mit Blick auf eine nach rechts driftende Jugend empfiehlt Dörre den Gewerkschaften einen Spagat zwischen >klarer Kante< und der Bereitschaft zum Dialog. Darüber hinaus empfiehlt er lediglich, in der politischen Auseinandersetzung die »Verteidigung unserer Lebensweise« als Verteidigung verbriefter ökonomischer und sozialer Rechte der abhängig Beschäftigten zu deuten.

Horst Kahrs (Kahrs 2016) von der Rosa-Luxemburg-Stiftung geht einen Schritt weiter. Der nationalen Fixierung des Populismus müsse eine globale Sicht von Gerechtigkeit entgegengesetzt werden, wobei es auch um die Verantwortung Deutsch-

---

vative mit Investorengeld Konferenzen organisiert, Seminare gegeben und mediale Debatten angezettelt mit dem Ziel, die Grenze zwischen rechts und links zu verwischen. Das war eine konzertierte Kampagne. Sie wollten all das abschaffen, worauf sich linkes Denken gründet: den Begriff der Klasse, die soziale Determination, die Ausbeutung der Arbeitskraft etc. Heute sehen wir, dass sie zum größten Teil erfolgreich waren.«

6   Paul 2007.

lands gehe. Der Widerstand gegen TTIP[7] müsse mit dem Entwurf einer besseren Zukunft verbunden sein. Die AfD sei ein Indiz, dass zu wenig in Demokratie, in Mitbestimmung und in Mitverantwortung investiert worden sei. Ein europäischer Sozialstaat mit entsprechenden Standards sei ein Schritt gegen die Dynamik von Rechts.

Dies setzt freilich inhaltlich, in Analyse und Strategie einigermaßen geeinte emanzipatorische Kräfte, vielleicht nicht weniger als eine ›Bewegung‹, voraus, die ich für Deutschland nicht und nicht im europäischen Maßstab sehe. Und was unsere Parteienlandschaft betrifft, deutet sich vom konservativ-grünen Flügel um Winfried Kretschmann über eine changierende SPD um Sigmar Gabriel bis hin zu den linkspopulistischen Signalen um Sarah Wagenknecht (Bullion 2016) eher ein pragmatisches Bündnis an, das offenbar mit einem national halbierten Gerechtigkeitsdiskurs durchaus weiterleben könnte. Wagenknechts Kommentar zu AfD-Wählern, sie hätten »das Gefühl, da ist endlich mal eine Protestbewegung«[8] scheint die Schnittmenge zwischen linkem und rechtem Populismus geradezu auf den Punkt zu bringen.

Weil dazu die Forderung des Thüringer Kultusministers Hoff und des früheren Sprechers der Thüringer Landesregierung Fischer (Bullion 2016) so gut passt, möchte ich damit auch schließen: Wenn, so die beiden in einem gemeinsamen Gedankenblitz, die linken Eliten dem europäischen Liberalismus und der Globalisierung zuneigten, die »weniger gebildeten Unterschichten und Wähler« aber weiterhin den ›nationalen‹ Werten verpflichtet seien, müsse die Linke eben »Begriffe wie Heimat und Sicherheit selbst besetzen, und zwar positiv und weltoffen – nicht national wie Wagenknecht«.

Eine Spitzfindigkeit mehr, die uns nötigt, zu Eribons These zurückzukehren, dass der Gang der Dinge davon abhängen wird, ob und wie die emanzipatorischen Kräfte das Gerechtigkeitsthema wiederfinden und das neoliberale Trauma abschütteln können.

Literatur

Bullion, Constanze von 2016: Alle gegen Sahra, SZ online vom 27. Juli 2016 [http://www.sueddeutsche.de/politik/linke-alle-gegen-sahra-1.3097100] (Abruf 17. Mai 2017).

Dörre, Klaus 2016: Fremde – Feinde. Der neue Rechtspopulismus deutet die soziale Frage in einen Verteilungskampf um. Thesen über Pegida, AfD und darüber, wie der wachsende Zuspruch für sie zustande kommt, in: Junge Welt, 27.6.2016, 12-13.

---

7 Transatlantic Trade and Investment Partnership – inzwischen gescheitertes Freihandels- und Investitionsschutzabkommen zwischen der Europäischen Union und den USA.

8 http://www.fr.de/politik/spezials/pegida/sahra-wagenknecht-mit-pegida-reden-a-513594; https://www.sahra-wagenknecht.de/de/article/2040.mit-pegida-reden.html .

Eribon, Didier 2007: D'une révolution conservatrice et de ses effets sur la gauche française, Paris.

Eribon, Didier 2009: Retour à Reims. Paris.

Eribon, Didier 2016a: ›Ihr könnt nicht glauben, ihr wärt das Volk‹ (Interview mit Felix Stephan), in: Zeit Online, 4. Juli 2016a [http://www.zeit.de/kultur/2016-07/didier-eribon-linke-angela-merkel-brexit-frankreich-front-national-afd-interview] (Abruf 17. Mai 2017).

Eribon, Didier 2016b: Wie aus Linken Rechte werden. Der vermeidbare Aufstieg des Front National (Teil 1), in: Blätter für deutsche und internationale Politik 8, 55-63.

Eribon, Didier 2016c: Rückkehr nach Reims, übersetzt von Tobias Haberkorn. Berlin.

Kahrs, Hans 2016: Wer warum die AfD wählt. Wolfgang Storz im Gespräch mit Horst Kahrs, in: antifa (online-Magazin der VVN-BDA vom September 2016) [http://antifa. vvn-bda.de/2016/09/07/wer-warum-die-afd-waehlt/] (Abruf 17. Mai 2017).

Kellershohn, Helmut 2016: Auf dem Weg zur drittstärksten Partei? Ein Kommentar zu den jüngsten Wahlerfolgen der AfD, in: DISS-Journal 32, 2-3.

Kellershohn, Helmut/Kastrup, Wolfgang 2016 (Hg.): Kulturkampf von rechts. AfD, Pegida und die Neue Rechte, Edition DISS 38, Münster.

Paul, Jobst 2007: Biopolitik und die Doktrin der Ausnahme – Analyse und Kritik der ›Angewandten Ethik‹. In: Spindler/Tonks 2007, 26-49. [https://www.researchgate.net/publication/267750784_Biopolitik_und_die_Doktrin_der_Ausnahme_-_Analyse_und_Kritik_der_Angewandten_Ethik] (Abruf 17. Mai 2017).

Spindler, Susanne/Tonks, Iris (Hg.) 2007: AusnahmeZustände. Krise und Zukunft der Demokratie. Münster.

Der politische Rechts(d)ruck, die prozessierten Widersprüche des Neoliberalismus und die Strukturkrisen kapitalistischer Vergesellschaftung

von Tino Heim

I. Zwischen libertärer Diversitätsprogrammatik und autoritär-exklusorischer Realpolitik

1. Ausgrenzbare ›Randerscheinung‹ oder strukturelle Tendenz? – Einleitende Bemerkungen zum Umgang mit der politischen Rechtsverschiebung

Das Jahr 2016 zeigte klar, dass die Rechtsverschiebung der politischen und diskursiven Hegemonien nicht auf einzelne, isolierte Milieus, Länder oder Krisenkonstellationen begrenzt ist, sondern einen EU-weiten und globalen Trend darstellt. Ein gegen Globalisierungszumutungen gerichtetes nationalistisches Verständnis von ›Volkssouveränität‹ mit rassistischen, ethnozentrischen und islamfeindlichen Obertönen, Protektionismus und Autoritarismus sowie ultrakonservative (oft frauen- und homosexuellenfeindliche) Geschlechter- und Familienleitbilder – die über die ›Reproduktionsnotwendigkeit des Volkskörpers‹ mit dem Souveränitätskonzept gekoppelt sind – bilden dabei verbindende Elemente eines »Kulturkampfs von rechts« (Kellershohn/Kastrup 2016), der zunehmend die politische Machtfrage stellt bzw. mancherorts schon für sich entschieden hat.

Dass sich mit Slogans wie ›Let's Take Back Control!‹ oder ›We Want Our Country Back!‹ auch in Ländern mit ›langer Demokratietradition‹ Mehrheiten gewinnen lassen, zeigten – gegen alle Prognosen – das Brexit-Referendum oder die Wahl Donald Trumps zum US-Präsidenten. Dass den Rhetoriken mit der Regierungsverantwortung auch in EU-Ländern keine realpolitische Mäßigung folgt, demonstrierte etwa die polnische PiS-Regierung, die (wie ab 2010 schon FIDEZ in Ungarn, nur im Schnelldurchlauf) basale Strukturen von Rechtsstaatlichkeit, Presse- und Wissenschaftsfreiheit oder der Gleichstellung angriff und demontierte.[1]

---

1 Die rasche Folge, in der die PiS ab Dezember 2015 mit Gesetzesänderungen zum Verfassungsgerichtshof und der Medienreform demokratische Institutionen demontierte, wurde teils als »Staatsstreich« oder »Blitzkrieg« charakterisiert (Wefing 2016). Trotz gesetzlicher Einschränkungen des Demonstrationsrechts (Karon 2016) erzwangen massive Proteste zwar die Milderung oder Vertagung weiterer legislativer Angriffe auf die Pressefreiheit oder auf weibliche Selbstbestimmungsrechte (u.a. beim geplanten Abtreibungsverbot), die Gesamt-

Der globale Aufwind für den Rechtspopulismus hat sich 2017 nicht gelegt und betrifft auch die oft als letzter Hort wirtschaftlicher und politischer Stabilität in einer chaotischen Welt geschilderte BRD. Zwar dürfte die AfD-Erfolgsserie bei den Landtagswahlen 2016 nicht einfach auf die Bundesebene übertragbar sein, jedoch sind Hoffnungen illusorisch, ›extremistische‹ Töne würden Wähler*innen abschrecken und Flügelkämpfe zur Selbstdemontage führen. Alle Skandale um völkische, revisionistische und antisemitische Äußerungen Björn Höckes ändern wenig daran, dass diese Töne verbreitete Einstellungen in der sozialen Mitte adressieren.

Wo demgegenüber ein temporäres Umfragehoch der lange zur 20%-Partei marginalisierten SPD schon als Indiz einer breite Gegenkräfte bündelnden Alternative zum Rechtstrend gilt, scheint dies eher Ausdruck autosuggestiver Wünsche.[2] Denn die Besinnung auf ›soziale Markenkerne‹ bietet kein Profil, das in basalen asyl-, migrations-, sicherheits-, und wirtschaftspolitischen Entscheidungsfragen von konservativen bis rechten Positionen unterschieden wäre, und adressiert z.T. denselben Wohlstandschauvinismus, den auch der Rechtspopulismus kultiviert.[3]

Markante Diskursereignisse um rechte Mobilisierungen verdecken dabei weit bedenklichere Entwicklung in Parteien der ›Mitte‹, die in der Geo-, Migrations- und Sicherheitspolitik längst einen nur graduell, nicht aber im Grundsatz von ›rechten‹ Positionen unterschiedenen Kurs vertreten. Das betrifft nicht nur populistische Obertöne zu ›Obergrenzen‹, ›Sozialmissbrauch‹, ›Ausländerkriminalität‹, ›Burkaverbot‹, ein ›Islamgesetz‹ und immer wieder ›Leitkultur‹ (de Maizière 2017), sondern die Ausrichtung der Realpolitik und Gesetzgebung, etwa im konkreten Fall der ›Asylpakete‹ oder im generellen Kontext des Ausbaus der Sicherheitsapparate und Grenzregime.

Ostentative Abgrenzungen aller etablierten Parteien von ›rechts‹, die diese Politik und eine imaginäre ›Mehrheitsgesellschaft‹ pauschal von projektiv auf ei-

---

entwicklung bleibt aber ein bedenkliches Menetekel möglicher Entwicklungen in anderen EU-Ländern (vgl. u.a. Ackermann 2016).

2 Der personalisierende Topos des ›Schulz-Effekts‹ zeigt, dass sich die im März 2017 erstmals seit langem über die 30% Marke schnellenden SPD-Umfragewerte v.a. dem auf Bundesebene unverbrauchten Kanzlerkandidaten verdankten, der für verbreitete diffuse Wünsche nach einem Politikwechsel, der nicht von rechts käme (vgl. Aislinger et al. 2017), eine Projektionsfläche bot. Als Kandidat »aus dem Nichts«, der (vermeintlich) »nichts mit dem, woran die SPD und ihre Anhänger seit Jahren leiden«, zu tun hatte (von der Agenda 2010 bis zur großen Koalition), konnte »der Aussteiger aus dem Brüsseler Raumschiff […] Deutschland so beschreiben als […] sehe er seine Probleme und die Nöte seiner Menschen zum ersten Mal.« (Dausend et al. 2017) Auch ohne Programm genügte hier das Versprechen ›zuzuhören‹, um kurzzeitig als »Erlöser aus der Fremde« (Hensel 2017) zu erscheinen.

3 Jenseits aller Kritik bringen etwa Dausend et al. (2017) die diffusen sozialpolitischen Verheißungen der SPD auf folgenden Nenner: »Nach den Südländern und den Flüchtlingen sind wir jetzt aber mal dran!«

nen marginalisierten >rechten Rand< ausgelagerten Problemen freisprechen, oder breite Bündnisse, die einen >Konsens der Demokraten< gegen Rassismus und Autoritarismus suggerieren, tragen wenig zur Überwindung und viel zur Verdrängung verbreiteter rechter Tendenzen und ihrer strukturellen Ursachen bei. Wie schon bei den >Lichterketten< der 1990er Jahre hemmt die gemeinsame Distanzierung von rechter Gewalt und Hetze zugleich die Auseinandersetzung mit der Politik des staatlichen Gewaltmonopolisten.[4]

Dies fügt sich in eine lange Tradition der Problemverdrängung im Umgang mit >rechten< Dispositionen und Mobilisierungen, wenn diese etwa bevorzugt aus lokalen Sonderproblemen erklärt werden[5] und die Semantik von Normalität vs. Extremismus (vgl. Heim/Wöhrle 2015) zwei gegenläufige Muster der Problemexternalisierung und -relativierung fördert. Rassistische, nationalistische und autoritäre Orientierungen signifikanter Bevölkerungsteile werden (im Widerspruch zur sozialstrukturellen Verteilung) marginalisierten >Randgruppen<, einem >rechten Pack< oder >dumpfen Unterschichten< zugeordnet, um den Normalitätsbereich der >Mitte< von den >Extrempositionen< abzugrenzen. Zugleich argumentieren gegenläufige Normalisierungsstrategien, zwischen der >Mitte< und den (nach >links verschobenen<) Parteien und Medien sei eine zu schließende >Lücke< entstanden, wobei dieselben Dispositionen dann nicht mehr als >rechtsextrem< und mithin auch nicht als rassistisch, nationalistisch etc. gelten, sondern als anzuerkennender Ausdruck einer neuen Normalität. Anderslautende Befunde zu den Implikationen und zur Verbreitung von >gruppenbezogener Menschenfeindlichkeit< und Autoritarismus (vgl. u.a. Heitmeyer et al. 2002 ff.; Decker et al. 2010) wurden ihrerseits als Ausdruck einer die >Mehrheitsgesellschaft< diskreditierenden >linken Ideologie< verdrängt.[6]

---

4 Exemplarisch blendet der Aufruf des Bündnisses »Aufstehen gegen Rassismus« (https://www.aufstehen-gegen-rassismus.de/kampagne/aufruf/) über Abgrenzungen von >rechts< und Bekenntnisse, »Flüchtlinge mit offenen Armen empfangen« zu wollen, alle Bezüge auf (dem diametral entgegenstehende) Positionen in Parteien der >Mitte< aus. Altkanzler Schröder forderte gar, die Bundesregierung (deren Migrationspolitik an den EU-Außengrenzen und in den >sicheren Herkunftsländern< weit mehr Todesopfer fordert als rechte Gewalt) solle an der »Spitze« des »Aufstand[s] der Anständigen« stehen« (ZEIT-Online 2014). Vgl. zu den Perspektiven und Problemen solcher Bündnisse u.a. die Debatte zwischen Friedrich 2016 & Meier 2016.

5 Rechte Gewalt und NPD-Erfolge seit den 1990er Jahren oder aktuell *Pegida*- und AfD-Erfolge in Ostdeutschland wurden etwa oft als Folge spezifisch ostdeutscher Unzufriedenheit oder autoritärer DDR-Prägungen gedeutet, also als der BRD insgesamt äußerliche Probleme (vgl. zur Kritik: Heim 2016d). Dies legt auch der Titel eines Überblicksbandes nahe: »Zwischen Fremdenangst und >Wendeenttäuschung<« (Rehberg et al. 2016).

6 So galt die *Mitte-Studie* als sich »gegen die hiesige Gesellschaftsordnung« richtende »linke Kampfschrift«, da sie die »staatstragenden Kräfte – die soziale und politische Mitte – [...] als extremistisch diffamiert.« (Schroeder 2010) 1993 verglich die damalige Jugend-

Wo multiple Krisenkonstellationen und Denormalisierungen zur »Offenlegung und Entfesselung latenter Dispositionen« (Fehser 2016) führten, die
auf den Straßen, an den Wahlurnen und in rassistischer Gewalt vermehrt sichtbar werden, verlagerte sich ihre Verdrängung oft nur auf die Suche nach einer
›Trendwende‹ und auf Beschwörungen von Rechtsstaat, Gewaltenteilung und
unabhängigen Medien, die eine realpolitische Zähmungen des Rechtspopulismus
bewirken sollen.[7]

Einseitige Fokussierungen auf deutliche Symptome des Rechtsrucks, morali-
sierende Abgrenzungen und Aufrufe zur Verteidigung des Bestehenden erscheinen in diesem Kontext eher als Momente der Problemverdeckung und kaum als
tragfähige Gegenstrategien. Generelle Verschiebungen in medialen Diskursen
und politischen Entscheidungsprozessen legen nahe, dass rechte Parteien, Bewegungen und Ideologien weniger Verursacher als Katalysatoren genereller gesellschaftlicher Trends sind.[8] Im Fokus des nachfolgenden Aufsatzes sowie des daran
anknüpfenden Beitrags zu den mit einer langfristigen Krise der Kapitalakkumulation verwobenen multiplen gesellschaftlichen Strukturkrisen (S. 41) stehen daher
nicht primär die Symptome, sondern strukturelle Hintergründe des Rechtstrends.
Titelgebend wird dabei nicht von einem bloßen Rechts*ruck* in den politischen
Stimmungslagen, sondern von einem strukturellen Rechts*druck* gesprochen. Dies
meint, dass politische Weichenstellungen und multiple Krisendynamiken der letzten Dekaden im Zusammenspiel mit einer Blockade der Austragung politischer

---

ministerin Angela Merkel Befunde Heitmeyers mit DDR-Propaganda, die dasselbe Zerrbild
einer »immer noch faschistischen ›BRD‹« gezeichnet habe (Drieschner 1993). Vgl. zu den
Verdrängungen solcher (u.a. auch in der Europäischen Wertestudie ablesbaren) Befunde:
Heim 2016a, 6 ff.

7   In ersterem Sinne wurde etwa die mit 49,7 % haarscharfe erste Wahlniederlage des FPÖ-
Kandidaten Norbert Hofer in der Österreichischen Präsidentschaftswahl und (nach Anfech-
tung der Ergebnisse durch die FPÖ) die leicht ausgebaute Mehrheit des Gegenkandidaten
Van der Bellen im zweiten Wahlgang gedeutet. Demgegenüber fand sich nach dem ›Brexit-
Votum‹ und dem Wahlsieg Trumps oft die Logik eines ›das wird nicht so heiß gegessen,
wie es gekocht wird‹. Dabei sind Abwehrbemühungen aus Justiz, Medien, Wissenschaft und
Zivilgesellschaft (gerade in den USA) nicht kleinzureden. Ihre Erfolgsaussichten sind jedoch
angesichts fortgeschrittener postdemokratischer Konstellationen und vor dem Hintergrund
der Beispiele Ungarns oder Polens fraglich.

8   Konzeptiven Ideolog*innen der neuen Rechten scheint diese Rolle durchaus bewusst.
Nicht zuletzt im Zuge der bis in den italienischen Faschismus zurückreichenden und v.a.
durch die französische neue Rechte seit den 1970er Jahren forcierte Aneignung technisch-
strategischer Elemente der Hegemoniekonzeption Gramscis (vgl. Kebir 2010) werden hier
intellektuelle Vorarbeit, die Suche nach Anschlusspunkten in gesellschaftliche Stimmungslagen und nach in Krisen eröffneten Handlungsoptionen entsprechend zusammengedacht.
Vgl. dazu am Beispiel des rechtsintellektuellen ›Instituts für Staatspolitik‹ u.a. Kellershohn
2016c.

Konflikte um gesellschaftliche Alternativen auch jene Kräfte nach rechts drängen, die an einer Aufrechterhaltung des Status Quo interessiert sind und sich von rechts abgrenzen.

Zur Ausführung dieser These wird zunächst (2.) am aktuellen Verhältnis des Rechtspopulismus zu breiteren medialen und politischen Diskursen eine ›entfremdete epistemologische Komplizenschaft‹ aufgezeigt, in der – trotz expliziter wechselseitiger Feindsetzungen – übereinstimmende Deutungsmuster reproduziert und affine Konsequenzen gezogen werden. Hintergründe dieses Verhältnisses werden (3.) in den widersprüchlichen Konstellationen neoliberaler Diskurse und Regierungspraktiken identifiziert.

Ideologisch und regierungspraktisch konnte der Neoliberalismus hinsichtlich des Markt-Internationalismus, der Apotheose individueller Freiheit und der Toleranz für potenziell nützliche soziale Unterschiede libertäre, pluralistische und diversitätspolitische Impulse von links integrieren, solange diese ihre sozial- und gesellschaftspolitischen Gehalte opferten. Indem die Politik der neoliberal transformierten Mitte-Links-Parteien aber zugleich die sozialen Spaltungen vertieften, trug sie zur Diskreditierung libertärer oder diversitätspolitischer Zielstellungen bei, die breite Bevölkerungsteile nicht als Erweiterung eigener Lebensmöglichkeiten erlebten, sondern als ›Verrat‹ an ihren Interessen zugunsten der Privilegierung von ›Minderheiten‹.

Zugleich wird (4) herausgearbeitet, dass sich diese Entwicklung mit einer Verschärfung des in Grundstrukturen des kapitalistischen Weltsystems angelegten Spannungsverhältnisses von libertären, auf universelle Inklusion ausgerichteten und autoritären, partikularistisch-exklusorischen Momenten des Neoliberalismus verband. U.a. bereiteten hier die parteiübergreifende Verlagerung der Legitimitätsbeschaffung von der Sozialpolitik auf sicherheitspolitische und nationalsolidarische Topoi des Abwehrkampfs gegen ›Fremde‹, ›Sozialschmarotzer‹, ›Terroristen‹ und ›Kriminelle‹ den Boden für die Anschlussfähigkeit rechter Ideologien – mit denen der Neoliberalismus in der Negation von Gesellschaftlichkeit, dem in letzter Konsequenz sozialdarwinistischen Konzept der konstitutiven Ungleichwertigkeit der Individuen und in den Vorstellungen von Staatlichkeit seinerseits Schnittmengen hat. Der daran anknüpfende Beitrag zur strukturellen Krise der liberalen Demokratie und anderer mit der kapitalistischen Akkumulationslogik verwobener Modi der Vergesellschaftung (S. 41) fragt dann nach den gesellschaftsstrukturellen Hintergründen dieser Entwicklung, aber auch nach alternativen Antworten auf diese Krisenkonstellationen und nach den Möglichkeitsbedingungen und potenziellen Träger*innen von Transformationsprozessen, die den autoritären Krisenreaktionen entgegen wirken könnten.

2. Entfremdete Doppelgänger und epistemologische Komplizen – zum Verhältnis von rechten Mobilisierungen, Medien und Politik

»Besinnen wir uns auf die Worte unserer Kanzlerin, [...] ›Multikulti ist gescheitert, absolut gescheitert.‹ [...] Weiterhin sagte sie, ›die Forderung der Pflicht zur Integration‹ sei ›zu kurz gekommen‹. Dies sagte sie als Verteidigung des 7-Punkte-Plans von Horst Seehofer, welcher [...] sehr nah an unserem Forderungspapier liegt.«
Lutz Bachmann (22.12.2014)

Entgegen häufiger Deutungen rechter Mobilisierungen als Reaktionen auf eine »Repräsentationslücke«, die einer linksliberalen Hegemonie in Medien und Parlamenten geschuldet sei,[9] zeigen rechte Diskurspositionen – trotz Differenzen in Fragen der ›politisch korrekten‹ Wortwahl – in den Grundstrukturen und Inhalten der Deutungsmuster, Metaphern und Narrative eher eine epistemologische Komplizenschaft mit sich von ›rechts‹ abgrenzenden hegemonialen Diskurspositionen. Dass vermeintlich antagonistische Positionen letztlich zur Reproduktion derselben Wissensordnungen beitragen, wird schon an typischen Verlaufsmustern rechtspopulistischer Aufmerksamkeitserzeugung und politischer und medialer Anschlussreaktionen deutlich.

Auf Seiten des Rechtspopulismus werden skandalinduzierende Formulierungen relativiert und legitimiert, indem sie durch Bezüge auf etablierte Diskursstränge als lediglich offenerer Ausdruck allgemein akzeptierter Positionen und ›Fakten‹ charakterisiert werden. Dies ermöglicht einerseits die Abwehr von ›Extremismus‹-Vorwürfen,[10] andererseits die Schmähung der ›Volksverräter‹ und der ›Lügenpresse‹ für die Inkonsistenz ihrer Haltungen und die Inkonsequenz ihrer Realpolitik. Protestbewegungen wie Pegida adressieren dabei die Verantwortung, ›den Worten Taten folgen zu lassen‹, an politische Autoritäten zurück, während sich die AfD selbst als neue politische Autorität anbietet, die die Konsequenzen aus den geteilten Weltdeutungen entschlossener zieht als etablierte Eliten.[11]

---

9 Prominent veredelte Patzelt (2015a) die ›Lügenpresse‹- und ›Volksverräter‹-Parolen zur akademischen These eines ›linken Schweigekartells‹ in Medien und Politik – das auch schon die sächsische CDU (2005) zu bekämpfen versprach. Als häufiger Stargast auf AfD-Veranstaltungen diskutierte er dazu u.a. am 30.11.2015 in Dresden auch mit Thilo Sarrazin unter dem Titel »Wer bestimmt, was gesagt werden darf – und worüber geschwiegen werden muss?« Die mediale Allgegenwart islam- und fremdenfeindlicher Stereotype führt die These freilich ebenso ad absurdum, wie die mediale Dauerpräsenz von Akteuren wie Patzelt und Sarrazin.

10 Paradigmatisch ist dafür etwa folgende Formulierung: »Ihr habt sicherlich alle [...] im Fernsehen gesehen, die neue Aufstellung der CSU, ich frage mich, wenn man sich diese Punkte anschaut, überschneiden sich einige doch sehr mit den Forderungen der Pegida. Warum sind diese dann nicht rechtsextrem? Das frage ich mich, warum die in den Medien [...] als normale Partei gehandhabt werden.« (Oertel 15.12.2014)

11 Vgl. zu diesem Muster und ausführlichen Beispielen: Heim 2016b, 345-366; 2016c.

Das komplementäre Muster politischer Anschlussreaktionen bilden verbale Abgrenzungen von (zu) offenem Rassismus etc., die aber primär auf die *Form* der Aussagen und verbale ›Entgleisungen‹ bezogen sind oder die ›extremistische‹ Positionen der Sprecher*innen (z.B. als ›Rattenfänger‹) von den potenziellen Adressat*innen (›normalen Bürgern‹, die ›nicht wissen was sie tun‹) unterscheiden. Bei allen Abgrenzungen können so zentrale Inhalte übernommen und bestätigt werden. Die normalisierende Deutung fremden- und islamfeindlicher Einstellungen als Ausdruck von ›Ängsten‹, deren Adressierung nicht ›den Rechten‹ überlassen werden dürfe, ermöglicht dabei eine Verschiebung des Sagbarkeitsfeldes und konkrete neo- bzw. metarassistische[12] Forderungen, mehr gegen die ›Anlässe des Volkszorns‹ (›Asyl- und Sozialmissbrauch‹, ›Überfremdung‹, ›Ausländerkriminalität‹ etc.) zu unternehmen (vgl. Barp/Eitel 2016; Keller/Berger 2016).

Entgegen der für kalkulierte Aufmerksamkeitskaskaden entscheidenden rhetorischen Geste des ›Tabubruchs‹ (vgl. Gebhardt 2016, 204 ff.) sprechen Argumente und Forderungen von rechts so keineswegs ›bisher Unsagbares‹ aus, sondern reproduzieren etablierte Deutungsmuster, um sich in etablierte Diskursstränge wie ›Islam(ismus)‹, ›Kulturkampf/Leitkultur‹, ›Asyl/Migration‹, ›Notstand/Krise‹, ›innere Sicherheit‹ einzuschreiben (vgl. Knopp 2016; Heim 2016b). So folgen exklusiv-solidarische, neo-rassistische Deutungen multipler Krisen etablierten Mustern eines »Othering« (i.S. von Said 1978): Die Verantwortung für die Krisenursachen wird auf als ›Andere‹ markierte Gruppen projiziert, was zugleich ex negativo die ›Wir‹-Identität konstituiert. Narrative eines Verteidigungskampfs des ›deutschen Leistungs- und Wohlstandskollektivs‹ gegen ›äußere‹ Bedrohung gehören dabei partei- und medienübergreifend zum festen Inventar politischer Debatten. Erinnert sei an ›Sozialschmarotzer‹-Figuren im Rot-Grünen Diskurs zum ›aktivierenden Sozialstaat‹ (vgl. Lessenich 2008), an die Kollektivsymbolik der ›faulen Südländer‹ in der ›Euro-Krise‹ (Bickes et al. 2012) oder an die Heuschreckenmetapher, mit der die SPD Stereotype des ›vaterlandslosen‹, ›parasitären‹ Finanzkapitals bediente, um Effekte des rot-grünen *Investitionsmodernisierungsgesetzes* ›anonymen Investoren‹ anzulasten.[13]

---

12 »Meta-Rassismus« oder »Rassismus zweiter Linie« meint bei Balibar (1992a, 30) eine Diskursstrategie, die selbst nicht offen rassistisch argumentiert, aber Diskriminierungen reproduziert, indem sie den vorhandenen Rassismus als ›natürliche Abwehrreaktion‹ interpretiert und sich anbietet, ihn »zu erklären (und ihm präventiv zu begegnen)« (ebd.), wobei sich die Präventionsmaßnahmen gegen die als fremd markierten Gruppen richten.

13 In einer programmatischen Rede geißelte der SPD-Vorsitzende Franz Müntefering (2004) internationale Investoren als »Heuschreckenschwärme«, die »Substanz absaugen« bzw. »abfressen« (ebd.), um die SPD gegen jenen Finanzkapitalismus zu profilieren, dem sie 2003 erst die legislative Grundlage gegeben hatte. Davon unterschied er deutsche Unternehmen, denen es um »Zukunftsfähigkeit [...] und die Interessen ihrer Arbeitnehmer« (ebd.) gehe. An die Unterscheidung von ›raffendem‹ und ›schaffendem Kapital‹ des NSDAP-Po-

Die projektive Auslagerung gesellschaftlicher Strukturprobleme auf ›Fremde‹ zeigt sich gesteigert, wo seit langem valente Krisen – der Sozial- und Bildungssysteme, des städtischen Wohnraums, der Lohnarbeit etc. – und darum zentrierte Konfliktkonstellationen diskursiv derart mit einer sog. ›Flüchtlingskrise‹ verschaltet werden, dass sie als Verteilungskonflikte zwischen ›Deutschen‹ und ›Fremden‹ erscheinen.[14] Selbst wo die Bekämpfungs- und Eindämmungsrhetorik dann nicht den ›Flüchtlingsfluten‹, sondern den ›Fluchtursachen‹ gilt, werden diese oft zu Problemen ›fremder‹ Nationen, Kulturen und Religionen erklärt und nicht in Konstellationen des globalen Kapitalismus und einer Geo-Politik verortet, die der davon profitierende global player Deutschland mitverantwortet.

Ähnlich wird in der »Ethnisierung von Sexismus« (vgl. Jäger 1996) eine in der geschlechtlichen Arbeitsteilung und der Abwertung der Reproduktionsarbeit verankerte Diskriminierung zum Problem ›fremder‹, v.a. ›muslimischer‹ Männer erklärt – wie jüngst im Diskurs um die ›Kölner Silvesternacht‹ 2015/16 (vgl. Aigner 2016). Die paradoxe Verknüpfung der Verteidigung ›unserer Frauen‹ mit sexistischen Geschlechterleitbildern teilen rechte Positionen dabei ebenso mit Stimmen aus den Volksparteien, wie die Verschränkung rassistisch-nationalistischer mit sexistisch-antifeministischen und homosexuellenfeindlichen Diskurssträngen im Bild einer bedrohten Reproduktion des ›Volkskörpers‹ angesichts des »Geburten-Dschihad der muslimischen Wurfmaschinen« (Festerling 28.9.2015).[15]

---

litikers Gottfried Feder erinnerte es auch, wenn Helmut Schmidt (2003) den als »Raubtierkapitalismus« gegeißelten Finanzkapitalismus von einer produktiven und sozial verantwortlichen deutschen Tradition unterschied: »Tatsächlich hat in Deutschland immer[!] eine Art ›moralischer Kapitalismus‹ existiert« (ebd.), wofür Bosch und Krupp beispielhaft seien.

14 Sozialpolitisch setzte etwa der CSU-Europawahlkampf 2014 mit der »Wer betrügt, fliegt«-Kampagne primär auf das Angstbild der Gefährdung der Sozialsysteme durch ›Asyl- und Sozialmissbrauch‹. Den von Seehofer 2010 geprägten Slogan »Wir sind nicht das Sozialamt der Welt« übernahmen AfD und NPD als Wahlparole, bevor ihn die CSU 2015 erneut aufgriff (vgl. Munzinger 2015). Schon in Debatten um den ›Pisa-Schock‹ waren 2001 Deutungen verbreitet, ›Ausländerkinder‹ oder die geringere Fertilität deutscher Akademiker*innen im Vergleich zu Migrant*innen seien schuld an der Bildungsmisere (vgl. Heim 2007, 127 ff.).

15 Angstbilder des ›Volkstods‹ und daran geknüpfte eugenische und familienpolitische Forderungen wurden von CDU- und SPD-Mitgliedern vorweggenommen, bevor sie zum Leitmotiv bei Pegida und AfD wurden. In endlosen redundanten Variationen bietet sie der Bestseller des SPD-Mitglieds Thilo Sarrazin (2010, u.a. 437 f.). Ähnlich wie dieser glaubt auch die CDU-Abgeordnete Veronika Bellmann offenbar an eine biologische Vererbung der Konfession und der darauf projizierten sozialen Eigenschaften und sah die »fortschreitende Islamisierung« schon »infolge […] der Geburtenfreudigkeit auf der einen und den Geburtsdefiziten auf der anderen Seite gegeben«, so steuere der Islam »die Weltherrschaft« an (zit. in: Meisner 2015). Verbreitete Angstbilder einer den ›Volkskörper‹ zugleich von innen gefährdenden »große Verschwulung« (Pirinçci 2015) beantworten dabei auch prominente

Auch in konkreten Darstellungen der ›bedrohlichen Fremden‹ – denen eine Täter-Opfer-Umkehr auch die Schuld am Rassismus zuschreibt[16] – reproduzieren rechte Bewegungen und Parteien bekannte Muster. Krankheits- und Seuchenmetaphern oder die entmenschlichende Synonymisierung von Migrant*innen mit anonymen ›Massen‹, ›Strömen‹ und ›Fluten‹, die Naturkatastrophen gleich über westliche Wohlstandsinseln hereinbrechen und ein äußeres Chaos ins Herz ›unserer Ordnung‹ tragen, sind Grundpfeiler der von Jürgen Link (vgl. u.a. 1997; 2013) analysierten Kollektivsymbolik in der deutschen Qualitätspresse.

Konkrete Attribute, die Tonks und Jäger (2015) an kollektiven Deutungsmustern im Migrationsdiskurs der Duisburger Lokalpresse herausarbeiteten, finden sich bei AfD und Pegida ebenso wieder wie im 2014/15 vom Bundesinnenminister verbreiteten Flüchtlingsbild.[17] Die »kalten Mechanismen« der Reproduktion latenter rassistischer Strukturen, die auch »die heißen Affekte hervorrufen« (Link 1991), durchdringen so in vielfältiger Form den medialen und politischen Diskurs. Es sind solche verbreiteten Deutungsmuster, die in Krisenkonstellation vermehrt als Applikationsvorlagen für den »Übergang zur Tat« (Balibar 1992c, 263) fungieren, der von zugespitzter Abwertung über individuelle Gewalt bis zur Gesetzgebung reicht (vgl. ebd., 261-272). Das gilt seit langem auch für die Reduktion ›des Islam‹ auf markante Symbole von Fremdheit, Irrationalität und Gefahr in Titelbildern und Artikeln.[18]

Grüne v.a. mit dem Versprechen, die reproduktiv-heteronormative »klassische Ehe« als »bevorzugte Lebensform« wieder verstärkt anzuerkennen (Kretschmann 2016).

16 Eine der ersten Reaktionen des sächsischen Innenministers auf Pegida und die Spitzenposition Sachsens bei rassistischer Gewalt war die Ankündigung, mit Spezialeinheiten »knallhart« gegen »Intensivtäter unter den Asylbewerbern« durchzugreifen, da diese »die Stimmung in der Gesellschaft« angeblich »vergiften« (Ulbig 2014). Vgl. zur sächsischen Tradition der Täter-Opfer-Umkehr: Schellenberg 2015. Ähnliche Muster prägten die Diskurse um fremdenfeindliche Pogrome und die Einschränkung des Asylrechts 1993 (vgl. Jäger/Link 1993) oder die Berichts- und Ermittlungspraxis zu den sog. ›Döner-Morden‹ des NSU (vgl. Friedrich et al. 2015).

17 So erzählte de Maizières schon 2014 von einem Ort im Saarland, in den Geflüchtete die (auch in Deutschland verbreitete) Krätze eingeschleppt und »viele Dorfkinder angesteckt« hätten und betonte: »jetzt machen Sie an diesem Ort mal eine Kundgebung gegen die AfD« (Abe et al. 2014). Die Assoziation von Geflüchteten mit ›Schmutz‹, ›schlechter Hygiene‹, ›Lärm‹, ›Zügellosigkeit‹, ›unkontrollierter Mobilität‹, ›Unterwanderung‹, ›Sicherheitsrisiko‹ etc. prägte 2015/16 auch weitere Äußerungen des Innenministers (vgl. Lau 2015).

18 Vgl. zu einigen Titelbildern Hein 2016b, 345-353; zum Islamdiskurs: Benz 2013. Die Konstruktion des Islam als Feindbild und »Fluktuat«, das es in seiner denotativen Unterbestimmtheit erlaubt, »situativ passende Denotate im inneren des Feindbilds einzusetzen« (Kliche 1998, 29), prägte schon die 1990er Jahre. Ein »Evidentismus«, der äußere Symbole (Schleier) zu Zeichen essenzieller Fremdheit macht (ebd., 27) und Dichotomien von Islam vs. Abendland – »Primitivität, Barbarei« vs. »Zivilisation, Kultur«; »Irrationalität«; vs.

Zugleich wird die als ebenso privilegiert wie gefährdet dargestellte Position des
›deutschen Leistungskollektivs‹ selten aus weltwirtschaftlichen Ausbeutungs- und
geopolitischen Dominanzbeziehungen erklärt, sondern der essenzialisierten Über-
legenheit von ›Nation‹, ›Kultur‹ und ›Tradition‹ zugeschrieben. Dem korrespon-
dierten nach der Wiedervereinigung wiederholt Forderungen aus der ›politischen
Mitte‹, das neue Deutschland der ›Berliner Republik‹ müsse sich von der ›Last der
Vergangenheit lösen‹, um wieder zu einem ›unverkrampften Nationalstolz‹ zu finden und die ihm ökonomisch und moralisch zustehende geopolitische Rolle selbst-
bewusster wahrnehmen zu können (vgl. Klotz/Wiegel 2001; Caborn 2006).[19]

Dass rechte Positionen in diesem Sinne im »Hauptstrom deutschen Meinens«
(Patzelt 2015b, 51) schwimmen und sich als dessen entschlossenere Vertreter inszenieren können, versetzt die etablierten Parteien in Krisensituationen unter Zug-
zwang oder gibt ihnen willkommene Anlässe, ihrerseits im Namen geteilter positiver Bezüge auf Nation und Kultur aktiver gegen geteilte Feindbilder vorzugehen.
Wo reale Einflussmöglichkeiten nationaler Politik auf die globalen Interdependenz-
zusammenhänge des Kapitalismus zurückgehen und für zahllose drängende Prob-
lemkonstellationen tragfähige Lösungen fehlen, wird zudem die verbale und reale
Aufrüstung in der inneren und äußeren Sicherheitspolitik zum bevorzugten Feld
der Simulation staatlicher Handlungsfähigkeit (vgl. Bauman 2005, 74-89).

Gerade angesichts komplexer ökologischer, sozialer, ökonomischer und geopo-
litischer Strukturkrisen und Konflikte wird rechten Protesten entsprechend auch
eine überproportionale Relevanz zugesprochen.[20] Die Abwehr Geflüchteter und
die parteiübergreifende Umcodierung allgemeiner sozialer Fragen in eine (der Logik des NPD-Slogans »Unser Volk zuerst« folgende) Verteidigung deutscher Etabliertenvorrechte[21] dominieren die mediale und politische Agenda so im Sinne von

---

»Fortschritt«; »Chaos, Krise« vs. »Ordnung, Kontrolle« etc. (ebd., 29 f.) – verband sich
mit der »Inszenierung innerer Sicherheit«. Das begründete folgende Prognose: »Die Viel-
schichtigkeit des Bedrohlichen, die Dramaturgie der Unberechenbarkeit [...] tränken den
Diskurs mit Krisenbewußtsein, undeutlichen Warnungen und Wagenburg-Stimmung. Sie
[...] tragen zu den gesellschaftlichen Voraussetzungen angelegentlicher Pogrome treu das ihre
bei.« (Ebd., 36)

19 Dass jüngere rechte Positionierungen auch in dieser ›positiven‹ Begründung deutscher
Identität dem Diskurs wenig substantiell Neues hinzufügen, zeigt exemplarisch auch ein
Grundsatzpapier der CDU Sachsen (2005), das sich weitgehend mit Narrativen bei Pegida
deckt (vgl. Steinhaus et al. 2016, v.a. 180 ff.).

20 Es sind ja begründete Fragen, warum Pegida mehr mediale und politische Resonanz er-
fuhr als zahlenmäßig größere und hinsichtlich der Problemfelder ebenso relevante Proteste
gegen TTIP, oder warum Seehofer ›den Bürgerwillen‹ v.a. in rechten Protesten artikuliert
sieht und nicht in der Massenbewegung der Geflüchtetenhilfe.

21 Die polemische Frage etwa, wo Merkels »freundliches Gesicht« für Geflüchtete für
»Menschen in Notsituationen hier im Land« sei, wird ebenso von PEGIDA, der AFD,

Stellvertreterdiskursen und Übersprunghandlungen. Das schlägt sich in der Verschiebung des Sagbarkeitsfeldes, aber auch in der Gesetzgebung und Außenpolitik nieder. Der Ausbau der ›Festung Europa‹, ›Flüchtlingsdeals‹ mit autokratischen Staaten oder die Einschränkung des Asylrechts im Rahmen der Asylpakete sind dafür ebenso exemplarisch wie die Form, in der die CDU, die die überfällige Reform des Sexualstrafrechts über Jahrzehnte blockiert hatte, deren Umsetzung nun in einer ethnisierenden Rahmung vorantrieb. So begründete der CDU-Bundesvorstand (2016) die Reformnotwendigkeit einzig aus den »widerwärtigen Übergriffe[n]« der Kölner Silvesternacht und schloss das Unter-Strafe-Stellen von Belästigungen »unterhalb der Schwelle sexueller Nötigung« und die Anhebung des Strafmaßes für Sexualdelikte argumentativ mit der Erleichterung der »Abschiebung straffälliger Ausländer« im Rahmen der Asylpakete kurz (ebd.).

Allerdings scheint die skizzierten epistemologische Komplizenschaft in eklatantem Widerspruch zu jenen Diskursverschiebungen und Regierungspraktiken zu stehen, die seit den 1990er Jahren einen in Gesetzen und Richtlinien institutionalisierten und mit erheblichem Finanzaufwand betriebenen Abbau von an Geschlecht, Ethnie oder Nation geknüpften sozialen Grenzziehungen und Diskriminierungen bewirkten. Wie diese Tendenzen – die rechte und konservative Positionen auf eine ›linke Hegemonie‹ zurückführen – mit der parallelen Reproduktion und Verstärkung autoritärer, sicherheitspolitischer, nationalistischer und exklusiv-solidarischer Tendenzen zusammenhängen, wird erst aus den spezifischen Konstellationen neoliberaler Politik verständlich.

3. Die Selbstverunmöglichung des ›ohne Angst Verschiedenseins‹

»Das [...] Argument der Toleranz, alle Menschen [...] seien gleich, ist ein Bumerang. Es setzt sich der bequemen Widerlegung durch die Sinne aus[.] [...] Eine emanzipierte Gesellschaft jedoch wäre kein Einheitsstaat, sondern die Verwirklichung des Allgemeinen in der Versöhnung der Differenzen. Politik, der es darum im Ernst noch ginge, sollte deswegen [...] auf die schlechte Gleichheit heute [...] deuten, *den besseren Zustand aber denken als den, in dem man ohne Angst verschieden sein kann.*« Theodor W. Adorno (1980, 113f.)

Seit den 1970er und verstärkt seit den 1990er Jahren verband sich die in ihrer Widersprüchlichkeit für variable Ausformungen offene neoliberale Ideologie[22] ver-

---

NPD, CSU und SPD gestellt, stammt hier aber aus der Linkspartei (vgl. Wagenknecht 2015, 125 f.).

22 Ideologische Ambivalenzen neoliberaler Ansätze und die Vereinbarkeit mit heterogenen Staatsformen (von liberaler Demokratie bis Militärdiktatur) wecken oft Zweifel, ob es jenseits der Inflation des (oft pejorativ gebrauchten) Wortes einen trennscharfen Begriff oder eine abgrenzbare Ideologie des ›Neoliberalismus‹ überhaupt gäbe. Ideologien sind (in einem an Marx anschließenden Verständnis) als Verarbeitungsformen gesellschaftlicher Wi-

mehrt mit emanzipatorischen Impulsen von >links<, die in neoliberale Programme und in reale Transformationen kapitalistischer Produktionsverhältnisse – in den Grenzen ihrer Funktionalisierbarkeit – integriert wurden. Die den Neoliberalismus charakterisierende ideologische Synthese der Betonung individueller Freiheit mit der gesellschaftlichen Nützlichkeit sozialer Differenzen und die Dynamisierung und Entsicherung der Arbeits- und Lebensverhältnisse verband sich hier mit einer enormen Ausweitung der Toleranzenzonen des als gesellschaftlich >normal< Integrierbaren.[23]

So griff beispielsweise die Dreieinigkeit von Diversity-Management, Diversity-Compliance und Diversity-Marketing Impulse aus Queer-Feminismus, Behindertenverbänden und antirassistischen Bewegungen auf und versprach, qua inklusiver Entfaltung sozialer Diversität die Kapitalgewinne, die Selbstverwirklichungsmöglichkeiten der Belegschaften und die Konsumzufriedenheit in einer Win-Win-Win Situation zu steigern. Entsprechende Programmatiken einer »Geschlechterpolitik jenseits des Gender Trouble« (Döge 2011) oder der inklusiven Transformation von >Behinderungen< in sozusagen standardabweichendes Humankapital mit besonderem Nutzwert[24] begünstigten und erforderten Liberalisierungen in der Anerkennung pluraler Lebensformen, die auch konservativen Parteien weitgehende ideologische Zugeständnisse abverlangten.[25]

Die oft missverständlich >Sozialdemokratisierung< genannte Neoliberalisierung konservativer Parteien galt oft als Ursache der Zuwendung konservativer Milieus zum Rechtspopulismus. Um aber dessen Resonanzen gerade auch bei vormals

---

dersprüche aber per Definition *nie* logisch konzise, was flexible strategische Handhabungen erlaubt. Dennoch existiert ein fester Kern (widersprüchlicher) Prämissen, die verschiedene Ausformungen des deutschen Ordoliberalismus und des amerikanischen Neoliberalismus teilen. Vgl. Kastrup 2016; Heim 2013, 377-404. In diesem Sinne wird hier von neoliberaler Ideologie gesprochen, was kein einheitliches Programm meint.

23 Grundlegend zum theoretisch-analytischen Verständnis dieser Entwicklungen ist Jürgen Links (1995; 1997) Konzept des >flexiblen Normalismus<, das hier aus Gründen des Umfangs nicht ausgeführt werden kann. Vgl. zur Analyse des Neoliberalismus aus dieser Perspektive ausführlich: Heim 2013, 377-420; Heim/Wöhrle 2015. Foucault betonte schon in frühen Analyse neoliberaler Programme, dass deren Ideal »überhaupt nicht [...] das Projekt einer erschöpfend disziplinarischen Gesellschaft« sei, in der Mechanismen des »Ausschlusses des Nicht-Normalisierbaren« zentral wären. Stattdessen sei »das programmatische Thema« eine »Gesellschaft, in der es eine Optimierung der Systeme von Unterschieden gäbe«, die »Schwankungsprozesse freien Raum« lässt, »in der es eine Toleranz gäbe, die man [...] den Praktiken von Minderheiten zugesteht« (Foucault 2004b, 359).

24 Z.B stellt SAP gezielt als autistisch diagnostizierte Softwareentwickler*innen ein. Vgl. zu diesen Tendenzen: Heim/Wöhrle 2015, v.a. 43 ff..

25 So betonte selbst Seehofer, die CSU würde »niemanden diskreditieren und ausgrenzen, sondern Respekt und Achtung haben«, gerade »für die gleichgeschlechtlichen Lebensgemeinschaften« (zit. in. ZEIT Online 2013).

›links‹ wählenden Lohnabhängigen[26] zu verstehen, ist die parallele Entwicklung der Mitte-Links-Parteien ebenso entscheidend.[27] Mit dem Scheitern ihrer tradierten Konzepte und dem Brüchigwerden ihrer politischen Profile in einer langfristigen strukturellen Akkumulationskrise wurde der »Weg nach vorne für Europas Sozialdemokraten« (Schröder/Blair 1999) selbst ein offensiv neoliberaler. Anstelle einer als veraltet geltenden Identifikation von sozialer Gerechtigkeit mit sozialem Ausgleich traten Bekenntnisse zu einer Wirtschafts- und Sozialpolitik, in deren Zentrum neben Flexibilisierung, Deregulierung und Kosteneffizienz auf allen Ebenen vor allem die Pflicht der Einzelnen zu Selbstverantwortung und Eigenleistung stand.

Zum neuen ›Markenkern‹ linker Politik wurden liberale bis libertäre Wertorientierungen an Diversität und Lebensstilpluralismus, die eine *positive* Bestimmung von Ungleichheit als *Verschiedenartigkeit* der individuellen Bedürfnisse und Fähigkeiten implizierte, die sich in ›freier Konkurrenz‹ ergänzen und wechselseitig steigern sollten.[28] Entsprechend beantwortete Wolfgang Thierse (2005) Fragen nach dem »sozialen Sinn« der Agenda 2010, nach dem »guten und sinnvollen Leben« und dem »Kitt« des sozialen Zusammenhalts mit Verweisen auf die »Selbstbestimmung des Einzelnen«, die »Emanzipation von Abhängigkeit« und auf das »Ideal einer Gesellschaft, in der wir [...] ohne Angst verschieden sein können«. Symptomatischerweise fehlte in der Aufzählung der »Grundüberzeugungen der

---

26 Die seit den 1990er Jahren beobachtete Verbreitung rechter Orientierungen in einst SPD-nahen und gewerkschaftlichen Milieus (vgl. Dörre 2004; Ptak/Virchow 2001, 366 ff.), ließ schon Kitschelt (2001) einen Wandel der Rechtsaußenparteien zu »postindustriellen Arbeitnehmerparteien« (ebd., 435) prognostizieren. Tatsächlich fand die AfD bereits bei den Landtagswahlen 2014 unter jungen männlichen Gewerkschaftsmitgliedern besonderen Zuspruch (vgl. Gebhardt 2016, 217) und wurde 2016 in Baden-Württemberg und Sachsen-Anhalt stärkste Kraft unter Arbeiter*innen und Erwerbslosen (vgl. Friedrich 2016, 231f.). Bei Pegida gaben gut 17 % an, bei der letzten Bundestagswahl noch ›links‹ gewählt zu haben (Linke 8,6 %, SPD 6 %, Grüne 2,3 %) und unter den dort 47,1 % AfD-Wählenden dürften weitere früher abgewanderte ›linke‹ Wähler*innen sein. Vgl. Geiges et al. 2015, 69.

27 Immerhin waren sozialdemokratische Parteien während der entscheidenden neoliberalen Weichenstellungen der 1990er Jahre in 13 der damals 15 EU-Mitgliedsländer an den Regierungen beteiligt und stellten 11 Regierungschefs. In den USA verfolgte die demokratische Regierung unter Clinton von 1992-2000 einen ähnlichen Kurs.

28 Der »alten« Sozialdemokratie wird angelastet, »soziale Gerechtigkeit [...] mit Gleichheit [...] verwechselt«, so »die Bedeutung von eigener Anstrengung und Verantwortung ignoriert [...] und die soziale Demokratie mit Konformität und Mittelmäßigkeit verbunden« zu haben. Dem wird die Förderung und Forderung von »Kreativität, Diversität und her ausragender Leistung« (Schröder/Blair 1999, 1) entgegengestellt. Der Ankündigung, das »Sicherheitsnetz aus Ansprüchen in ein Sprungbrett in die Eigenverantwortung« umzuwandeln, folgt die Betonung, dass »der Imperativ der sozialen Gerechtigkeit« v.a. in der Eröffnung von Chancen »unabhängig von Geschlecht, Rasse, Alter oder Behinderung« bestehe, – »um sozialen Ausschluß zu bekämpfen« (ebd., 9).

Linken« jeder Verweis auf sozioökonomische Bedingungen und Teilhaberechte – die gerade auch einer Gesellschaft, in der Menschen wirklich ›ohne Angst verschieden sein‹ könnten, vorausgesetzt wären. Zugleich reduzierte sich die Bestimmung von »Gerechtigkeit« auf ein Minimalverständnis »gleicher Freiheit« (ebd.).

Diese konzeptive Neuausrichtung der Mitte-Links-Parteien implizierte ein Abrücken von ihren früheren Gesellschaftsbildern und politischen Profilen, aber auch von ihrem tradierten Klientel (vgl. Eribon 2016, 117-147; Häusler 2016). Anstelle einer Artikulation der ›sozialen Frage‹, die Ungleichheiten und Interessengegensätze in gesellschaftlichen Produktions-, Ausbeutungs- und Dominanzverhältnissen verortete (wie dies Klassenbegriffe leisteten), trat endgültig eine einst für konservative und liberale Positionen typische Naturalisierung und Individualisierung von Ungleichheit und sozialer Verantwortung, die strukturelle Ursachen asymmetrischer Verteilungen negierte, bestehende Asymmetrien legitimierte und den Staat aus der Verantwortung, sie auszugleichen, entließ.[29]

Anstelle der parteiischen Artikulation divergierender Interessen trat die Behauptung, ein alle soziale Gruppen einendes, nationales Interesse an der Marktposition in der Konkurrenz der »nationalen Wettbewerbsstaaten« (Hirsch 2002) zu vertreten. Eine redistributive Sozialpolitik, die einer nachfrageorientierten Wirtschaftspolitik zugleich als Wachstumsanreiz galt, was ein Ankerpunkt fordistischer ›Klassenkompromisse‹ und des keynesianischen Sozialstaates war, wurde so durch einen angebotsorientierten Wettbewerbskorporatismus ersetzt, der Abstriche bei den Löhnen, den Arbeitsbedingungen und bei den Arbeits- und Sozialrechten zum kollektiven Interesse im Wettbewerb um attraktive Kapitalanlagebedingungen erklärte.

Dass überproportional die Lohn- und Sozialleistungsabhängigen die Folgekosten des Umbaus der Sozialsysteme, der Deregulierung der Arbeitsmärkte, des Ausbaus des Niedriglohnsektors und der Verschärfung des administrativen Lohnarbeitszwangs – etwa durch die Veränderung der ›Zumutbarkeitsregeln‹ im Kontext der Agenda 2010 – tragen mussten, trug ebenso zum Legitimitätsverlust der Sozialdemokratie bei, wie der dies sekundierende Diskurs, der jeden Gedanken

---

29 Affin zu Thatchers klassischer Negation gesellschaftlicher Verantwortung – »there is no such thing as society. There are individual men and women, and there are families« – hieß es bei Schröder/Blair (1999): »[D]ie Verantwortung des Einzelnen« und der »Familie« könne »nicht an den Staat delegiert werden«, da dies zum Verlust der »Verantwortung«, »zum Verfall des Gemeinsinns [...] und einer Überlastung des Rechtssystems« (ebd., 1) führe. Charakteristisch für eine Naturalisierung von Ungleichheit war es u.a., wenn Franz Müntefering die »Unterschicht« zur »Erfindung lebensfremder Soziologen« erklärte: »Es gibt keine Schichten in Deutschland. Es gibt Menschen [...] die schwächer sind. [...] Das hat es schon immer gegeben.« (Zit. in: cvo/ddp/dpa 2006) Vgl. zu den multiplen Verdrängungen des Klassenbegriffs und entsprechenden Analysen: Heim 2007; 2013, 423-466)

an die »determinierende Kraft historischer und sozialer Gegebenheiten [...] zu entsorgen« suchte (Eribon 2016, 121). Um im Namen liberaler Ideale der Eigenverantwortung die Schuld an sozio-ökonomischen Verwerfungen und Notlagen den Betroffenen anzulasten, wurden diese mit Attributen selbstverschuldeter Unmündigkeit und Dekadenz belegt, was sie zugleich zu Sündenböcken für Krisen der Wirtschaft und der Sozialsysteme machte, die ihre Leistungslosigkeit und ihre Ansprüche verursacht hätten. Statt soziale Interessen lohnabhängiger Klassen zu repräsentieren, wurde so deren Lebensweise zur Zielscheibe klassistischer Abwertungen (vgl. Heim 2016b, 399 ff.).

Hier konnten sich Rechtsparteien (obwohl sie selbst oft eher eine verschärfte Variante einer neoliberalen Politik der Privilegierung der Privilegierten vertreten) auch als ›Anwälte der kleinen Leute‹ andienen (vgl. Häusler 2016, 74). Ihr Narrativ, ›die Eliten‹ hätten ein ethnisch-kulturell definiertes ›Volk‹ verraten, um stattdessen ›Fremde‹ und ›Minderheiten‹ zu privilegieren, codiert die soziale Frage in einer Form, die den Kampf um Ressourcenverteilung mit einem Kampf um kulturelle Identität koppelt. Teilen der von einer realen Auflösung und Deklassierung ihrer sozialen Identität betroffenen Lohnabhängigen erlaubte dies eine negative Identitätspolitik,[30] die in der Verteidigung gegen ›kulturelle Überfremdung‹ und der Vergewisserung, nicht selbst zu den ›Minderwertigsten‹ zu zählen, zumindest der eigenen »Lebensrealität wieder einen Sinn« verlieh (Eribon 2016, 122).[31]

Für die Auswahl der Gruppen, die dafür als Abgrenzungsfolie dienen, ist gerade die ›progressive‹ Seite neoliberaler Diversitätspolitiken bedeutsam. In Bereich der Migrationspolitik und der Staatsbürgerrechte blieben die Liberalisierungen – jenseits weitgehender Freizügigkeiten im EU-Binnenraum – zwar zurückhaltende Zugeständnisse an wirtschaftliche und politische Erfordernisse, während ihre generelle Ausrichtung eher die *Illegalisierung* von Migration forcierte (vgl. Karakayali 2008). Dennoch stießen hier selbst pragmatische Einzelregelungen auf erbitterte Gegenmobilisierungen konservativer Parteien.[32]

---

30 »Mit der Wahl der Kommunisten versicherte man sich stolz seiner Klassenidentität [...] Mit der Wahl des Front National verteidigte man hingegen still [...], was von dieser Identität noch geblieben war, welche die Machtpolitiker der institutionellen Linken [...] ignorierten oder verachteten.« (Eribon 2016, 123, vgl. 125 f.)

31 Die von der SPD propagierte aktivgesellschaftliche Leistungsorientierung wird dabei übernommen. Selbst Hartz IV-Beziehende grenzen sich »besonders vehement von den ›Faulen‹« ab. Zur »subjektiven Entlastung im Wettkampf um eine bessere individuelle Platzierung in der gesellschaftlichen Hierarchie« (Dörre et al. 2013, 168) wird das ›Stigma‹ der Leistungslosigkeit weitergereicht. Vgl. dazu im Diskurs Pegidas: Knopp 2016, 81-87.

32 Beispielhaft ist die CDU-Unterschriftenaktion »Ja zu Integration – Nein zu doppelter Staatsangehörigkeit« 1998/99. Diese richtete sich gegen die von Rot-Grün geplante Reform des Staatsbürgerschaftsrechts, die die Einbürgerung für die damals in der BRD lebenden 7,3 Millionen Ausländer*innen erleichtern sollte. Die Sammlung von ca. fünf Millionen Unter-

Die CDU-Kampagne für (deutsche) »Kinder statt Inder« gegen Green-
Card-Regelungen für IT-Fachkräfte verwies in der Verschaltung des Migrations-
mit dem Reproduktionsdiskurs dabei schon 2000 auf ein Kennzeichen aktueller
rechter Rhetoriken. Neben Migrant*innen richten sich diese stets auch gegen eine
vermeintliche Gefährdung der ›Reproduktion des Volkskörpers‹ und der ›normalen‹ Lebensformen durch eine Diversitätspolitik, in der die Liberalisierungen
weitreichender waren, und gegen jene Gruppen, die am ehesten davon profitierten:
Homosexuelle, Feminist*innen und alle ›Minderheiten‹, die gegenüber dem ›normalen arbeitenden Volk‹ privilegiert worden seien. Im Grenzfall wird dabei jede
Anti-Diskriminierungspolitik zur Diskriminierung der Mehrheit umgedeutet.[33]

Diese Umdeutung hat darin einen Realitätskern, dass der verbesserte Zugang
zu Arbeitsmärkten für diskriminierte Gruppen in einer fortlaufenden Krise der
Lohnarbeit die Konkurrenz verschärft und eine antidiskriminatorische Politik die
Durchsetzungschancen zuvor privilegierter Gruppen insofern tatsächlich zu min-
dern droht.[34] Zudem sind die Möglichkeiten, Diversität aktiv zu leben – indem
etwa sexuelle Orientierungen nicht nur als zu bewältigendes Fatum, sondern als zu
kultivierender Teil einer Identität behandelt werden – ungleich verteilt und werden
durch sozial privilegierte Positionen und sozio-ökonomische Unabhängigkeit von
tradierten Lebensformen begünstigt.[35] Da die neoliberale Apotheose des Verschie-

schriften und ein von ausländerfeindlichem Populismus getragener hessischer Landtagswahl-
kampf (vgl. Kärner 2000) führte mit dem dortigen CDU-Sieg zum Verlust der rot-grünen
Bundesratsmehrheit, wodurch nur eine abgeschwächte Reform beschlossen wurde. Zur wei-
terreichenden Regelung der doppelten Staatsbürgerschaft (durch Wegfall der Optionspflicht
für in der BRD aufgewachsene Personen) kam es erst Ende 2013 durch die große Koalition.

33 Exemplarisch grenzte etwa Björn Höcke ›das Volk‹, das »täglich zur Arbeit« gehe,
»um diesen Staat zu finanzieren«, nicht nur von Migrant*innen ab, die »uns nicht nutzen
und nicht zu uns passen«, sondern auch von »bösartigen Gutmenschen in den Altparteien
und in gesellschaftlich irrelevanten, exotischen Interessengruppen«, die »einen Feldzug
gegen die klassische Familie« führen. »Lautstarke Minderheiten bauchpinselt man, der
Wert der klassischen Familie wird relativiert und sie wird finanziell diskriminiert.« (Höcke 16.9.2015) Anderenorts erklärte er Männer zu Opfern einer »Diskriminierung« durch
Gleichstellungspolitik (vgl. Kemper 2016, 158).

34 In der Milieuerfahrung des Verf. wenden sich auch Akademiker*innen mit gegenläufigen Wertorientierungen, wo es um Stellenbesetzungen geht, oft überaus aggressiv gegen die
›Auswüchse‹ der Gleichstellungspolitik.

35 Es ist ein in der deutschen Rezeption wenig beachteter, aber zentraler Aspekt in Eribons
(2016) Autobiographie, dass die Entfremdung vom proletarischen Herkunftsmilieu eng
mit seiner Homosexualität verknüpft ist, die in den Zwängen des provinziell-proletarischen
Alltags weit schwerer lebbar war als in der Pariser Intellektuellenkultur. Was in seiner Klas-
senherkunft v.a. ein Stigma war, wurde so selbst zum Privileg. Die Homosexualität, die ihn
zwang, »einen Ausweg zu finden« (ebd., 192 f.), und half, eine andere Identität zu konstru-
ieren (vgl. ebd., 201 ff.), öffnete auch den Zugang zu »Ressourcen der schwulen Subkultur«,
in der sich »bis zu einem gewissen Grad die sozialen Klassen« mischen. Deren spezifische

denseins mit parallel verschärfte Klassendifferenzen und einer vertieften »lebens-
weltlichen Spaltung zwischen den liberal-kosmopolitischen Milieus […] und den
Modernisierungsverlieren« (Jörke/Selk 2015, 493) kollidierte, konnte die institu-
tionalisierte Linke mit ihren Diversitäts- und Inklusionsprogrammatiken v.a. als ein
»Advokat subkultureller Identitätspolitik« erscheinen, der andere Gruppen den
»Widerwärtigkeiten der globalen Konkurrenz« überließ (Gebhardt 2016, 217).

Einen zusätzlichen Resonanzboden für regressiv-sexistische Geschlechter- und
Familienleitbilder, die zum Wesenskern rechter Programmatik gehören und die
Rechte von Frauen akut bedrohen,[36] schuf die einseitige Ausrichtung neoliberaler
›Gleichstellungspolitik‹. Diese stand nur in der Aktivierung weiblicher Lohnarbeitskraft an der »Spitze« (Schröder/Blair 1999, 3), ohne die Bedingungen
anderer Geschlechterverhältnisse in der Reproduktionssphäre herzustellen (vgl.
Lessenich 2008, 97-108). Dort implizierte der Abbau staatlicher Sicherheitsga-
rantien und Leistungen vielmehr eine Reprivatisierung der Verantwortung für
reproduktive Aufgaben etwa im Sozial-, Gesundheits- und Pflegebereich oder in
der Altersvorsorge. Gerade in Einkommensgruppen, deren monetäre Mittel für
den Kauf entsprechender Dienstleistungen oder für private Zusatzversicherungen
begrenzt sind, beförderte dies eher vermehrte kompensatorische Rückgriffe auf
überwiegend weibliche ›Gratisarbeit‹ in tradierten Familien- und Geschlechter-
arrangements.

Der Zunahme weiblicher Lohnarbeit – mit fortbestehendem Gender-Pay-Gap
v.a. im Teilzeit- und Niedriglohnsektor, wo die Reallöhne von 2000 bis 2010 um
bis zu 20 % fielen (vgl. Brenke/Grabka 2011) – entsprach keine grundlegende Neuordnung der gesellschaftlichen Verteilung und Anerkennung der (überproportional von Frauen geleisteten) unbezahlten reproduktiven Tätigkeit, für die der Zeit-
aufwand um das 1,7fache über dem für Lohnarbeit liegt (vgl. BMFSFJ 2003, 11).
Stattdessen wurden Reproduktionsaufgaben in der Krise der Sozial-, Pflege- und
Bildungssysteme vermehrt auf weibliche Gratisarbeit ausgelagert, während darum
zentrierte Arrangements geschlechtlicher Arbeitsteilung zerfielen und Reproduktivität in diskursiven Leitbildern massiv verdrängt wurde.[37] ›Emanzipation‹ wurde

---

»Solidarität« (ebd., 223) ersetzte jenes soziale und kulturelle Kapital, das ihm aufgrund seiner Herkunft fehlte.

36 Legislative Vorstöße zur Marginalisierung auf dem Arbeitsmarkt, zum Abtreibungsverbot und zur Abdrängung in eine – völkisch-nationalistischen Reproduktivitätskonzepten
entsprechende – Mutterrolle prägen in Polen bereits die Realpolitik (vgl. Wierzcholska
2016). Die positive Sanktionierung der ›traditionellen Familie‹ und Negativsanktionen gegen andere Lebensformen sind auch im Programm der AfD zentral (vgl. Kemper 2016).

37 Die Verdrängung der Reproduktivität zeigt sich in medialen Leitbildern weiblicher
Körperästhetik. In Differenz zur fordistischen Periode dominiert ein versportlichter, nicht
primär auf Schwangerschaft ausgerichteter und trotz Schwangerschaft hochleistungsfähiger
Frauenkörper. Reproduktivität erscheint als etwas, das Frau ›nebenbei wuppt‹, ohne dass

hier gleichbedeutend mit steigender Mehrfachbelastung und Überausbeutung von
Frauen und einer verschärften Krise der Reproduktion, die durch Lippenbekennt-
nisse zu emanzipatorischen Idealen und ›political correctness‹ nicht überwindbar
ist.

Dies bietet rechten Scheinlösungen der Rückkehr zur naturalisierten verge-
schlechtlichten Arbeitsteilung in ›traditionellen Familien‹ einen Nährboden.
Die Reduktion des Verschiedenseins auf die Polarität weiblicher/männlicher
›Wesenseigenschaften‹ verspricht klare Rollenarrangements zur Bewältigung reproduktiver Belastungen und ihre Anerkennung in einer Apotheose von ›Mütter-
lichkeit‹. Ideologisch knüpft dies positiv an differenzfeministische Strömungen
an,[38] findet aber auch Korrelate in ideologischen Widersprüchen des Neoliberalismus. Dessen Gleichstellungs- und Diversitätsprogrammatik in der Arbeits-
marktpolitik war stets in paradoxer Gleichzeitigkeit mit neo-konservativen Implikationen in der Familienpolitik synthetisiert (vgl. Michalitsch 2008; Weiss
2012). Die romantisierten familiären Reproduktionsverhältnisse galten in Negation ihres ökonomischen Charakters als konstitutiver Gegenpool der egoistischen
Marktkonkurrenz, auf den Sozialität ideologisch ausgelagert und staatlich nicht

---

ihre Belastbarkeit durch Lohnarbeit und ihre Autonomie davon berührt wird (vgl. Rose
1997). Das neue Weiblichkeitsideal gleicht der »Eierlegenden Wollmilchsau« (Scholz
2011, 71). Widersprüchliche Eigenschaften vereinend steht frau dem Arbeitsmarkt als völlig
gleichgestellte, gebildete, dynamische und flexible Lohnarbeitskraft zur Verfügung, managt
nebenbei Haushalt, Familie und Sozialbeziehungen und bildet im krisenhaften Alltag den
ausgleichenden Pol, ist aber dank gesunder Ernährung, Wellness und Sport auch sexuell
attraktiv und aktiv, ohne Männer mit Unterhalts- oder Bindungsansprüchen zu belasten.
Dabei steigert der Abbau sozialstaatlicher Leistungen und Garantien für Gesundheit, Bildung und Pflege die Belastung durch reproduktive Tätigkeiten eher, auch wenn ihr Anteil am
Zeitbudget durch die erhöhte weibliche Lohnarbeitsquote relativ und absolut abnimmt (vgl.
Statistisches Bundesamt 2015, 7). Der neoliberale Raubbau an Ressourcen der Lohnarbeits-
kräfte erhöht zudem die private Verantwortung für die Regeneration in der individuellen
work-life-balance. Zugleich steigern neue Leitbilder und Zwänge einer konkurrenzgetriebe-
nen familiären ›Humankapitalinvestition‹ den Erziehungs- und Sozialisationsaufwand. Das
Zusammenspiel von Verdrängung und Steigerung reproduktiver Aufgaben dürfte eine Ursache der Zunahme von ›regretting motherhood‹ (Donath 2015) sein. Über 70 % der Eltern
erleben das erste Kind als unvorhergesehene, gravierende Verringerung der Lebensqualität,
die stärker ist als beim Tod des Partners (vgl. Margolis/Myrskylä 2015). In der Körperästhetik ist die Verlagerung auf das Ideal des androgynen, präadoleszenten, von reproduktiven
Belastungen noch unberührten Körpers ein logisches Korrelat (vgl. Rose 1997, 138 ff.).
38 Ein Primat der ›Gleichwertigkeit, aber nicht Gleichartigkeit‹ der Geschlechter kennzeichnet viele differenzfeministische Strömungen und eine rechte Frauenbewegung, die die
Aufwertung naturalisierter ›Weiblichkeit‹ der übergeordneten Orientierung an ›Rasse‹,
›Nation‹ und ›Volksgemeinschaft‹ unterordnet (vgl. Bitzan 2010).

erfüllte Reproduktionsfunktionen abgewälzt wurden.[39] Die AfD-Programmatik setzt die hier vorausgesetzten Muster der Vergeschlechtlichung nur explizit wieder >in ihr Recht<.

Generell lag der Widerspruch der neoliberalen Politik der Differenz darin, die Anerkennung der Diversität individueller Lebensformen und die Normalisierung des vormals Stigmatisierten zum Kern eines emanzipatorischen Anspruchs zu erheben, zugleich mit der Zersetzung sozialer Absicherungsmechanismen aber die Voraussetzungen des >ohne-Angst-Verschiedenseins< zu demontieren, was zur multiplen Selbstverunmöglichung des Anspruchs beitrug. Inklusive Ausdehnungen von Teilhaberechten auf zuvor diskriminierte Gruppen waren mit einer Realpolitik verwoben, die für viele Lohn- und Sozialleistungsabhängige eine faktische Enteignung von bisherigen Teilhabe- und Vertretungsrechten implizierte. Zugleich wurden die Ursachen der Diskriminierungen in den Produktions- und Reproduktionsverhältnissen nicht überwunden, sondern verschärft.

Dadurch wurden auch in der Frage, wem die Antidiskriminierungspolitik in den vielfältigen intersektionalen Verschränkungen von Geschlecht, Klasse und Ethnie praktisch zugutekam, Ungleichheiten vertieft. Das gilt etwa, wenn von der Gleichstellungspolitik v.a. europäische Frauen aus gehobenen sozialen Lagen profitieren, u.a. da sie in globalen Reproduktionsketten die Reproduktionsaufgaben wie die Effekte der Reproduktionskrise auf niedrig entlohnte weibliche und oft migrantische Arbeitskräfte verlagern konnten (vgl. u.a. Roig 2014). Dass vielfältige Unterschiede für die egalitäre Teilhabe der Individuen am gesellschaftlichen Reichtum und der Gestaltung ihres gesellschaftlichen Lebens keinen Unterschied machen, blieb damit strukturell unmöglich.[40]

---

39 Vgl. zu entsprechenden ideologischen Konstellationen im Ordoliberalismus: Heim 2013, 381-390; Kellershohn 2016a, 18 ff. Im realexistierenden Neoliberalismus zeigt sich die Paradoxie in widersprüchlichen Gesetzgebungen – zwischen »Homo-Ehe«, »Frauen-Quote« und »Herdprämie«. Soiland (2009) konstatiert hier ein Nebeneinander der Intensivierung und Erodierung, der Entnennung und funktionalen Nutzung der Geschlechterdifferenz.

40 Tatsächlich teilt die neoliberale Positivbestimmung von Ungleichheit als Verschiedenheit einiges mit Marx' Utopie eines Postkapitalismus, in dem bornierte bürgerliche Gleichheitsfiktionen überwunden und Ungleichheiten der Anlagen, Fähigkeiten und Interessen voll entfaltet würden, denn es »wären nicht verschiedne Individuen, wenn sie nicht ungleiche wären« (vgl. MEW 19, 21). Die Bedingung dieser Entfaltung war für Marx aber, dass sie für die allgemeine gesellschaftliche Teilhabe keinen Unterschied machen, da diese unabhängig von Besitztiteln und Leistungsäquivalenz wäre – »[j]eder nach seinen Fähigkeiten, jedem nach seinen Bedürfnissen!« (Ebd.)

4. Die sich verschärfende Spannung libertär-inklusiver und autoritär-exklusorischer Ideologieelemente und der Siegeszug sicherheitspolitischer Legitimitätsbeschaffung

Die skizzierte Verbindung einer diversitäts- und gleichstellungspolitischen Programmatik universeller Inklusion mit einer Vertiefung sozialer Spaltungen und Ausgrenzungen implizierte auch auf der diskursiven Ebene eine Verschärfung der konstitutiven Widersprüche zwischen den libertären universalistisch-inklusiven und den autoritären, partikularistisch-exklusorischen Ideologieelementen, die laut Wallerstein (1992) unauflösbare »ideologische Spannungsverhältnisse im Kapitalismus« (ebd., 39 ff.) bilden.

Der Universalismus, der Freiheit und Gleichheit zum Ziel und zur Errungenschaft des Kapitalismus erklärt (vgl. Wallerstein 2012, 169), hat eine reale Basis in der abstrakten Gleichheit der Warenform und im freien Waren- und Kapitalverkehr. Hier wird prinzipiell auch die Ware Arbeitskraft (ohne Ansehen von Herkunft und Person) nach universellen Prinzipien von Wertäquivalenz und Verwertbarkeit behandelt. Zugleich aber erfordert die Akkumulation multiple hierarchische Ungleichheiten und Segregationsstrukturen, die praktisch stabilisiert und ideologisch legitimiert werden müssen.[41] Geopolitische Ausbeutungsbeziehungen und ungleiche Lebensverhältnisse zwischen Zentrum und Peripherie erfordern den Ein- und Ausschluss von Bevölkerungen durch Staatsbürgerrechte und Grenzregime, die die Bewegung verschiedener Arbeitskrafttypen den Erfordernissen der globalen Arbeitsteilung und schwankenden Verwertungsbedürfnissen anpassen. Diese Staatsfunktionen bedürfen über die Gewaltbasis hinaus einer Begründung aus den zur Basis der Nation erklärten, mit Rassismus verwobenen Phantasmen homogener Ethnizität, Kultur oder Sprache.[42]

Auch sozialstrukturelle Differenzen verschiedener Arbeitskrafttypen in Produktion und Reproduktion sind nicht rein meritokratisch begründbar und erfordern sekundäre Rechtfertigungen der Ungleichbemessung verschiedener Leistun-

---

41 Schließlich kollidierte die kolonialistische Unterwerfung und Auslöschung ganzer Bevölkerungen ebenso mit universellen Ideologien (Freiheit, Gleichheit, Brüderlichkeit) wie heutige globale Ausbeutungsbeziehungen. Die Funktion des »Europäischen Universalismus« (Wallerstein 2007) ist hier u.a. die Erklärung der Asymmetrien aus der Rückständigkeit und Irrationalität ›der Anderen‹ im Vergleich zur universellen Kultur des Westens.

42 Die retrospektiv oder präskriptiv zur Legitimationsbasis der Nationenbildung erklärte Einheitssprache, Ethnie oder Kultur ist dabei selbst Produkt gewaltsamer Homogenisierungen, die auf Abwertung, Unterdrückung oder Vernichtung anderer Dialekte, Traditionen oder ethnisierter Gruppen basiert (vgl. Bourdieu 1990, 18-44). »Keine Nation [...] besitzt eine ethnische Basis«. Vielmehr führt erst der Nationalstaat zur »Schaffung einer fiktiven Ethnizität« (Balibar 1992b, 63), mit der der Rassismus verkoppelt ist (vgl. ebd., 68).

gen.[43] Vergeschlechtlichung und Ethnisierung gewährleisten dies, indem sie soziale Trennlinien durch Systeme kultureller Differenzen stabilisieren, wobei spezifische Sozialisationsformen zur Reproduktion relativ verlässlicher Erwartungs- und Verhaltensmuster beitragen. Variable Formen von sexistischen und rassistischen Diskursen ermöglichen dabei die »Legitimation einer Wirklichkeit«, die »ausgedehnte kollektive Ungleichheiten« erfordert (Wallerstein 1995, 105).

Ein komplementäres Spannungsverhältnis bildet die v.a. von Foucault (2004b) herausgearbeitete, spezifische Verschaltung der liberalen bis libertären Betonung individueller Freiheit mit einer für autoritäre Auslegungen offenen Bestimmung der Aufgaben des Nationalstaates im Liberalismus und Neoliberalismus. Denn entgegen ihrer Naturalisierung muss die Freiheit des Marktes und der Marktsubjekte aktiv hergestellt und gegen Widerstände und Gefährdungen durch staatliche Repression und Kontrolle durchgesetzt und verteidigt werden.[44] Zudem sind auch die sozio-ökonomischen Teilhaberechte, die v.a. in der sozial- und biopolitischen Programmatik des deutschen Ordoliberalismus zu den positiven, d.h. ermöglichenden Freiheitsrechten zählten (vgl. Heim 2013, 381-390), an den nationalen Sozialstaat gekoppelt. Sie bleiben damit notwendig exklusiv-solidarisch und erfordern staatlich durchzusetzende Mechanismen des Ausschlusses und der Segregation nach Staatsbürgerschaft und Aufenthaltsstatus, die mit nationalistischen, rassistischen und autoritären Diskursen und Praktiken verschränkt sind.

Im Neoliberalismus der letzten Dekaden traten die hier skizzierten Spannungen widersprüchlicher Ideologieelemente zunehmend deutlicher zutage. An der neoli-

---

43 Dass Vorstände der größten US-Unternehmen nach dem CEO Pay Ratio 2015 das 350fache des Durchschnittslohns ›verdienten‹ und Reproduktionsarbeit oft gar nicht entlohnt wird, ist ebenso rechtfertigungsbedürftig wie die geringe Aufstiegsmobilität, die die »Illusion der Chancengleichheit« (Bourdieu/Passeron 1972) gesteigert sichtbar macht (vgl. Wallerstein 1995, 104 ff.). Zudem sind möglichst niedrige Lohnkosten für möglichst viele Tätigkeiten, also die Existenz von Unterschichten eine sine qua non der Produktionsweise. Als eines der in der Legitimationsbasis »instabilsten Systeme« bedarf die »Leistungsgesellschaft« (Wallerstein 1992, 43) der Sekundärbegründung, für die Sexismus und Rassismus zentral sind. Hier hat auch die Illegalisierung migrantischer Arbeit Funktionen für die Produktion rechtsloser und daher für vielfältige Formen der Überausbeutung nutzbarer Arbeitskrafttypen (vgl. Karakayali 2008).

44 Foucault (2004b) hat betont, dass in der liberalen Programmatik »die gewaltige Ausweitung von Verfahren der Kontrolle, der Beschränkung, des Zwangs« das notwendige »Gegenstück [...] der Freiheiten bilden«, weshalb das »Panopticon« die »eigentliche Formel einer liberalen Gesellschaft« sei (ebd., 101 f.). Historisch war die Durchsetzung der freien Marktordnung und die ›Befreiung‹ der Arbeitskraft aus sozialen, moralischen und religiösen Bindungen, Verpflichtungen und Absicherungen nur durch die Expansion administrativer Zwangs- und Kontrollapparate möglich (vgl. Heim 2013, 313-330). Für den Neoliberalismus der Chicago-School (vgl. ebd., 390-404) war in den 1970er Jahren nicht umsonst die Militärdiktatur Pinochets das erstes Experimentierfeld.

beralen Sozialdemokratie zeigt sich dies u.a. auch darin, dass diese die verschärfte
>soziale Frage< nicht nur Anrufungen von rechts überließ, sondern deren Umco-
dierung zum Verteilungskampf konkurrierender Gruppen, in dem der Staat nationale Kollektivinteressen gegen innere und äußere Feinde durchsetzt und verteidigt,
aktiv mitbetrieb. Das galt auch für die parallel zur Diversitäts- und Inklusionspro-
grammatik forcierte Produktion entsprechender Feindbilder und Identitätsanker.
    Die Kehrseite der unter dem Primat der Nützlichkeit stehenden neoliberalen
Apotheose der Verschiedenheit war stets eine Ideologie der konstitutiven Ungleichwertigkeit und die Bekämpfung >schädlicher Abweichungen< – etwa in den oben
angesprochenen Sozialschmarotzer-, Kriminalitäts- und Asyldiskursen. Eugenische
Konsequenzen – die das von Müntefering zum SPD-Motto erhobene Paulus-Wort
»Nur wer arbeitet, soll auch essen.« (vgl. Schuler 2006) immerhin nahelegte – blieben meist unausgesprochen. Zu explizite Formulierungen Thilo Sarrazins (2010)
führten gar zur Diskussion um den (dann doch nicht eingeleiteten) Parteiaus-
schluss. Dennoch bilden Sozialdarwinismus und Eugenik Grundmotive wichtiger
neoliberaler Vordenker.[45] Die Korrelation der Zustimmung zu neoliberalen Orientierungen mit gruppenbezogener Menschenfeindlichkeit legt zudem nahe, diese
auch jenseits von explizitem Sozialdarwinismus als »Nährboden« entsprechender
Einstellungen zu sehen (vgl. Groß/Gundlach/Heitmeyer 2010).
    Zugleich war eine Verschiebung der Legitimitätsbeschaffungsdiskurse von der
in die Krise geratenen sozialpolitischen Legitimation auf einen um innere Sicherheit, den starken Staat und »nationalsolidarische Wehrhaftigkeit« (Lessenich
2008, 133) zentrierten Diskurs zu beobachten.[46] Dies beförderte die Verschiebung
des Sagbarkeitsfeldes für die Artikulation und Akzeptanz der hier adressierten autoritären Dispositionen. Den Feindbildern korrespondierte eine ihrerseits rechts-
affine Bestimmung der >Wir-Gruppe<. In dem Maße, wie die SPD die Existenz
klassenspezifischer Interessen negierte, verlegte auch sie sich auf die Beschwörung

---

45 So forderte von Mises (1932) die »Ausmerzung« der Schwachen und »Auslese der Besten« vom »rassenselektorischen Standpunkt« (ebd., 159, 291f., 298), führte Eigentumsver-
hältnisse auf »natürliche Auslese im Kampf ums Dasein« (ebd., 18 ff.) zurück und fordert,
jeden, der »sich nicht in die gesellschaftliche Ordnung einfügen will, wie ein schädliches
Tier« zu bekämpfen (ebd., 291). Ähnlich sah es Hayek (1981) als Teil des »gesellschaftlichen Evolutionsprozeß[es]«, dass »sich nur die Völker erhalten [...], die sich auch selbst
ernähren können.«
46 Dass die »Sozialdemokraten [...] Kriminalität, soziale[n] Zerfall und Drogenmiß-
brauch« bekämpfen und die »Sicherheit auf den Straßen als Bürgerrecht« ihr »zentrales
politisches Thema« sei (Blair/Schröder 1999, 3), meint nicht die Bekämpfung der gesellschaftlichen Ursachen, sondern die Bekämpfung individualisierter >Krimineller<. Ähnlich
trat an Stelle der Bekämpfung der Armut die >Bekämpfung der Armen< (Wacquant 1999).
Vgl. zu Form und Funktion der sicherheitspolitischen Diskurse: Heim 2016b, 401-412;
Heim 2016c & Knopp 2016.

kollektiver Pseudoidentitäten. Entsprechend bildeten gehäufte Anrufungen des ›Stolzes‹ auf die deutsche Nation, Kultur und Geschichte sowie Forderungen nach einer von Schuldkomplexen befreiten neuen geopolitischen Rolle eine Begleitmusik der Bundestagsdebatten zur Agenda 2010.[47]

Nationalismus, (Neo-)Rassismus, Sexismus und Othering sowie eine tendenziell autoritäre sicherheitspolitische Orientierung, also alle Elemente ›rechten‹ Denkens waren so auch in neoliberalen Diskursen vorhanden. Der rechte Kulturkampf zieht seine Mobilisierungs- und Hegemonieeffekte daraus, dass er an diese etablierten Deutungsmuster anknüpft und sie zugleich als ›Alternative‹ *gegen* die von den ›Altparteien‹ parallel kultivierte Weltoffenheits- und Diversitätsprogrammatik setzt. Deren abwertende Charakterisierung als »Schönwetterpolitik« in »Schönwettergesellschaften« (Höcke 16.9.2015) hat einen Realitätskern: Unter dem Primat ökonomisch-sozialer Nützlichkeit und unter Bedingungen, in denen globale Krisendynamiken noch weniger akut zutage traten, ließen sich inklusive Diversitätsprogrammatiken vertreten und in dem Maße partiell umsetzten, in dem soziale Segregation mit der Ausdehnungen der Teilhaberechte für segregierte Gruppen vereinbar war.[48] Das Changieren zwischen gegenläufig koexistierenden Ideologieelementen von universeller Inklusion und Ungleichwertigkeit blieb so relativ unproblematisch. In Perioden gesteigerter Krisenhaftigkeit wird der latente strukturelle Rassismus und Sexismus aber gesteigert in Richtung der Verteidigung von

---

47 So betonte Schröders Regierungserklärung, dass »Deutschland als dem größten Land in Europa, was die Wirtschaftskraft angeht« und als »größte[m] Nettozahler der Gemeinschaft« auch »eine führende Position« zukomme (Bundestag 2003, 2084), und verlangte eine »nationale Gesamtanstrengung«, um »Deutschlands Stärke neu zu entwickeln« (ebd., 2492). Es sei nicht hinnehmbar, dass die Agenda-Reformen »an Einzelinteressen scheitern, weil die Kraft zur Gemeinsamkeit« fehlt, für die der Nationalstolz adressiert wird: »Wir Deutsche können stolz sein auf die Kraft unserer Wirtschaft, auf die Leistungen unserer Menschen, auf die Stärke unserer Nation« (ebd., 2493). Ergänzend war Müntefering »stolz«, »dass Deutschland als souveränes Land« wieder »Rechte und Pflichten mit allen Konsequenzen übernimmt«, wobei Kriegseinsätze »auf dem Balkan, in Afghanistan oder in anderen Teilen der Welt« Beleg einer »Erfolgspolitik« (ebd., 2507) seien. Sein zweimal wiederholter Appell, »Alle Arbeit, die es in Deutschland gibt, muss von denen getan werden, die legalerweise in Deutschland sind« (ebd., 2508), deutete zudem den Ausbau des Niedriglohnsektors als Dienst an der Nation, durch den Ausschluss ›Illegaler‹. Vgl. zu ähnlichen Tendenzen in Positionierungen zur restaurativen Stadtpolitik: Heim 2012, 353 ff.

48 Die Formen, in denen ethnisierte Arbeitskräfte in globale Verwertungsprozesse einbezogen und zugleich von bestimmten Teilhaberechten und Chancen ausgeschlossen sind (vgl. Wallerstein 1995, 102 f.), müssen nicht offen unterdrückend sein. In Prosperitätsphasen können die Rechte, Aufstiegs-, Bildungs- und Integrationschancen ethnisierter Arbeitskräfte ausgedehnt und offene Abwertungen und explizit rassistische Ideologien zurückgenommen werden, ohne dass der institutionelle und strukturelle Rassismus verschwindet. Beispielhaft wäre die wechselvolle Geschichte südeuropäischer Gastarbeiter*innen in Deutschland oder der Ir*innen in den USA.

Privilegien und Etabliertenvorrechten forciert und bildete die Applikationsvorlage für Strategien der Abwehr konkurrierender >Anderer< (vgl. Balibar 1992c). Der offizialpolitische Diskurs muss hier weiter zwischen widersprüchlichen Erfordernissen des Universalismus des freien Waren- und Kapitalverkehrs und dem Partikularismus nationaler Arbeitsmärkte, Sozialsysteme und Interessen changieren. Verstärkt adressierte rassistische und nationalistische Dispositionen und die Einschränkung des Asylrechts bleiben daher mit Bekenntnissen zu Menschenrechten, Asylrecht oder zur Weltoffenheit ausbalanciert – hinter denen auch Interessen am ungehinderten Warenfluss im Schengenraum stehen. Rechte Positionen, für die Fragen der pragmatischen Umsetzbarkeit weniger zählen, können dies als Inkonsequenz monieren und die Konsequenzen aus geteilten projektiven Feindbildern so mit größerer Eindeutigkeit ziehen.

Seine verstärkte Plausibilität und Anschlussfähigkeit zieht dieser Versuch, das für den Kapitalismus konstitutive Spannungsverhältnis zwischen universalistisch-inklusiven und partikularistisch-exkludierenden Strukturmomenten in einer autoritär-exklusorischen Richtung aufzulösen, aus einer sich verschärfenden Krise der Repräsentativdemokratie in den Konstellationen neoliberaler Postdemokratie. Dies ist allerdings nur ein Moment multipler Krisendynamiken, hinter denen eine Strukturkrise der kapitalistischen Akkumulation und der an sie geknüpften Modi der Vergesellschaftung steht. Auf diese gesellschaftsstrukturellen Krisendynamiken geht der nachfolgende, zweite Teil meines Beitrags ein.

II. Der politische Rechts(d)ruck als Verarbeitungsform multipler Strukturkrisen kapitalistischer Vergesellschaftung

1. Bedingungen diskursiver und politischer Rechtsverschiebung in multiplen Strukturkrisen kapitalistischer Vergesellschaftung

Mein erster Beitrag zu diesem Band diskutiert strukturelle Hintergründe der generellen politischen Rechtsverschiebungen v.a. auf der Ebene jüngster (Krisen-)Diskurse sowie der Paradoxien und unaufgelösten Widersprüche neoliberaler Regierungsrationalitäten. Dass grundlegende Trends dabei länder-, parteien- und medienübergreifend zu verzeichnen waren und prinzipiell ähnliche autoritäre Krisenreaktionen auch anlässlich früherer Weltwirtschaftskrisen auftraten,[49] spricht dafür, dass diese Verschiebungen nicht einfach den Intentionen, Verhaltensweisen und Einstellungen einzelner Akteur*innen oder Gruppen anzulasten sind, sondern geteilte Verarbeitungsformen übergreifender objektiver Bedingungen darstellen. Diese lassen sich nur erschließen, wenn die Ursachen und der Charakter multipler Krisenkonstellationen zentraler Modi kapitalistischer Vergesellschaftung analysiert werden.

Diskursive und politische Konstellationen sollen damit freilich nicht (i.S. eines deterministischen Marxismus) auf bloße ›Überbaureflexe‹ reduziert werden, die einseitig aus den davon vermeintlich unabhängigen Entwicklungen in der materiellen ›Basis‹ ableitbar wären. Foucault (u.a. 2003) hat zurecht betont, dass die Eigenlogiken von Diskursen, Machttechniken und Regierungspraktiken »gegenüber den Produktionsverhältnissen [...] eine zugleich komplexe und relativ – aber auch nur relativ – unabhängige Realitätsebene« (ebd., 789; vgl. Foucault 2004b, 105 ff.) konstituieren. Das schließt vulgärmarxistische Monokausalerklärungen ebenso aus wie eine solipsistisch geschlossene Macht- und Diskursanalyse.

Vielmehr sind wechselseitige Entsprechungs- und Bedingungsverhältnisse zwischen gesellschaftlichen Krisenkonstellationen und ihren politisch-diskursiven Verarbeitungsformen in den Blick zu nehmen. Dabei bilden ökonomische Krisen i.S. Gramscis ein zentrales Moment komplexer Bedingungsgeflechte, die spezifische Reaktionen und Verarbeitungsformen *wahrscheinlich* machen, ohne ihre gesellschaftlichen Ausformungen und Effekte, über die erst im Zusammenspiel diskursiver, politischer und soziokultureller Hegemonien und Kämpfe entschieden wird,[50] zu determinieren.

---

49 Vgl. zur Logik der autoritären faschistischen Krisenverarbeitung und zu den Hintergründen ihrer Attraktivität in der Weltwirtschaftskrise von 1929 ff. u.a. klassisch: Polanyi 1997, 297-329.

50 »Ausgeschlossen kann werden, daß die unmittelbaren Wirtschaftskrisen von sich aus fundamentale Ereignisse hervorbringen; sie können nur einen günstigeren Boden für die

Der folgende Beitrag diskutiert in diesem Kontext zunächst (2.) die Verschärfung grundlegender Widersprüche der bürgerlichen Repräsentativdemokratie in
den Konstellationen neoliberaler Postdemokratie als einen zentralen Hintergrund
rechtspopulistischer Mobilisierungen und genereller Rechtsverschiebungen. Die
>postdemokratische< Tendenz zur Suspendierung politischer Partizipation und
Konfliktaustragung durch eine Politik der >Alternativlosigkeit< wird (3.) als Symptom multipler Krisendynamiken gedeutet, deren Hintergrund eine sich zuspit-
zende Strukturkrise der Kapitalakkumulation und des kapitalistischen Weltsystems
bildet.

Diese Strukturkrise erscheint innerhalb der bestehenden Parameter der Vergesellschaftung zunehmend als unüberwindbar. Autoritarismus, Nationalismus und
Rassismus bieten hier keine Lösung, erlauben aber eine temporäre Stabilisierung
globaler Produktions-, Ausbeutungs- und Herrschaftsbeziehungen und der daran
geknüpften Privilegiensysteme. Die Interaktionen des Rechtspopulismus mit anderen Diskurspositionen erweisen sich in diesem Kontext (4.) als Formen politischen
Übersprunghandelns, die eine weitere Vertagung und Verdrängung der Austragung
politischer Konflikte um die künftige Gestaltung der gesellschaftlichen Beziehungen erlauben.

Dies führt abschließend zur Frage, wie den autoritären Versuchen der Stabilisierung des Status Quo alternative Antworten auf die zugrundeliegenden Krisenkonstellationen entgegengestellt werden könnten. Dazu werden gesellschaftliche
Möglichkeitsbedingungen prinzipieller Alternativen zum gegenwärtigen Kapitalismus ebenso diskutiert wie die Frage, welche gesellschaftlichen Gruppen in den ver-
deckten Konfliktkonstellationen als potenzielle Träger*innen und Adressat*innen
entsprechender Kämpfe in Frage kommen.

2. Politische Konstellationen neoliberaler Postdemokratie

»Wir leben ja in einer Demokratie und sind auch froh darüber. [...] Insofern werden wir Wege finden, die parlamentarische Mitbestimmung so zu gestalten, dass sie
trotzdem auch marktkonform ist ...« Angela Merkel (1.9.2011)

Zentrale Leitmotive rechter Politikschmähungen – die Abkopplung der Parteien
vom >Volk<, die Alternativlosigkeit schwarz-rot-grüner Einheitspolitik, die Inkonsistenz politischer Aussagen, die Intransparenz der Entscheidungen und die Inkon-

---

Verbreitung bestimmter Weisen bereiten, die für die ganze weitere Entwicklung des staatlichen Lebens entscheidenden Fragen zu denken, zu stellen und zu lösen.« (Gramsci 1991 ff.,
1563) Auf die damit angerissenen gesellschaftsanalytischen und wissenschaftstheoretischen
Grundsatzdebatten kann hier nicht eingegangen werden. Vgl. dazu und zur Position des
Verf., auch hinsichtlich der Vereinbarkeit der Analyseraster von Foucault und Marx: Heim
2013, 43-118, 265-276.

sequenz in der Umsetzung – verweisen auf oft analysierte Strukturparadoxien der Repräsentativdemokratie. In dieser ist die Trennung der »Funktionen der Legitimitätsbeschaffung« und der politischen Entscheidung konstitutiv für die »hohe operative Autonomie des politischen Systems« (Luhmann 1983, 173).

Während zur Legitimitätsbeschaffung gegensätzliche Klassen- und Milieuinteressen gleichermaßen adressiert werden, sind Entscheidungsprozesse an dem Wahlvolk unzugänglichen Bezugsproblemen orientiert – an komplexen Rechtslagen, labilen politischen Kräfteverhältnissen, Koalitionen und Gegnerschaften, fluktuierenden Flügel- und Lobbyinteressen und an daran orientierten variablen Interpretationen von ›Markenkernen‹ (vgl. Bourdieu 2010, 97-112).

Durch diffuse, selbstwidersprüchliche und nicht bindende Programme garantiert die »abstrakte Kommunikation« der Wahl, dass »die Gewählten nicht mehr an spezifische Interessen gebunden sind« (Luhmann 1983, 165), die die Wählenden haben mochten. Angesichts der »strukturellen Unbestimmtheit« und »Unberechenbarkeit der Entscheidungslagen« (ebd. 173) in dynamischen Konstellationen von Sachproblemen und widerstreitenden Sonderinteressen dienen Wahlen gerade nicht der Präskription politischer Entscheidungen, sondern der »Absorption von Protest« (ebd., 173), da die Möglichkeit der Abwahl den »Ausdruck von Unzufriedenheit ohne Strukturgefährdung« (ebd., 171) erlaubt. Ein »Bruch« mit den zu »Laien« erklärten Wähler*innen und ein »Abschottungseffekt« gegenüber deren spezifischen Lebenssituationen und Interessenlagen wird damit zur elementaren Voraussetzung professioneller Politik (Bourdieu 2010, 102f.).

Was der Rechtspopulismus moniert, ist insofern kein singuläres Politikversagen, sondern ein Struktureffekt moderner Politik.[51] Dies ist letztlich auch Ausdruck und Vermittlungsform vielfältiger Widerspruchsdynamiken zwischen den auf egalitärer Teilhabe beruhenden demokratischen Formen und den kapitalistischen Funktionen des modernen Staates: Dieser muss die Reproduktion eines konstitutiv inegalitären Systems von Ausbeutungs- und Dominanzbeziehungen gegenüber davon oft negativ betroffenen Bevölkerungsmehrheiten garantieren *und* legitimieren (vgl. Offe 1972, v.a. 93 ff.).[52] Die zur Legitimitätsbeschaffung vorausgesetzte Unterstützung bzw. Duldung durch die Bevölkerung erwies sich seit den 1990er Jahren angesichts der Erosion der Wählerbasis der einstigen ›Volksparteien‹, zunehmender Wahl-

---

51 Entsprechend ist die Professionalisierung neuer Parteien (z.B. der Grünen) wie jede individuelle politische Karriere stets mit wachsender Distanz zu den Wählerinteressen, einem flexiblen und kreativen Umgang mit einstigen Idealen und einer Einübung in die Eigenlogik professioneller Politik verbunden (vgl. Bourdieu 2010, 97-116).

52 »Die demokratische Mobilisierung der Subjekte [...] gefährdet den kapitalistischen Prozess privatautonomer Produktionsentscheidungen: womöglich votieren sie, einmal gefragt und selbst entscheidungsmächtig, gegen Kinderarbeit, Niedriglöhne oder Strommonopole.« (Lessenich 2009, 150; vgl. Offe 1972).

verweigerung und >Politikverdrossenheit< aber als zunehmend prekär (vgl. Vester 2006). Die strukturelle Ursache der sich seither zuspitzenden >Krise der Repräsentation< liegt in der Erosion der Basis des kurzen »Augenblicks der Demokratie« (Crouch 2008, 14 ff.) in der Nachkriegszeit.

Damals ermöglichte ein langfristig stabiles Wirtschaftswachstum ein keynesianisches Akkumulationsarrangement, das Erfordernisse der fordistischen Produktion an expansiven Massenkonsum und stabile Arbeitsverhältnisse in einer Form erfüllte, die Kompromisse zwischen den Imperativen der Kapitalverwertung und Interessen der lohnarbeitenden Mehrheit erlaubte. Die Ausweitung der (auf Konsum und staatliche Vorsorge begrenzten) sozialen Teilhabe gab den Parteien Spielräume, um – in den Grenzen des übergreifenden Konsenses »in den hegemonialen Essentials [...] (Kapitalismus, Großindustrialismus, soziales Netz per Umverteilung)« (Link 2009, 2) – distinkte politische Profile auszubilden, die differenten klassen- und milieuspezifischen Interessenlagen entsprachen.[53]

Diese Kompromissformel wurde durch den im Gefolge der Weltwirtschaftskrise der 1970er Jahre hegemonial gewordenen Neoliberalismus suspendiert, der eine globale Umverteilung von unten nach oben (s.u. 3) mit dem Ab- und Umbau der Sozialsysteme, einer Prekarisierung und Zwangsdynamisierung aller Lebensbereiche und zunehmenden sozialen Spaltungen erkaufte. In der BRD moderierte die neoliberale Politik der rot-grünen, schwarz-roten, schwarz-gelben und wieder schwarz-roten Regierungen – nach dem langen Reformaufschub in den >bleiernen Jahren< der Kohl-Regierung – diese Entwicklung sozial- und wirtschaftspolitisch vergleichsweise erfolgreich, ohne aber ihr Konfliktpotenzial zu neutralisieren. Jenseits von Abstiegs- und Statusverlustängsten, die gerade die besser gebildeten und situierten Mittelschichten (die tatsächlich etwas zu verlieren haben) anfällig für autoritäre und exklusiv-solidarische Anrufungen machten, bot aber auch ein spezifischer neoliberaler *Politikstil*, der die demokratische Legitimation endgültig zur Fiktion reduzierte, den Nährboden einer (nicht nur von rechts artikulierten) »postdemokratischen Empörung« (Ullrich 2016).

Seit Margaret Thatcher war das TINA-Prinzip (>There is no alternative<) das Kernargument, um unliebsame sozial- und wirtschaftspolitische Entscheidungen gegen mehrheitliche Widerstände der Bevölkerungen, der Gewerkschaften und der Parteibasen mit Berufung auf >Sachzwänge< durchzusetzen. Die Entscheidung zwischen politischen Alternativen wurde durch Verweise auf vermeintlich unbestreitbare ökonomische Expertisen ersetzt, deren Orakelsprüche zu befolgen seien. Der Politik der Deregulierung, Flexibilisierung und Globalisierung der Finanz-, Kapital- und Arbeitsmärkte lag ein »managementkonformer Herrschaftsmodus«

---

53 Vgl. zu soziokulturellen Demokratisierungseffekten in der postfaschistischen BRD, die auch der SPD-Slogan >Mehr Demokratie wagen< 1969 ausdrückte: Jarausch 2004; zur keynesianischen >Basis<: Heim 2013, 343-376.

zugrunde, in dem politische Entscheidungen jene Prozesse, die sie erst gestalteten, als unabdingbare, quasi naturgesetzliche Prozesse schilderten, denen sie sich beugten.

Formal folgte die Berufung auf ›die Globalisierung‹, ›die Märkte‹ etc. der Legitimationslogik »deterministischer Geschichtsphilosophie«, wie sie einst den Staatssozialismus charakterisierte (Boltanski 2010, 185 ff.). Der entsprechende »postdemokratische« Politikstil – in dem eine »Demokratie nach dem Demos [...] den Streit des Volks liquidiert« und Politik auf ein »Spiel der staatlichen Dispositive« beschränkt (Rancìere 2002, 111; Crouch 2008) – reduzierte den Demos und schließlich auch die gewählten Repräsentant*innen dabei zunehmend auf nachrangige Störfaktoren in der »marktkonformen Demokratie« (Merkel).[54] Der Bevölkerung und schließlich auch den Parlamenten wird in einer Hinterzimmer-Politik à la TTIP daher neben der Partizipation auch die Information über politische Prozesse erschwert. Symptomatisch dafür ist der Siegeszug des Wortes ›Werben‹ in der politischen Semantik. Politik gilt nicht mehr als die mündigen Bürger*innen einbeziehender Streit konfligierender Interessen und kritisierbarer Argumente, sondern als Geschäft weniger aktiver Produzent*innen, die die Bürger*innen auf den Status manipulierbarer Konsument*innen von Fertigwaren reduzieren.[55]

Rechte Protestmobilisierungen und Parteien bauen freilich keine neuen Strukturen zur *aktiven* Partizipation auf, sondern reproduzieren in einer ›konformistischen Rebellion‹ das passiv-konsumistische Verhältnis zur Politik in verschärfter Form (vgl. Heim 2016b, 388-397). Sie sind so Protest gegen postdemokratische Entwicklungen, aber zugleich auch deren Ausdruck (vgl. Ullrich 2016). Das zeigt sich nicht zuletzt in der identitär-autoritären Vorstellung von ›Volkssouveränität‹, die die zentrale ›Antwort‹ rechter Konzepte auf die Komplexitäts-, Kontingenz- und Krisenzumutungen der Moderne bildet (vgl. Schilk 2017).

---

54 An der einleitend zitierten Formulierung Angela Merkels (1.9.2011) fällt diesbezüglich etwa auf, dass den gewählten Parlamenten, die – zumindest in den Legitimitätsbeschaffungsfiktionen der bürgerlichen Repräsentativdemokratie – die eigentliche Instanz politischer Aushandlungs- und Entscheidungsprozesse sein sollten, nur noch das Recht einer »Mitbestimmung« (ebd.) eingeräumt wird. Das impliziert, dass für politische Entscheidungen andere Instanzen – etwa Wirtschaftsverbände und Lobbygruppen – mindestens ebenso bestimmende legislative Funktionen zukommen. Zugleich wird die »Mitbestimmung« der Parlamente unter den Vorbehalt der Marktkonformität gestellt, wobei das, was als Interesse ›der Märkte‹ verdinglicht wird, de facto bekanntlich meist den Partikularinteressen spezifischer Gruppen von Marktakteur*innen entspricht. In letzter Konsequenz impliziert das Zitat eine explizite Reduktion von Parlamenten und Regierungen auf bloße Akklamationsorgane für anderweitig längst gefällte oder präfigurierte Entscheidungen.

55 Dies markiert, anders als etwa Crouch (2008) suggeriert, aber keinen Bruch, sondern eine Übersteigerung von der liberalen Demokratie inhärenten Tendenzen. Analogien von »Shoppingmall« und »Wahlkabine« verzeichnete Baudrillard (2015, 106) auch für die keynesianische Konsumgesellschaft. Vgl. ähnlich: Gorz 1990, 76 ff.

Die Imagination eines homogenen ›Volkswillens‹, der nur ausgedrückt und gegen Abweichungen durchgesetzt werden müsse, um alle gesellschaftlichen Probleme zu lösen,[56] ist selbst Ausdruck fortgeschrittener politischer Entfremdung und des Verlusts der Erfahrung, dass aktive politische Partizipation stets nur in der prekären Aushandlung temporärer Kompromisse zwischen gegensätzlichen Interessen möglich ist und mit widerständigen gesellschaftlichen Realitäten konfrontiert bleibt. Der diffuse Aufruf, ›das Volk‹ solle aufstehen und ›sich wehren‹, ist begleitet vom Ruf nach einer Autorität, die den »ethnisch getönten Wunsch nach einer Zwangsgewalt, die Uneindeutigkeiten, Widerspruch und jede Form politischer Aushandlung erstickt« (Keune/Finkbeiner/Schenkel 2016, 48), stellvertretend exekutiert.[57]

Die verheißene ›Alternative für Deutschland‹ reduziert sich ihrerseits auf ein unter dem Markennamen des ›Volkswillens‹ vertriebenes, autoritär durchzusetzendes Fertigangebot, das statt verhandelbaren Visionen zur Veränderung des Status Quo oder zur Auflösung der Blockaden politischer Partizipation nur das Versprechen enthält, bestehende Verhältnisse repressiv zu stabilisieren, ihre Komplexität und Ambivalenz aber durch gewaltbasierte Homogenisierung der in ihnen möglichen Lebensformen zu reduzieren.[58]

Chantal Mouffe (2014) hat betont, dass die fehlende Konfliktaustragung in postpolitischen Verhältnissen »Apathie und Entfremdung von der politischen Partizipation« sowie um »essentialistische Identitäten nationalistischer, religiöser oder ethnischer Ausprägung« zentrierte »Spielarten von Politik« fördert (ebd.,

---

56 »Wir sind der Souverän. Wir sind das Volk! Wir haben [...] die Macht, uns einen Staat zu gestalten, der uns gut tut [...]. Und wir haben auch das Wissen.« (Festerling 30.3.2015) Vgl. zu diesen Imaginationen des zugleich allmächtigen, allwissenden und geeinten ›Volkswillens‹ ausführlich: Heim 2016b, 356-362.

57 Exemplarisch ist es etwa, wenn Thomas de Maizières Einstellungen in der Migrations- und Sicherheitspolitik begrüßt werden, um ihm zugleich vorzuwerfen, dass »ihm der politische Wille, aber vor allem der Mut fehlt, Maßnahmen gegen die EU und das links-grün versiffte Pack in den Parlamenten vorzuschlagen. Himmelherrgott noch mal, der Mann ist deutscher Innenminister! Er könnte sich Flintenuschi schnappen, der Merkel Dampf machen, den Außenminister ran holen und ja dann verdammt noch mal die Bundeswehr einsetzen!« (Festerling 7.9.2015) Beschränkt sich der AfD-Traum vom Schießbefehl gegen Geflüchtete auf die Abwehr ›Fremder‹, soll hier der Einsatz der Bundeswehr im Inneren auch die politische Aushandlung autoritär suspendieren.

58 Die als existent behauptete essenzialisierte Identität des ›Volks‹ soll dabei durch die Bekämpfung aller zur ›Abweichung‹ erklärten Lebensformen und Interessen in der bestehenden Bevölkerung erst hergestellt werden. Das richtet sich auch gegen abweichende Lebensformen und Interessen in der deutschen Bevölkerung (vgl. Heim 2016b, 357-362). So ist die Privilegierung reproduktiver heterosexueller Ehen bei der AfD an Forderungen zur Sanktionierung abweichender Lebensformen (Homosexuelle, Kinderlose, Alleinerziehender) gekoppelt (vgl. Kemper 2016).

29f.). Wo politische Gegnerschaften nicht gestaltet und ausagiert werden können, werden fortbestehende und durch fehlende Konfliktaustragung verschärfte gesellschaftliche Antagonismen auf essenzialistische, moralische Feindbilder projiziert.

Tatsächlich war der Rechtspopulismus stets dann erfolgreich, wenn zwischen den »demokratischen Parteien keine deutlichen Unterschiede mehr erkennbar waren« (Mouffe 2007, 87, vgl. 85-100).

Dass die etablierten Parteien der kontinuierlichen Rechtsverschiebung aber wenig anderes entgegensetzen als ein Changieren zwischen der Beteiligung am Aufbau der projektiven Feindbilder und der sich von ›rechts‹ abgrenzenden Verteidigung der liberalen Ordnung, lässt sich nicht nur einem ›verfehlten‹ Politikstil anlasten. Vielmehr scheinen die Möglichkeitsräume für tragfähige politische Alternativen *innerhalb* der Modi kapitalistischer Vergesellschaftung zunehmend begrenzt. Gerade in den durch die Weltfinanzkrise verschärften Krisenkonstellationen wurden alle Artikulationsversuche politischer Alternativen durch das Festhalten an den weiter als alternativlos behaupteten neoliberalen Rezepten – austeritätspolitische Einschnitte in den Sozial-, Gesundheits- und Infrastrukturausgaben, fortgesetzte Privatisierung, Flexibilisierung der Arbeitsmärkte etc. – erstickt. Dies verbindet sich EU-weit mit einer weiteren Entdemokratisierung, da angesichts der ungleichen Lastenverteilung – zwischen den Klassen und den EU-Mitgliedsstaaten – »Gefolgschaft« zunehmend »mit autoritären Mitteln erzwungen werden muss« (Dörre 2017, 49).[59] Im Hintergrund dieser Entwicklung steht eine seit den 1970er Jahren anhaltende und sich verschärfende Strukturkrise der Kapitalakkumulation.

3. Die Strukturkrise der Kapitalakkumulation und der politischen Rechts(d)ruck

»Überall stoßen wir auf ein Denken, das kein Morgen kennt: ökologisch, sozial, ökonomisch.« Angela Merkel (2011, 13)

In vielerlei Hinsicht scheint die Gegenwartsgesellschaft durch wachsende »Zukunftsverbautheit« (Bude 2016, 50)[60] charakterisiert. Die Fortschritts- und Aufstiegsversprechen und -erfahrungen, die im Fordismus trotz aller sozialen Asymmetrien einen breiten Glauben an die prinzipielle Gerechtigkeit und Entwicklungsfä-

---

59 Daran ändern auch desaströse Erfahrungen mit der entsprechenden EU-Politik in der Griechenlandkrise nichts. Eine der ersten Reaktionen auf den Wahlsieg Macrons war (bei allem Jubel ob der Niederlage des Front National) die Erklärung, Macrons Versuch, seine neoliberalen Reformpläne sozial- und fiskalpolitisch zu moderieren, könne nicht auf Unterstützung der BRD rechnen, wo dies deutsche Steuergelder koste (vgl. Rudzio/Schieritz 2017).

60 Dazu haben Soziologen wie Bude, der ein wichtiger Protagonist der Austreibung der Klassenanalyse – und damit der Vorstellung gesellschaftlich produzierter, also veränderbarer sozialer Asymmetrien – aus der Soziologie war, freilich das ihre beigetragen. Vgl. kritisch Heim 2013, 419 f., 499 ff., 575 ff.

higkeit der Gesellschaftsordnung ermöglichten, sind weitgehend erodiert. Ein trotz
aller Investitionsimpulse stagnierendes Wachstum, Sozialabbau und Prekarisierung
sowie der Druck wachsender öko-sozialer Folgekosten einer zunehmend als dest-
ruktiv erlebten Produktionsweise prägen den Erfahrungsraum einer »Abstiegsgesellschaft« (Nachtwey 2016), in der kollektive Teilhaberechte und Zukunftsaus-
sichten primär ›den Bach runterzugehen‹ scheinen, während sich der Erwartungshorizont für positive oder alternative Entwicklungen schließt.[61]

In den paradoxen Konstellationen einer weiter kapitalistisch verfassten *Postwachstumsgesellschaft* können die sozio-ökonomischen Widersprüche der Produktionsverhältnisse und die daraus resultierenden Konfliktdynamiken immer weniger
in einem dynamischen Gleichgewicht prozessiert werden, wie dies für vorangegan-
genen Krisen und Transformationen der Modi kapitalistischer Vergesellschaftung
charakteristisch war (vgl. Heim 2013, 211-420). Die Folge sind vermehrt autoritär-
repressive Stabilisierungen und Versuche, in der Logik nationaler Besitzstandsver-
teidigung die Hauptlasten globaler Entwicklungen auf ›Andere‹ abzuwälzen.[62]

Die über ›normale‹ zyklische Krisen hinausgehende Ausprägung und Ausdehnung der dahinter stehenden Akkumulationskrise minimiert auch die an ein

---

61 War die Öffnung des Erwartungshorizonts gegenüber dem Erfahrungsraum ein Signum
neuzeitlicher Semantiken (vgl. Koselleck 1989), schien schon in den Deutungen der Weltfinanzkrise eher eine gegenläufige Schließung auffällig (vgl. Heim 2013, 17 ff.). Dies zeigt
sich auch im oft eschatologischen Diskurs bei Pegida und AfD (vgl. Heim 2016b, 395 ff.;
Drobot/Schroeder 2016) oder in einer Rückkehr der ›German Angst‹ in vielen Studien
zur Zukunftserwartung (vgl. u.a. ZEIT Online 2015). Es wird ebenso deutlich, wenn die in
den Bildungs- und Wissensgesellschaftsdebatten der 1960er bis 1990er Jahre prägenden Verheißungen, Bildung garantiere den sozialen Aufstieg oder könne gar die Klassenverhältnisse
aufheben, in jüngeren politischen Forderungen nach lebenslangen Bildungsanstrengungen
durch die Drohung des Abstiegs ersetzt werden (vgl. Heim 2013, 560 ff. & Heim 2007).
62 Wo langfristig geringes, Null-, oder Negativwachstum (wie in Griechenland seit 2009) in
Staaten des kapitalistischen Zentrums »bittere soziale Realität« (Dörre 2017, 35) wird, ist
der »Begriff der Postwachstumsgesellschaft« kaum mehr »für nachkapitalistische Alternativen zu reservieren« (ebd., 48). Die Verschiebung des Wachstumspols in der geoökonomi-
schen Struktur auf die Schwellenländer führt zu einem »mehrdimensionalen sozialökologi-
schen Verteilungskonflikt« – zwischen Klassen des Zentrums wie zwischen Zentrum und
Peripherie –, der in seinem klassenspezifischen Charakter verdrängt und zu ethnosozialen
Konflikten umgedeutet wird (vgl. ebd., 52 ff.). Versuche der repressiven Stabilisierung der
Herrschaftsverhältnisse (vgl. ebd., 56 ff.) und Konflikte um die Lastenverteilung prägen auch
die EU (vgl. ebd., 48 ff.), deren Krisenmanagement durch eine »Renationalisierung von In-
teressenpolitik« geprägt ist. So betreibt etwa Deutschland »die relative Stabilisierung im
eigenen Land mittels Export von Unsicherheit«, was »in Griechenland, Portugal oder Spanien eine Prekarisierung von Bevölkerungsmehrheiten« bewirkt (Dörre et al. 2013, 254; vgl.
auch: Link 2013).

gescheitertes, sozialstaatlich integriertes keynesianisches Wachstumsmodell[63] ge-
bundenen Möglichkeiten, die marktförmige ökonomische Verteilung temporär im
Namen sozialer Ansprüche qua Umverteilung zu modifizieren.

Bereits die Weltwirtschaftskrise ab 1972 verfestigte sich zu einer strukturellen
Akkumulationskrise, die durch die neoliberale Wirtschaftspolitik nur verdeckt und
verschärft wurde. Das scheinbare ›Gesunden‹ der Wachstums- und Profitraten in
den 1980er und 90er Jahren basierte wesentlich auf einer Verschuldungs- und Spekulationsökonomie, die die stagnierende Akkumulation mit immer gewagteren Anleihen auf eine in dieser Form *unmögliche* Zukunft der Wertschöpfung anreizte.[64]
Die Expansion der Staatsverschuldung im Neoliberalismus[65] zeigt, dass die Differenz – entgegen aller neoliberalen Kritik am keynesianischen ›Deficit-Spending‹
– nicht im Verschuldungsprinzip liegt, sondern darin, dass dieses nun im Dienst einer dem Keynesianismus gegenläufigen ›angebotsorientierten‹ Wirtschaftspolitik
steht, die unter dem Primat, die Kapitalgewinne zu garantieren, eine Umverteilung
von unten nach oben forciert (vgl. Piketty 2015, 313-624).

Die Öffnung der sozialen Schere, also Einkommens- und Vermögensverluste
lohnabhängiger Klassen zugunsten von Zugewinnen der Kapitalfunktions- und
Vermögenseliten, Rückgriffe auf eine ›ursprüngliche Akkumulation‹ durch die

---

63 Obwohl die neoliberale Politik nie ›alternativlos‹ war, war die Rückkehr zum fordis-
tisch-keynesianischen Kapitalismus nie eine realistische Option. Dieser war an seine ökonomischen wie an seine kulturell-politischen Grenzen gestoßen, gegen die sich die ›Kulturre-
volution‹ von 1968 richtete. Vgl. Heim 2013, 366-376.

64 Für diesen von sehr unterschiedlichen Ansätzen geteilten Befund spricht, dass auch in
den besseren Konjunkturphasen der 1980er und 1990er Jahre die Realinvestitionsquote relativ gering blieb und die Erwerbslosigkeit in allen OECD-Ländern überzyklisch anstieg. Steigende Kapitalgewinne verdankten sich v.a. Spekulationsblasen und Umverteilungen (etwa
durch Privatisierung von bisherigem Sozialeigentum). Vgl. Kisker 1997, 335-343; Zinn 1998;
Streeck 2013; Wallerstein 2004; 2008; 2014. Als Wette auf eine unmögliche Zukunft der
Wertschöpfung erweist sich die Verschuldungs- und Spekulationsökonomie u.a. darin, dass
2007 (vor Ausbruch der Finanzkrise) das Weltfinanzvolumen (Aktien, Derivate, Spekulation
auf Anleihen und Währungen etc.) die sog. ›realwirtschaftliche‹ Wertschöpfung (gehan-
delte Produkte und Dienstleistungen) um das 65fache überstieg (vgl. DGB 2009, 3). Da im
entwickelten Kapitalismus »Real-« und »Finanzwirtschaft« untrennbar verkoppelt sind,
ist die Unterscheidung allerdings missverständlich. So konstituierte die Immobilienblase erst
die fiktive Basis für enorme Investitionen in Güter- und Dienstleistungen, die dann als ›real-
wirtschaftlich‹ verbucht wurden (vgl. Heim 2013, 239 ff.).

65 Mit Eindämmung der inflationären Geldpolitik, die in den 1970er Jahre die Nominal-
löhne stabil, die Arbeitslosigkeit relativ niedrig gehalten und die Konsumnachfrage gefördert
hatte, ohne hinreichendes Wirtschaftswachstum zu induzieren, kam es in den 1980er Jahren
zu einer massiven Expansion der Staatsverschuldung (vgl. Streeck 2013). Dabei stützte eine
massive Expansion der Rüstungsausgaben dank des Wettrüstens wichtige Schlüsselindust-
rien, was dieser nominell neoliberalen Ära auch das Gepräge eines ›militaristischen Keynesianismus‹ verlieh.

Enteignung von Zugriffsrechten auf Naturressourcen in der Peripherie und der wachsende Abstand zwischen den ärmsten und den reichsten Ländern sind Momente dieser Entwicklung.[66]

Neben der Staatsverschuldung im Zentrum war es die exzessive Überschuldung der Peripherie, die die Kapitalgewinne und Produktionskapazitäten stützte, indem sie die verschuldungsbasierte Exportnachfrage nach westlichen Industriegütern erhöhte und die Peripherie zwecks Schuldenbedienung zu wachsender Rohstoffextraktion zwang, was in der Weltmarktkonkurrenz die Rohstoffpreise drückte. Zugleich öffnete dies neue Felder der Spekulation auf Währungen, Rohstoffe und Staatsanleihen.[67] Die politisch-ökonomischen Effekte dieser Entwicklung haben wesentlichen Anteil an den globalen Fluchtbewegungen.

Trotz z.T. gravierender Einschnitte in einzelnen Produktionssektoren stabilisierte die globale Verschuldung in den 1980er Jahren die Wirtschaft zunächst bei weiter hohen Sozialausgaben. Der nicht mehr tragbare Anstieg der Staatsschuldenquote führte erst in den 1990er Jahren zu gravierenden Einschnitten bei den Gesundheits-, Sozial und Infrastrukturausgaben. Ausgeglichen wurde dies durch einen »privatisierten Keynesianismus« (Crouch 2011, 143-169), der es erlaubte, unmittelbare Effekte des Sozialabbaus individuell durch eine expansive Privatverschuldung zu kompensieren. Möglich war dies nur durch eine weitgehende ›Deregulierung‹ des Finanzsektors, die auch bisher nicht kreditwürdigen Gruppen eine gesteigerte Privatverschuldung ermöglichte und wachsende Risiken des Zahlungsausfalls durch immer höherstufige Derivatkonstruktionen zu verdecken erlaubte.

Das privatisierte deficit spending war so eng mit der eskalierenden Spekulationsökonomie seit den 1990er Jahren verwoben, in der die grundlegende Akkumulationskrise in einer Folge von Spekulationsblasen – Aktienblase, Dotcom-Blase, Immobilienblase – zugleich verdeckt und verschärft wurde (vgl. Krugmann 2009, v.a. 170-179). Das Platzen der Immobilienblase leitete schließlich die globale Finanzkrise ein, die durch das Einspringen der Staaten mit dem historisch größten Anstieg der Staatsverschuldung für diverse ›Rettungsschirmkonstruktionen‹ be-

---

66 So lag der ›gap in per capita income‹ zwischen den ärmsten und den reichsten Weltregionen in der goldenen Ära des Fordismus noch bei 13:1, während er sich 2008 auf 19:1 vergrößert hatte (Maddison 2006). Die Polarisierungen zeigen sich auch in den reichsten Ländern. So ist die BRD – die sich lange auf dem Weg zur »nivellierten Mittelstandsgesellschaft« (Schelsky 1965) wähnte – heute eines »der ungleichsten Länder in der industrialisierten Welt« (Fratzscher 2016, 9, vgl. 43 ff.). Bei überproportionalen Verlusten im unteren Drittel der Haushalte stiegen zwischen 2000 und 2010 die Einkommen des obersten Prozents um ca. 50%. Die obersten 10% besitzen 64% des Gesamtvermögens, während nahezu 60% praktisch über keinen Nettovermögensbesitz mehr verfügen.

67 Vgl. zu diesen vielfach dokumentierten Zusammenhängen prägnant u.a. Wallerstein 2004, 47-66.

arbeitet wurde. Daraus resultiert eine anhaltende Staatsschulden- und Währungskrise, deren Kompensation durch weitere Einschnitte in den Sozialausgaben und
Teilhaberechten zur Verschärfung jener multiplen sozialen und politischen Krisenkonstellationen beiträgt, die den Boden des aktuellen Rechtsrucks bereiten.[68]

Die durch die »Friedensformel eines auf Pump finanzierten Konsumismus«
(Streeck 2013, 78) lange verdeckte Krise der Akkumulation hat dabei nicht nur
ökonomische Dimensionen. Sie betrifft sämtliche mit ihr verwobenen Modi der
Vergesellschaftung und zeigt sich in multiplen Manifestationen. So impliziert sie
eine sich verschärfende Krise der Lohnarbeit, an die in der seit dem 19. Jahrhundert
herausgebildeten *Lohnarbeitsgesellschaft* (Castel 2008, 283-335) alle weiteren zentralen Aspekte gesellschaftlicher Integration gekoppelt sind. Dazu gehören neben
dem Zugang zu Konsum und sozialer Anerkennung etwa auch die rechtlich-sozia-
len Absicherungen sowie der über weitere Teilhabechancen bestimmende Zugang
zu gesellschaftlichen Kollektivgütern (Weiterbildung, Gesundheits-, Renten- und
Pflegeversicherung) und zur gewerkschaftlichen Interessenvertretung in den *institutionalisierten* Konflikten zwischen Kapital und Arbeit.

Auch die staatlichen Sozialsysteme, die *innerhalb* des Funktionszusammenhangs
von Lohnarbeit und Kapitalakkumulation *temporäre* Ungleichgewichte ausglei-
chen, in der Umlagefinanzierung durch Steuern und Versicherungsbeiträge aber sein
prinzipielles Funktionieren voraussetzen, geraten in eine eskalierende Krise, wenn
die Zahl der für die Kapitalverwertung Überzähligen die Nachfrage nach der Ware
Arbeitskraft langfristig übersteigt (vgl. ebd., 336-400).[69] Die Krise der Lohnarbeit,
in der v.a. für jüngere Generationen der Zugang zum primären gesellschaftlichen
Integrationsmodus verbaut scheint, die Krise der Bildungs-, Renten-, Gesundheits-
und Pflegesysteme und die damit verwobene Krise der Reproduktion und der Ge-

---

68 Einen soliden Überblick über die wichtigsten Stationen der durch Verschuldung »ge-
kauften Zeit« bietet Streeck 2013, 60-78. Dessen Schlussfolgerungen, die »nationalen Demokratien« müssten durch Rückkehr zu Währungsautarkie und Protektionismus zu Schutz-
räumen gegen die »voranschreitende kapitalistische Landnahme« (ebd., 255 f.) ausgebaut
werden, erweisen sich allerdings als ebenso illusorisch wie gefährlich, da die Prämisse, dass
der Nationalismus in Europa keine Gefahr mehr sei (vgl. ebd., 256), ad absurdum geführt
ist.

69 Trotz aller zivilisatorischen Effekte war der Sozialstaat kein Gegenentwurf zur kapitalistischen Vergesellschaftung, sondern ihr integrales Moment. Die Absicherung der Arbeitskräfte
gegen temporäre Krisen hatte stets die Funktion, dem Kapital »sein virtuelles Arbeitsinstru-
ment [...] instand zu halten, auf Reserve für späteren Gebrauch« (MEW 42, 511), also mo-
mentan Überflüssige »fürs Recycling« bereitzuhalten (Bauman 2005, 101; vgl. Heim 2013,
331-421). In der strukturellen Krise kann diese Funktion immer weniger aufrechterhalten
werden. Selbst in den reichsten Staaten fallen inzwischen 10 bis 15 % der Bevölkerung aus
dem Inklusionsraum von regulärer Lohnarbeit und sozialen Sicherungssystemen weitgehend
heraus (vgl. Mann 2014, 89 ff.).

schlechterverhältnisse sind Ausdruck desselben globalen Krisenzusammenhangs,[70] der auch die Legitimität der politischen Systeme erfasst.[71]

Die zeitliche Ausdehnung der multiplen Krisenkonstellationen stützt die These Wallersteins, dass bereits die Weltwirtschaftskrise ab 1972 keine ›normale‹ zyklische Krise mehr war, sondern den Eintritt des kapitalistischen Weltsystems in ein finales Dekompositionsstadium markierte. Die historischen Kapazitäten des Kapitalismus, zyklische Krisen und systemkritische Bewegungen in sein dynamisches Gleichgewicht zu integrieren (vgl. Boltanski/Chiapello 2003; Heim 2013), erschöpfen sich mit der asymptotischen Annäherung an die Grenzen langfristiger säkularer Trends der Systementwicklung, wodurch »das System [...] ins Schleudern gerät« (Wallerstein 2004, 58). Solche Asymptoten liegen in den Grenzen der geographischen Expansion, die, indem sie alle Weltregionen in die globale Arbeitsteilung und Ausbeutung einbezieht, zum tendenziellen Anstieg globaler Lohn- und Rohstoffkosten führt, der die Profite drückt.[72]

Zugleich nähert sich die diese Tendenz z.T. kompensierende Externalisierung ökologischer und sozialer Kosten der Akkumulation (durch Auslagerung in die Pe-

---

70 So lag die Jugendarbeitslosigkeit 2015 bei 22,5 % im EU-Durchschnitt – in Griechenland und Spanien bei fast 50 %, in einigen Regionen über 70 % (vgl. die je aktuellen Daten bei de.statista.com). Die nationalen Ausformungen variieren. In der privilegierten Position des ›Exportweltmeisters‹ BRD zeigt sich die Krise in der moderaten Form einer »Gesellschaft der Vollerwerbstätigkeit« (Castel 2011, 130), in der das sinkende Volumen regulärer Lohnarbeit durch Expansion prekärer Beschäftigung und staatlich s(t)imulierter Ersatzarbeit verdeckt wird. In anderen Ländern, in denen die »anfallende Menge menschlichen Abfalls [...] die vorhandenen Verwaltungskapazitäten« übersteigt (Bauman 2005, 99 f.), findet dieselbe Krise einen gesteigert Ausdruck. Beispielhaft wäre der Wandel der Ghettos von sozial integrierten Lebensräumen für nach Ethnie und Klasse segregierte, aber verwertbare Bevölkerungsteile zu »Hyperghettos« (Wacquant 2002; 2004), die ähnlich wie die Gefängnisse (vgl. Wacquant 2000; Garland 2001) zu Abladeplätzen für die aus dem Verwertungszusammenhang Herausgefallenen verkommen und zugleich neue Formen der Überausbeutung jenseits regulärer Lohnarbeit erlauben.

71 Auch der »Symbolraum Demokratie implodiert«, wo er die »Beziehung zum Wohlstand« verliert, und kann den »Pakt mit dem Symbolraum Nation nur noch negativ erfüllen [...] als Wirtschaftskrieg gegen andere nationale Demokratien (wie das Beispiel Griechenland zeigt)« (Seeßlen 2015, 38). Gerade in der BRD, wo es einem Bonmot Rehbergs (2007) zufolge den postfaschistischen Deutschen schließlich »so gut« ging, dass »sie sogar Demokraten werden konnten« (ebd., 211), stellt sich die Frage, ob sie es bei bedrohtem Wohlstand bleiben.

72 Einschnitte bei Teilen der Löhne im kapitalistischen Zentrum sollten nicht übersehen lassen, dass gerade in den semiperipheren Ländern, in die ein Großteil der Produktionskapazitäten verlagert wurde, die Löhne steigen. Dies hängt mit dem wachsenden Organisationsgrad und wachsender Verhandlungsmacht der Lohnarbeitenden zusammen, aber auch damit, dass wachsende Anforderungsprofile und Motivationserfordernisse auch ein höheres Reproduktionsniveau der Arbeitskräfte erfordern (vgl. Wallerstein 2008, 49 ff.).

ripherie und staatliche Kompensation) der absoluten Grenze in der Zerstörung der Umweltbedingungen. Kompensationsversuche der Nationalstaaten drücken entweder qua Besteuerung die Profite oder führen zur Forcierung von Überschuldung und globaler Ausbeutung, was die Destruktionsdynamik steigert. Daraus folgt jedoch kein ›Zusammenbruch‹. Systemische Funktionslogiken laufen blind weiter bzw. werden durch ›bewährte‹ politische Rezepte reproduziert. Zunehmend chaotische und destruktive Fluktuationen in den ökonomischen, nationalen und zwischenstaatlichen Beziehungen, in denen tradierte Mittel der Krisenbearbeitung scheitern, zwingen aber zu sich verstärkenden Abweichungen von den normalen Funktionsparametern des Weltsystems. Die Zeit des Niedergangs ist daher auch ein »Zeitalter des Übergangs« (vgl. Wallerstein 2004, 231-259), in dem sich in sozialen und politischen Kämpfen ein neues Weltsystem austariert.

Diese Periode charakterisiert Wallerstein in einer 1998 publizierten Prognose für die ersten Dekaden des 21. Jahrhunderts nicht umsonst als »Hölle auf Erden« (Wallerstein 2008, 43-75). Der Niedergang der Akkumulation führe mit der Eskalation ökonomischer, sozialer und ökologischer Krisendynamiken auch zur Zunahme inner- und zwischenstaatlicher Verteilungskonflikte mit ethnischreligiösen Begründungsdimensionen (vgl. ebd., 64 ff.), während in multipolaren Konfliktlagen zugleich globale Kontrollgremien und Rechtsstandards desintegriert würden.

Da auch in den Nationen des Zentrums »vermittelnde Strukturen und Gesetze zusammenbrechen«, trete der Expansion globaler Fluchtbewegungen dort ein zunehmend »offener Rassismus« gegenüber, der sich gegen »eine angebliche Invasion von Barbaren, d.h. Migranten« (ebd., 67, vgl. ebd., 71) richte. Der parallele Verfall der Bindekräfte der universalistischen Ideologien von Fortschritt und Gleichheit (vgl. ebd., 56 f.) begünstige zudem die Verbreitung regressiver und exklusorischer Fundamentalismen. Unterdessen führen Finanzierungsengpässe und Überlastungen zur Desintegration der modernen Staatsfunktionen (allgemeine Rechtsstandards, soziale Sicherheit, Gewaltmonopol, Polizei), was vermehrte Rückgriffe auf vormoderne Formen des Klientums, die Privatisierung von Sicherheitsdienstleistungen, den Selbstschutz in Bürgerwehren und mafiöse Durchdringungen legaler polit-ökonomischer Strukturen mit illegalen Strukturen befördere (vgl. ebd., 56-62). Ein autoritäres Auftreten gegen Kriminalität, Terror und Migration werde als Simulation von Stärke die Kehrseite dieser Schwächung des Staats bilden und die Verschiebung der Polizei-, Militär- und Geheimdienstarbeit in Grauzonen der (Il-)Legalität verstärken (vgl. ebd., 62 ff.).

In den Grundtendenzen entsprechen die realen Entwicklungen der letzten 20 Jahre dieser Prognose. Der Ausgang der Entwicklung ist allerdings historisch nicht determiniert. Das System kommt vielmehr »an eine Gabelung« mit »zwei oder mehr alternativen Wegen zu einer neuen Struktur mit einem neuen Gleichgewicht, neuen zyklischen Rhythmen und neuen säkularen Trends« (ebd., 58). In der chaotischen Situation des Übergangs können geringe Fluktuationen und kleine Interventionen in ihrer Kumulation unerwartete Wirkungen für entsprechende Weichenstellungen haben.[73] Da die Geschichte auf niemandes Seite ist, ist die Gestalt des neuen Systems offen. Möglichkeiten hierarchischer, inegalitärer, autoritärer, auf zentralisierter Gewalt basierender Strukturen sind in der Gegenwart ebenso angelegt wie die einer förderalen und globalen Weltregierung mit relativ egalitären Teilhabe- und Partizipationsrechten (ebd., 76-103).

Während die Konstellationen derzeitiger staatlicher Politik in diesem Kontext als Formen politischen Übersprunghandelns erscheinen, die den Status Quo aufrecht erhalten wollen, in der Verteidigung bestehender Hierarchien und Privilegiensysteme aber eher der auch vom Rechtspopulismus vertretenen autoritären ›Lösung‹ zuspielen, lassen sich auch einige Möglichkeitsbedingungen anderer Entwicklungspfade sondieren.

4. Politisches Übersprunghandeln vs. Kämpfe um globale Alternativen

>»Europas Armee an den Küsten hält stand / Verteidigt die Reiche der Reichen / Bis zu den Augen im Dünensand / Hinter den Bergen aus Leichen.« Hans-Eckardt Wenzel/Steffen Mensching (1999, 140)

>»[W]enn wir nicht in der Gesellschaft, wie sie ist, die materiellen Produktionsbedingungen und ihnen entsprechenden Verkehrsverhältnisse für eine klassenlose Gesellschaft verhüllt vorfänden, wären alle Sprengversuche Donquichoterie.« Karl Marx (MEW 42, 93)

Angesichts multipler Strukturkrisen, zu deren Bearbeitung tragfähige Konzepte fehlen und deren Ursachen (inklusive der ›Fluchtursachen‹) mit globalen Produktionsverhältnissen verbunden sind, von deren ›Nettobilanz‹ die Staaten des kapitalistischen Zentrums weiter profitieren, bilden die Forcierung einer exklusorischen und autoritären Politik, die die ›Sorgen der Bürger ernst zu nehmen‹ verspricht, wie die rituellen Abgrenzungen gegen ›rechts‹ komplementäre Formen eines politischen Übersprunghandelns.

Für nationale Politiken, die ihre an einen unhaltbaren Status Quo des kapitalistischen Weltsystems geknüpften Privilegien zu erhalten suchen, ohne sich den ökologischen, sozialen und geopolitischen Konsequenzen stellen zu müssen, dient die verbale und reale sicherheitspolitische Aufrüstung gegen ›Fremde‹, ›Überfremdung‹ und ›Gefährder‹ auch der symbolischen Ausübung einer in anderen

---

73 Während, solange »Systeme funktionieren, der strukturelle Determinismus mehr Gewicht hat als der freie Wille des Individuums und der Gruppe«, wird dieser Faktor im Übergang »zentral«, womit Handeln, Engagement, moralische Urteile und Protest »einen Freiraum« (Wallerstein 2008, 74) gewinnen.

Feldern blockierten politischen Gestaltungsmacht. In einer durch Konflikte um die Verteilung der Krisenlasten desintegrierten EU wird der gemeinsame ›Abwehrkampf‹ zudem zu einem der letzten verbliebenen Nenner der ›europäischen Wertegemeinschaft‹.

Die parallele Abgrenzung gegen ›rechts‹ wehrt die Gefährdung des freien Waren- und Kapitalverkehrs durch einen konsequenten Nationalismus ab und relativiert die eigene Politik durch moralische Abgrenzung vom ›Rassismus der Anderen‹. Denn die Auslagerung der sichtbarsten Konsequenzen der »Dehumanisierung« der Migrationspolitik (Bauman 2005, 109 f.) in Regime jenseits der Außengrenzen verbirgt kaum mehr die den politisch-moralischen Legitimationshaushalt der EU gefährdende Implosion basaler Legitimitätsbeschaffungsfiktionen (›Gleichheit‹, ›Menschenrechte‹ etc.).

Insgesamt erinnern diese Interaktionen an Brechts *Der gute Mensch von Sezuan.* Dort konnte die gute Shen Te den göttlichen Auftrag, mit dem ihr zufallenden Reichtum Gutes zu tun, in den gegebenen Verhältnissen nur erfüllen, indem sie als zweites Ich den Vetter Shui Ta von sich abspaltete. Der eignete mit allen Modi kapitalistischer Akkumulation und den sie absichernden Gewaltmitteln jenen Reichtum an, von dem Shen Te Teile verwendete, um ›Gutes zu tun‹. Die Politik der BRD und anderer Staaten des kapitalistischen Zentrums hat sich gleich mehrere Shui Tas geschaffen:

1) Eine Wirtschaftspolitik, die die Länder der Peripherie mit ungedeckten Krediten versorgte, damit diese durch den Import von Industriegütern und die zur Schuldentilgung erforderte rückhaltlose Ausbeutung ihrer Natur- und Humanressourcen die Wirtschaft im Zentrum am Laufen halten.

2) Die »Liberalisierungsmaschine« EU (Streeck 2013:148 ff.), die den Abbau nationaler Sozialstandards und Arbeitnehmer*innenrechte und eine dies forcierende Austeritätspolitik gegen die Bevölkerungen und Parlamente der Mitgliedsstaaten durchsetzt.

3) Autokratische Partnerländer, die den »menschlichen Abfall der Globalisierung« (Bauman 2005, 99 ff.) kostengünstig deponieren und es zugleich erlauben, die Schuld an zu offenen Menschrechtsverletzungen der ›rückständigen Kultur‹ der Shui-Ta-Partner zuzuschreiben.

4) Eine Migrationspolitik, die ›Willkommenskultur‹ für wenige nutzbare Migrant*innen mit dem Ausbau der »tödlichen Grenzen« (Popp 2015) für die Mehrzahl sichert.

5) Rechte Bewegungen, die den guten Shen Te-Parteien Gründe geben, die Gesetzgebung und Rhetorik gegen Geflüchtete zu verschärfen und es zugleich erlauben, sich von Rassismus und Fremdenfeindlichkeit abzugrenzen. Das geteilte Feindbild erlaubt es dabei auch, andere Teile der Zivilgesellschaft, die Alternativen zum derzeitigen Vergesellschaftungsmodell präferieren würden und

von der Parteipolitik oft ähnlich entfremdet sind wie rechte Protestwählende, vorläufig an die neoliberale (Post-)Demokratie zu binden.[74]

Problemexternalisierungen und symbolische Stellvertreterkriege lösen aber keine der zugrundeliegenden Problem- und Konfliktkonstellationen, sie tragen nur zu ihrer Verdrängung und Verschärfung bei. Sollte den rechten Reaktionen auf globale Krisenkonstellationen und der globalen Rechtsverschiebung politischer Hegemonien wirklich etwas entgegen gestellt werden, so könnte dies nur die Öffnung des Raums des Politischen für die konfliktive Suche nach globalen Alternativen zu den bestehenden Modi der Vergesellschaftung sein.

Deren prinzipielle Möglichkeitsbedingungen liegen im erreichten Grad der Arbeitsproduktivität und der globalen Verflechtungen selbst. Die Krise der Lohnarbeit und der Akkumulation sind schließlich nur ein paradoxer Ausdruck dafür, dass die Gesellschaft im Hinblick auf Produktionskapazitäten, stofflichen Reichtum und prinzipiell frei verfügbare Zeit für die bewusste Gestaltung der gesellschaftlichen Beziehungen und Naturverhältnisse *zu reich* für den Kapitalismus ist.[75]

Ökologisch-soziale Krisenkonstellationen und Verteilungskonflikte sind ja keinem absoluten Mangel und keiner prinzipiellen Disproportion von Bedürfnissen und Naturressourcen geschuldet. Sie resultieren aus um den maßlosen Selbstzweck der Kapitalverwertung zentrierten Produktionsverhältnissen, in denen 56 % der globalen Kalorienproduktion in den Produktions- und Distributionsketten vernichtet werden[76] und die stetig beschleunigte Obsoleszenz energie- und ressourcenintensi-

---

74 Dabei profitieren links-liberale Milieus der »selbstgerechten Etablierten« (Cuperus 2014), die rassistisch-autoritären Politiken am vehementesten widersprechen, in ihren Konsum- und Lebensweisen gesteigert von den Produktions- und Exploitationszusammenhängen und von der Abschottung der westlichen Wohlstandsinseln. Hier erlaubt die Abgrenzung vom ›rechten Pöbel‹ auch eine Verdrängung der Voraussetzungen der eigenen Lebensstile.

75 Letztlich eskaliert hier ein von Marx analysierter Hauptwiderspruch des Kapitalismus, der den gesellschaftlichen Reichtum an Gütern, v.a. aber an prinzipiell frei verfügbarer Zeit jenseits ökonomischer Notwendigkeiten ständig steigert, mit diesem Überfluss aber nichts anzufangen weiß, als ihn dem Selbstzweck der Wertverwertung unterzuordnen. Das Kapital sei »selbst der prozessierende Widerspruch«, da es einerseits »die Arbeitszeit auf ein Minimum zu reduzieren strebt«, indem es »alle Mächte der Wissenschaft und der Natur wie [...] des gesellschaftlichen Verkehrs ins Leben« rufe, »um die Schöpfung des Reichtums unabhängig (relativ) zu machen von der auf sie angewandten Arbeitszeit.« Andererseits aber dienen die »Produktivkräfte und gesellschaftlichen Beziehungen [...] dem Kapital nur als Mittel [....], um von seiner bornierten Grundlage aus zu produzieren«, also immer weitere Arbeit in Wert zu synthetisieren. Es wirke so zwar »instrumental in creating the means of social disposable time, um die [...] Zeit aller frei für ihre eigne Entwicklung zu machen. Seine Tendenz [...] aber immer, einerseits disposable time zu schaffen, andrerseits to convert it into surplus labour.« (MEW 42, 601 ff.)

76 Vgl. Kreutzberg/Thurn 2013, 50-69. Global verbindet sich dies mit Artensterben, Treibhausgasausstoß und dem Hunger in der Peripherie (ebd., 113-186), stillt dafür aber den

ver Güter nicht der Bedürfnisbefriedigung, sondern der Sicherung des Produktabsatzes geschuldet ist. Dabei sind die technologischen Bedingungen einer anderen, nachhaltigen und bedürfnisorientierten Koordination globaler Produktions- und Distributionsbeziehungen in der vernetzten Welt längst vorhanden.[77]

Entgegen der aktuell bei Rifkin (2014) reanimierten Hoffnungen von Keynes (1930) ergeben sich Transformationen zu egalitäreren Teilhabestrukturen und freieren reproduktiven, kulturellen und sozialen Tätigkeiten jenseits von Profit- und Lohnarbeitszwängen in einer »Gesellschaft der befreiten Zeit« (Gorz 1990, 257), aber nicht selbstläufig aus den produktions- und kommunikationstechnologischen Potenzialen. In der Logik von Kapitalverwertung und Lohnarbeit führen diese nur »zu massenhafter Verarmung, Arbeitslosigkeit und Ausschluss aus der Gesellschaft« sowie zur »Verschärfung des ›Krieges aller gegen alle‹« (ebd.). Zudem bleiben valente Interessen der Besitz- und Statuseliten, aber auch die Lebensgewohnheiten breiter Bevölkerungsteile an bestehende Produktionsverhältnisse geknüpft.[78] Deren Transformation setzt voraus:

1.) Ansatzpunkte in gesellschaftlichen Einstellungen, Unzufriedenheiten und Wünschen,
2.) potenzielle Trägergruppen und Multiplikator*innen sowie
3.) konkrete Keimformen anderer Produktions-, Verteilungs- und Teilhabestrukturen.

Im Hinblick auf 1.) ist eine wachsende Unzufriedenheit mit den Wettbewerbs-, Steigerungs- und Konsum*zumutungen* einer ›Gesellschaft des immer mehr und nie genug‹ und den globalen Effekten einer als dauerhaft nicht überlebensfähig geltenden Wirtschaftsform unter Lohnabhängigen weit verbreitet, deren »alltägliche[r] Antikapitalismus seinen potenziellen politischen und gewerkschaftlichen Repräsentanten [...] einige Schritte voraus« (Dörre et al. 2013, 259) scheint.[79] Die uto-

---

»Hunger der Finanzmärkte« (ebd., 168 ff.).

77 Es wäre ja »nicht unplausibel«, dass die »Informations- und Kommunikationsmedien«, die längst »fähig sind, billionenweise Daten des gesamten Globus nach äußerst komplizierten [...] Profit- und Risikokalkül-Algorithmen in Sekundenschnelle zu prozessieren, nicht auch fähig sein sollten, die Wünsche von Milliarden Menschen mit den dafür erforderlichen Produktions- und Distributionsapparaten zu vermitteln« (Link 2013, 241).

78 Gegen die fiktive Occupygleichung, die 1 % der Eliten gegen die 99 % setzt, stehen neuen globalen Organisationsforme auch breite Widerstände einer Bevölkerung entgegen, deren bisheriges Wohlstands- und Absicherungsmodell »von der Ausbeutung nichtwestlicher Gesellschaften abhängig« ist (Mouffe 2014, 102).

79 So lehnen nur 12 % der Beschäftigten eines großen westdeutschen Automobilherstellers die Aussage, die »heutige Wirtschaftsweise« sei »auf Dauer nicht überlebensfähig«, ab (Dörre et al. 2013, 43 ff.), und in qualitativen Interviews wird »typenübergreifend« eine »Steigerungslogik« (Dörre et al. 2013, 214) kritisiert, der auch die durch Produktobsoleszenz und Statuswettbewerb induzierten Konsumzwänge zugeordnet werden. Die Ver-

pischen Bedürfnisse nach nachhaltigen Gütern, nach Zeitnutzungen jenseits von Arbeits- und Konsumzwängen und eine abstrakt bleibende Solidarität mit anderen global Betroffenen sind aber, v.a. wo es um den Statuserhalt und das alltägliche (Über-)Leben in den bestehenden Verhältnissen geht, mit Einstellungen amalgamiert, die für exklusiv-solidarische, autoritäre und chauvinistische Anrufungen offen sind.[80] Das gilt v.a., wo andere Artikulationsmöglichkeiten der kollektiven Krisenerfahrungen und Unzufriedenheiten und alternative Orientierungsrahmungen für die alltäglichen Wünsche und Utopien fehlen.

Das Fehlen solcher Artikulationsmöglichkeiten in den Institutionen politischer und gewerkschaftlicher Repräsentation und ihre Marginalisierung in den diskursiven Hegemonien bedeutet aber nicht, dass es 2.) keine potenziellen Trägergruppen und Multiplikator*innen für alternative Impulse gäbe. Erfolge und politische Resonanzen eines aggressiv artikulierten Rechtspopulismus bilden schließlich nur eine Seite einer Polarisierung der Einstellungsmuster und Praxisformen. Der mehrheitlich von weißen älteren Männern getragenen Abwehrbewegung gegen die Tatsachen globaler ökonomischer, kultureller und politischer Interdependenzen stehen etwa die oft längst transnational orientierten und verwobenen Lebenswirklichkeiten, Lebensformen und Bedürfnisse jüngerer Generationen gegenüber, die sich kaum mehr in ein Korsett nationalistischer, rassistischer und sexistischer Grenzsetzungen pressen lassen.[81]

Mit deutlichen generations-, geschlechts- und klassenspezifischen Verteilungen[82] finden sich so auch vielfältige Formen inklusiv-solidarischer Orientierungen. Diese kanalisieren sich etwa in der von heterogenen Motiven getragenen unsichtbaren Massenbewegung der Geflüchtetenhilfe, in der sinnvolle Tätigkeit jenseits

---

mittlung von ›großer und kleiner Welt‹, von eigener Konsumkultur, Wirtschaftsweise und geopolitischen Zusammenhängen fällt dabei oft erstaunlich differenziert und informiert aus (vgl. ebd., 207-222, 258 ff.).

80 Prinzipielle Kapitalismuskritik verbindet sich nicht notwendig mit einem Kampf um gesellschaftliche Alternativen. Eine Sozialstruktur, »die den kollektiven Abstieg wahrscheinlich macht«, nimmt »den diversen politischen Philosophien [...] die soziale Antriebskraft« und führt in eine »Defensivhaltung«, die den Status Quo verteidigt (Dörre et al. 2013, 231, vgl. 228-236), was rational ist, solange die Perspektiven des individuellen (Über-)Lebens an das bestehende Gesellschaftssystem geknüpft bleiben und alternative Zukunftsperspektiven ungewiss sind.

81 Dafür spricht etwa die »Wir schaffen das!«-Einstellung der als mehrheitlich politisch, optimistisch, inklusiv, solidarisch und global orientiert charakterisierten »Generation R« (vgl. Albert et al. 2015).

82 So ist neben der Generationen- auch eine geschlechterspezifische Polarisierung auffällig. Während z.B. bei Pegida mit über 70 %, nach Geiges et al. (2015, 66) sogar 81,9 %, Männer deutlich überrepräsentiert waren, findet sich in der Geflüchtetenhilfe mit 72,1 % überwiegend Frauen (vgl. Karakayali/Kleist 2015, 15).

von Arbeit und Gewinnorientierung sowie basisdemokratische Selbstorganisation gelebte Realität sind.[83] Dabei zeigt sich, dass in Kommunen, in denen ein entsprechendes zivilgesellschaftliches Engagement ausgeprägt ist, auch die Haltungen einer der Zuwanderung skeptisch gegenüberstehenden »ambivalenten Mitte« in Richtung des Abbaus von Ressentiments und hin zu verstärkter Akzeptanz verschiebbar sind (Aumüller et al. 2015, 85 f.) und die Engagierten »Brücken zur Aufnahmegesellschaft« (Speth/Becker 2016, 50) errichten können.[84]

Mögliche Impulsgeber- und Multiplikationsfunktionen könnten aber auch die vielfältigen, vorerst regional und sektorial zersplitterten alternativer Konsum-, Distributions- und Produktionsprojekte haben, die sich in den letzten Jahren vermehrt herausbilden. Diese bieten 3.) auch potenzielle Anknüpfungspunkte für die Ausbildung alternativer Strukturen zur Neuorganisation der Produktions- und Austauschbeziehungen.

So koppeln sich Umsonstläden, Tauschbörsen und Repaircafés als zunächst parasitäre Strukturen an die kapitalistische Überflussproduktion, um zur Vernichtung vorgesehene, aus der Warenform herausfallende Güter, die aber noch Gebrauchswert für konkrete Bedürfnisse haben, neu zu verteilen und zu erhalten. Das zeigt aber auch prinzipiell andere Möglichkeiten der Verteilung und Nutzung des gesellschaftlichen Überflusses jenseits von Warenform, Tauschäquivalenz und endogenen Verknappungszwängen.[85] Recht-auf-Stadt-Initiativen, Urban-Gardening, Agrarkooperativen etc. sind andere Formen der experimentellen Suche nach anderen Produktions- und Teilhabestrukturen.

In Deutschland mögen solche Projekte noch als Spielwiese von ›Alternativist*innen‹ belächelt werden. Gerade im »Krisenlabor Griechenland« (Hartmann/Malamatinas 2011) füllen sie aber vermehrt jene Lücken, in denen ökonomische und staatliche Strukturen die Versorgung, Integration und Partizipation

---

83 Die Motive reichen von moralischen Überzeugungen und dem Bewusstsein der politisch-ökonomischen Mitverantwortung Deutschlands für globale Fluchtursachen (vgl. Mutz et al. 2015, 24 f.) über Bedürfnisse nach interkulturellem Austausch bis zum v.a. für Ältere motivierenden Wunsch, Lebenserfahrungen weiterzugeben. Als ein übergreifendes Motiv erscheinen aber auch die hier erlebten – und sonst oft fehlenden – Resonanzerfahrungen für eine als unmittelbar sinnvoll erfahrene Tätigkeit und die sonst vielerorts blockierte Möglichkeit, gesellschaftliche Prozesse aktiv mitzugestalten (vgl. Karakayali/Kleist 2015, 32 ff.).

84 Dies verdankt sich der Schaffung praktischer Kontaktmöglichkeiten (in Sport- und Nachbarschaftsfesten oder Patenschaften), aber auch der formellen und informellen Einflussnahme auf den Diskurs in Veranstaltungen und persönlichem Erfahrungsaustausch (vgl. Speth/Becker 2016, 37 ff.; Aumüller et al. 2015, 124-133).

85 ›Knappheit‹ besteht hier nur an Geldmitteln für die Miete des Lagerraums, um die Überfülle der Güter aufzubewahren. Die Lösung des inversen Knappheitsparadoxes ist es, dass Güter nur geschenkt werden dürfen, wenn eine ebenso große Menge mitgenommen wird (vgl. Schulz/Steinhaus 2014).

nicht mehr gewährleisten. Fabrikbesetzungen zur selbstorganisierten Produktion, die Basisorganisation medizinischer Versorgung in ›solidarischen Kliniken‹, Genossenschaften zur alternativen Produktion und Distribution von Agrargütern usw. zeigen dabei auch Ansatzpunkte für die Weiterentwickelung zu global-föderal vernetzten Strukturen.[86]

Zukunftsweisend könnten solche vorerst primär als Krisenbewältigungen auftretenden Ansätze darin sein, dass sie nicht mehr auf monetäre Profite und unbedingtes Wachstum zielen, sondern soziale Netze für Gesundheit, Nahrung, Güterproduktion, Bildung, Kultur etc. von Wachstumszwängen und ›trickle-down-Logiken‹ abkoppeln (vgl. Link 2013, 242f.) und neue Formen des kooperativen Selbstmanagements entwickeln. Verbindend ist dabei die Logik einer Dekomodifizierung (vgl. Wallerstein 2004, 222-230), die gegenläufig zur Logik kapitalistischer »Landnahme« (Dörre 2009) Produktion und Austausch der waren- und profitförmigen Organisation entziehen.

Mit dieser Skizze sollen keine Illusionen geweckt werden, dass globale gesellschaftliche Alternativen längst vorhanden wären. Tragfähige Strukturen der globalen Koordination und Vermittlung von Tätigkeiten und Bedürfnissen, die die heute im chaotischen Spiel der Marktkräfte und nationalstaatlicher Interessenkämpfe erfüllten ökonomischen Funktionen übernehmen könnten, fehlen ebenso absolut wie die politischen Strukturen einer partizipativ-demokratischen, egalitären, föderalen und globalen *Weltregierung* (vgl. Wallerstein 2014, 44 ff.), die die permanente Aushandlung heterogener, dynamischer und konfliktiver Interessendifferenzen in verschiedenen Regionen und Bevölkerungsgruppen vermitteln könnten.[87]

Die Sozialwissenschaften können hier keinen ›Blue-Print‹ künftiger gesellschaftlicher Verhältnisse anbieten, die sich (wenn überhaupt) nur in schwierigen

---

86 Exemplarisch sei auf die – auch in der europaweiten Vernetzung beispielhafte – seit drei Jahren zur selbstorganisierten Produktion besetzte Reinigungsmittelfabrik Viome in Thessaloniki verwiesen. Vgl. zur Geschichte und jeweils aktuellen Informationen: http://www.viome.org/p/deutsch.html, zuletzt abgerufen 20.05.2017.

87 Gerade alternative, solidarische Formen des globalen Austauschs müssten schließlich in einer Weltgesellschaft stattfinden, die aufgrund ihrer Komplexität und Heterogenität *nie* eine Weltgemeinschaft sein kann. Hier hilft die Fiktion der globalen Interessenidentität eines imaginären Volonté General nicht weiter. Um überhaupt einen ersten Ansatzpunkte einer ›Weltinnenpolitk‹ zu finden, wäre vielmehr vorausgesetzt, dass westliche Staaten den »Überlegenheitsgestus« aufgeben, mit dem sie in ökonomischen, politischen und ökologischen Fragen universelle Menschheitsinteressen zu vertreten behaupten. Stattdessen müssten »Interessenunterschiede und Gegensätze zwischen Staaten und Weltregionen wechselseitig anerkannt und kooperativ bearbeitet werden.« (Dörre 2017, 62) Auch mögliche neosozialistische Gesellschaften dürften kaum harmonisch sein. Sie wären von vielfältigen »Konflikten um die Prioritätensetzung bei der Ermöglichung eines guten Lebens durchzogen« (ebd., 63), die wohl eher komplexere Vermittlungsformen als die repräsentativdemokratischen Apparate der Nationalstaaten erfordern.

Trial-and-Error-Verfahren austarieren werden. Sie können aber konstatieren, was in der Gegenwart am meisten fehlt, um die Suche nach Alternativen in einem »demokratischen Experimentalismus« (Dörre 2017, 63) zu beginnen. Was fehlt, sind weder die produktions- und kommunikationstechnologischen Voraussetzungen noch die Ansatzpunkte in den Unzufriedenheiten und Wünschen verschiedener Bevölkerungsgruppen. Es sind auch nicht die vielfältigen Suchbewegungen nach anderen inklusiv-solidarischen Formen gesellschaftlicher Aktivität und Teilhabe. Was fehlt, sind die Möglichkeiten ihrer adäquaten politischen und medialen Artikulation und Repräsentation.[88]

Der Entwicklungspfad, auf den die autoritären und rassistischen Krisenreaktionen hinsteuern, ist in den in diesem Band vielfältig skizzierten Rechtsverschiebungen in den diskursiven Hegemonien und der Realpolitik eine reale und valente Gefahr – und vielleicht die derzeit wahrscheinlichere Option. Die Chancen emanzipatorischer Veränderungen bleiben aber ebenso real – es gilt die gesellschaftlichen Diskurse und Möglichkeitsräume für den Streit um die Frage zu öffnen, wie sie zu nutzen sind.

Literatur

Abé, Nicola/Blome, Nikolaus/Müller, Peter/Neumann, Conny/Popp, Maximilian 2014: Der Hilfesuchende. In: Der Spiegel 39/2014.

Ackermann, Felix 2016: Unsere Krise, eure Krise. ZEIT Online v. 20.1.2016. http://www.zeit.de/kultur/2016-01/polen-deutschland-krise-vergleich. Zugegriffen: 22.1.2016

Adorno, Theodor W. 1980: Minima Moralia. Reflexionen aus dem beschädigten Leben. Frankfurt a.M.

Aigner, Isolde 2016: Wenn das feministische Potenzial wegzubrechen droht. Die Debatten um die Silvester-Ereignisse im Kontext von Postfeminismus. In: DISS-Journal. Nr. 31, 9f.

Aisslinger, Moritz/Brost, Marc/Wefing, Heinrich 2017: Die Ungehörten. In: DIE ZEIT Nr. 10/2017.

Albert, Mathias/Hurrelmann, Klaus/Quenzel, Gudrun/Schneekloth, Ulrich/Gensicke, Thomas/Leven, Ingo/Utzmann, Hilde 2015: Jugend 2015. 17. Shell Jugendstudie. Frankfurt a. M.

---

88 Deutlich zeigt sich das auch darin, dass schon in der europäischen Staatschulden- und Währungskrise der »normale Konsens zwischen Staat, Medien und Zivilgesellschaft« mehrfach »kollabiert ist« (Link 2013, 204) – indem Massendemonstrationen und Generalstreiks keine adäquate Repräsentanz in den Medien fanden oder sich in Wirtschafts- und Sozialpolitik keine Deckung mehr zwischen Parlament, Mehrheitsmeinung und Medien herstellen ließ. Was in diesen Konstellationen fehlt, ist ein »antagonistischer historischer Block gesellschaftlicher Kräfte, der die Eliten des […] Postwachstumskapitalismus herausfordern könnte« oder wenigstens eine »einflussreiche Gegenöffentlichkeit, über die er sich formieren könnte.« (Dörre 2017, 58)

Aumüller, Jutta/Daphi, Priska/Biesenkamp, Celine 2015: Die Aufnahmen von Flüchtlingen in den Bundesländern und Kommunen – Behördliche Praxis und zivilgesellschaftliches Engagement. Stuttgart.

Bachmann, Lutz (22.12.2014): Rede auf der Pegida-Veranstaltung in Dresden. [Videodatei]. https://www.youtube.com/watch?v=r3RBAeq_Wuo&list=PLto0hAF_F y13gGHtWWqTvYojfpC40w0M&index=3; sowie: https://www.youtube.com/ watch?v=POCt4VQ6FF0. Zugegriffen: 2.10.2015.

Balibar, Étienne 1992a: Gibt es einen ›Neo-Rassismus‹? In: Ders./Wallerstein, Immanuel: Rasse, Klasse, Nation. Ambivalente Identitäten. Hamburg/Berlin, 23-38.

Balibar, Étienne 1992b: Rassismus und Nationalismus. In: Ders./Wallerstein, Immanuel: Rasse, Klasse, Nation. Ambivalente Identitäten. Hamburg/Berlin, 49-86.

Balibar, Étienne 1992c: Rassismus und Krise. In: Ders./Wallerstein, Immanuel: Rasse, Klasse, Nation. Ambivalente Identitäten. Hamburg/Berlin, 261-272.

Barp, Francesca/Eitel, Hannah 2016: »Weil die Mitte in der Mitte liegt.« Warum Pegida mit dem Extremismus-Paradigma nicht zu erklären ist und es zur Verharmlosung der Bewegung beiträgt. In: Heim, Tino (Hg.): Pegida als Spiegel und Projektionsfläche. Wechselwirkungen und Abgrenzungen zwischen Pegida, Politik, Medien, Zivilgesellschaft und Sozialwissenschaften. Wiesbaden, 111-142.

Baudrillard, Jean 2015: Die Konsumgesellschaft. Ihre Mythen, ihre Strukturen. Wiesbaden.

Bauman, Zygmunt 2005: Verworfenes Leben. Die Ausgegrenzten der Moderne. Bonn.

Benz, Wolfgang 2013: Ansturm auf das Abendland? Zur Wahrnehmung des Islam in der westlichen Gesellschaft. Wien.

Bickes, Hans/Butulussi, Eleni/Otten, Tina/Schendel, Janina/Sdroulia, Amali/Steinhof, Alexander 2012: Die Dynamik der Konstruktion von Differenz und Feindseligkeit am Beispiel der Finanzkrise Griechenland: Beim Geld hört die Freundschaft auf? Kritisch-diskursanalytische Untersuchungen der Berichterstattung deutscher und griechischer Medien. München.

Bitzan, Renate 2010: Feminismus von rechts? In: Kellershohn, Helmut/Dietzsch, Martin/Wamper, Regina (Hg.): Rechte Diskurspiraterien. Strategien der Aneignung linker Codes, Symbole und Aktionsformen. Münster, 124-134.

BMFSFJ/Statistisches Bundesamt (Hg.) 2003: Wo bleibt die Zeit? Die Zeitverwendung der Bevölkerung in Deutschland 2001/02. Berlin.

Boltanski, Luc 2010: Soziologie und Sozialkritik. Berlin.

Boltanski, Luc/Chiapello, Ève 2003: Der neue Geist des Kapitalismus. Konstanz.

Bourdieu, Pierre 1990: Was heißt sprechen? Die Ökonomie des sprachlichen Tauschs. Wien.

Bourdieu, Pierre 2010: Politik. Schriften zur Politischen Ökonomie 2. Konstanz.

Bourdieu, Pierre/Passeron, Jean-Claude 1971: Die Illusion der Chancengleichheit. Stuttgart.

Brenke, Karl/Grabka, Markus M. 2011: Schwache Lohnentwicklung im letzten Jahrzehnt. In: DIW Wochen-bericht Nr. 45.2011, 3-15.

Bude, Heinz 2016: Der Augenblick der Populisten. In: Rehberg, Karl-Siebert/Kunz, Franziska/Schlinzig, Tino (Hg.): PEGIDA. Rechtspopulismus zwischen Fremdenangst und »Wende«-Enttäuschung? Bielefeld, 347-353.

Bundestag 2003: Deutscher Bundestag. Stenografischer Bericht der 32. Sitzung Berlin, Freitag, den 14. März 2003. Plenarprotokoll 15/32. http://dip21.bundestag.de/dip21/btp/15/15032.pdf. Zugegriffen: 11.9.2016.

Caborn, Joannah 2006: Schleichende Wende. Diskurse von Nation und Erinnerung bei der Konstituierung der Berliner Republik. Münster.

Castel, Robert 2008: Die Metamorphosen der sozialen Frage. Eine Chronik der Lohnarbeit. Konstanz.

Castel, Robert 2011: Die Krise der Arbeit. Neue Unsicherheiten und die Zukunft des Individuums. Hamburg.

CDU-Bundesvorstand 2016: Mainzer Erklärung: Wettbewerbsfähigkeit. Zusammenhalt. Sicherheit. https://www.cdu.de/system/tdf/media/dokumente/2016_01_09_mainzer_er-klaerung.pdf?file=1&type=field_collection_item&id=3959. Zugegriffen: 12.10.2016.

CDU Sachsen 2005: Deutscher Patriotismus im vereinigten Europa. https://www.epenportal.de/web/datapool/storage/files100474/Deutscher_Patriotismus_im_vereinigten_Europa.pdf. Zugegriffen: 21.2.2016.

Crouch, Colin 2008: Postdemokratie. Frankfurt a. M.

Crouch, Colin 2011: Das befremdliche Überleben des Neoliberalismus. Berlin.

Cuperus, René 2014: Das Versagen der selbstgerechten Eliten. In: Berliner Republik 6/2014. http://www.b-republik.de/archiv/das-versagen-der-selbstgerechten-etablierten? Aut=291. Zugegriffen: 11.2.2016.

cvo/ddp/dpa 2006: Koalition entdeckt die Unterschicht. In: Spiegel Online v. 16.10.2006. http://www.spiegel.de/politik/deutschland/armut-in-deutschland-koalition-entdeckt-die-unterschicht-a-442819.html. Zugegriffen: 14.1.2016.

Daphi, Priska/Kocyba, Piotr/Neubert, Michael/Roose, Jochen/Rucht, Dieter/Scholl, Franziska/Sommer, Moritz/Stuppert, Wolfgang/Zajak, Sabrina 2015: Protestforschung am Limit. Eine soziologische Annäherung an Pegida. IpB Workinpapers. Berlin.

Decker, Oliver/Weißmann, Marliese/Kiess, Johannes/Brähler, Elmar/Langenbacher, Nora (Hg.) 2010: Die Mitte in der Krise. Rechtsextreme Einstellungen in Deutschland 2010. Berlin.

DGB 2009: Platz am Verhandlungstisch. In: Einblick. Gewerkschaftlicher Info-Service 4/2009, 1.

Döge, Peter 2011: Anerkennung und Respekt – Geschlechterpolitik jenseits des Gender Trouble. In: Aus Politik und Zeitgeschichte 38/2011, 50–54.

Dörre, Klaus 2004: Rechte Orientierungen unter Lohnabhängigen. Ursachen, Auswirkungen, Gegenstrategien. In: Beerhorst, Joachim/Demirović, Alex/Guggemos, Michael (Hg.): Kritische Theorie im gesellschaftlichen Strukturwandel. Frankfurt a. M., 289-317.

Dörre, Klaus 2009: Die neue Landnahme. Dynamiken und Grenzen des Finanzmarktkapitalismus. In: Ders./Lessenich, Stephan/Rosa, Hartmut: Soziologie – Kapitalismus – Kritik. Eine Debatte. Frankfurt a. M., 21-86.

Dörre, Klaus/Happ, Anja/Matuschek, Ingo 2013: Das Gesellschaftsbild der LohnarbeiterInnen. Soziologische Untersuchungen in ost- und westdeutschen Industriebetrieben. Hamburg.

Dörre, Klaus 2017: Nach dem schnellen Wachstum: Große Transformation und öffentliche Soziologie: In: Aulenbacher, Brigitte/Burawoy, Michael/Dörre, Klaus/Sittel, Johanna (Hg.) 2017: Öffentliche Soziologie. Wissenschaft im Dialog mit der Gesellschaft. Frankfurt a.M./New York, 33-67.

Donath, Orna 2015: Regretting Motherhood: Wenn Mütter bereuen. München.

Drieschner, Frank 1993: Gestiefelte Schwäche. In: DIE ZEIT Nr. 32/1993.

Drobot, Marc/Schroeder, Martin 2016 Wie man bekämpft, was man selbst repräsentiert. Pegida – eine fundamentalistische Gruppierung. In: Heim, Tino (Hg.): Pegida als Spiegel und Projektionsfläche. Wechselwirkungen und Abgrenzungen zwischen Pegida, Politik, Medien, Zivilgesellschaft und Sozialwissenschaften. Wiesbaden, 253-306.

Eribon, Didier 2016: Rückkehr nach Reims. Berlin.

Fehser, Stefan 2016: Demaskierung und Kontinuitäten. Pegida als Offenlegung und Entfesselung bestehender Dispositionen. In: Heim, Tino (Hg.): Pegida als Spiegel und Projektionsfläche. Wechselwirkungen und Abgrenzungen zwischen Pegida, Politik, Medien, Zivilgesellschaft und Sozialwissenschaften. Wiesbaden, 55-78.

Festerling, Tatjana (30.03.2015): Rede auf der Pegida-Veranstaltung in Dresden. [Videodatei].https://www.youtube.com/watch?v=YXa8JPfx4BM. Zugegriffen: 7.10.2015.

Festerling, Tatjana (07.09.2015): Rede auf der Pegida-Veranstaltung in Dresden. [Videodatei]. https://www.youtube.com/watch?v=JEicQqStEtE. Zugegriffen: 7.10.2015.

Festerling, Tatjana (28.09.2015): https://www.youtube.com/watch?v=UJtsDuJw2hw. Zugegriffen: 7.10.2015.

Foucault, Michel 2003b: Dits et Ecrits. Schriften Bd. 3 (1976-1979). Frankfurt a.M.

Foucault, Michel 2004a: Geschichte der Gouvernementalität I. Sicherheit, Territorium, Bevölkerung. Frank-furt a. M.

Foucault, Michel 2004b: Geschichte der Gouvernementalität II. Die Geburt der Biopolitik. Frankfurt a. M.

Franzmann, Simon Tobias 2015: »Aufgespießt«. Was uns die Europäische Wertestudie über PEGIDA verraten kann. In: MIP, Jg. 21, S. 144-147.

Fratzscher, Marcel 2016: Verteilungskampf. Warum Deutschland immer ungleicher wird. München.

Friedrich, Sebastian 2016: Falsche Alternativen. Warum breite Bündnisse gegen die AfD keine Perspektive für die Linke sind. In: Kellershohn, Helmut/Kastrup, Wolfgang (Hg.): Kulturkampf von rechts. AfD, Pegida und die neue Rechte. Münster, 230-234.

Friedrich, Sebastian/Wamper, Regina/Zimmermann, Jens 2015: Der NSU in bester Gesellschaft. Zwischen Neonazismus, Rassismus und Staat. Münster.

Garland, David 2001: The Culture of Control. Crime and Social Order in Contemporary Society. Oxford.

Gebhardt, Richard 2016:»Bitte wählen sie nicht die AfD« – Der Hilflose Antipopulismus und die gespaltene Republik. In: Kellershon, Helmut/Kastrup, Wolfgang (Hg.): Kulturkampf von rechts. AfD, Pegida und die neue Rechte. Münster, 201-219.

Geiges Lars/Marg, Stine/Walter, Franz 2015: PEGIDA. Die schmutzige Seite der Zivilgesellschaft? Bielefeld.

Gorz, André 1990: Kritik der ökonomischen Vernunft. Sinnfragen am Ende der Arbeitsgesellschaft. Berlin.

Gramsci, Antonio 1991 ff.: Gefängnishefte (10 Bd.) (Hg. von Haug, Wolfgang Fritz et al.) Hamburg.

Groß, Eva Maria/Gundlach, Julia/Heitmeyer, Wilhelm 2010: Die Ökonomisierung der Gesellschaft. Ein Nähr-boden für Gruppenbezogene Menschenfeindlichkeit. In: Deutsche Zustände, Folge 9. Berlin: 138-157.

Hartmann, Detlef/Malamatinas, John 2011: Krisenlabor Griechenland. Finanzmärkte, Kämpfe und die Neuordnung Europas. Materialien für einen neuen Antiimperialismus, Nr. 9.

Häusler, Alexander 2016: Die AfD und der europäische Rechtspopulismus. Krisensymptome politischer Hegemonie. In: Kellershohn, Helmut/Kastrup, Wolfgang (Hg.): Kulturkampf von rechts. AfD, Pegida und die neue Rechte. Münster, 73-81.

von Hayek, Friedrich August 1981: Ungleichheit ist nötig. Interview mit S. Baron. In: Wirtschaftswoche 11.

Heim, Tino 2007: PISA-Schock und Klassen-Bildung. Beobachtungen zur soziologischen »Überwindung« der Klassengesellschaft und zum heuristischen Wert von Klassenkonzepten am Beispiel des Bildungssystems. In: Ders./Gebhard, Gunther/Rehberg, Karl-Siegbert (Hg.): »Realität« der Klassengesellschaft –»Klassengesellschaft« als Realität? Münster, 125-178.

Heim, Tino 2012: Von der »Centrale der sozialistischen Welt« zum Stellvertreterort einer sozialistischen Konsumgesellschaft. Architektonische Machtrepräsentationen und Geltungsbehauptungen am »Zentralen Ort« in Ostberlin. In: Melville, Gert (Hg.): Dimensionen institutioneller Macht. Köln/Weimar/Wien, 331-358.

Heim, Tino 2013: Metamorphosen des Kapitals. Kapitalistische Vergesellschaftung und Perspektiven einer kritischen Sozialwissenschaft nach Marx, Foucault und Bourdieu. Bielefeld.

Heim, Tino 2016a: Pegida als leerer Signifikant, Spiegel und Projektionsfläche – eine Einleitung. In: Ders. (Hg.): Pegida als Spiegel und Projektionsfläche. Wechselwirkungen und Abgrenzungen zwischen Pegida, Politik, Medien, Zivilgesellschaft und Sozialwissenschaften. Wiesbaden, 1-33.

Heim, Tino 2016b:»Politischer Fetischismus und die Dynamik wechselseitiger Projektionen. Das Verhältnis von Pegida, Politik und Massenmedien als Symptom multipler Krisen.« In: Ders. (Hg.): Pegida als Spiegel und Projektionsfläche. Wechselwirkungen und Abgrenzungen zwischen Pegida, Politik, Medien, Zivilgesellschaft und Sozialwissenschaften. Wiesbaden, 341-444.

Heim, Tino 2016c: Entfremdete Doppelgänger und epistemologische Komplizen. Das Verhältnis von PEGI-DA, Politik und Massenmedien als Symptom multipler Krisen. In:

Rehberg, Karl-Siebert/Kunz, Franziska/Schlinzig, Tino (Hg.): PEGIDA. Rechtspopulismus zwischen Fremdenangst und »Wende«-Enttäuschung? Bielefeld, 223-244.

Heim, Tino 2016d: Sachsen mal wieder – oder doch globale politische Verwerfungen? Bemerkungen zum Diskurs über ›sächsische Verhältnisse‹ im Kontext einer generellen Rechtsverschiebung. DISS-Journal. Nr. 32, 6-8.

Heim, Tino/Wöhrle, Patrick 2015: Politische Grenzmarkierungen im flexiblen Normalismus. In: Ackermann, Jan/Behne, Katharina/Buchta, Felix/Drobot, Marc/Knopp, Philipp: Metamorphosen des Extremismusbegriffes. Diskursanalytische Untersuchungen zur Dynamik einer funktionalen Unzulänglichkeit. Wiesbaden, 13-70.

Heitmeyer, Wilhelm (Hg.) 2002 ff.: Deutsche Zustände (10 Bde.). Frankfurt a. M.

Hensel, Jana 2017 Der Erlöser aus der Fremde. In: DIE ZEIT Nr. 13/2017.

Hirsch, Joachim 2002: Herrschaft, Hegemonie und politische Alternativen. Hamburg.

Höcke Björn (16.9.2015): Rede zur Demonstration in Erfurt am 16.9.2015. http://www.bjoern-hoecke.de/single-post/2015/09/22/Rede-zur-Demonstration-der-AfD-Th%C3%BCringen-am-16-September-2015-in-Erfurt?_escaped_fragment_=. Zugegriffen 18.12.2016.

Jäger, Margarete 1996: Fatale Effekte. Die Kritik am Patriarchat im Einwanderungsdiskurs. Duisburg.

Jäger, Siegfried/Kellershohn, Helmut/Pfennig, Joachim 1993: SchlagZeilen. Rostock: Rassismus in den Medien. Duisburg.

Jäger, Siegfried/Link, Jürgen (Hg.) 1993: Die vierte Gewalt. Rassismus und die Medien. Duisburg.

Jarausch, Konrad 2004: Die Umkehr. Deutsche Wandlungen 1945-1995. Bonn.

Jörke, Dirk/Selk, Veith 2015 Der hilflose Antipopulismus. In: Leviathan 4/2015, 484-500.

Karakayali, Serhat 2008: Gespenster der Migration. Zur Genealogie illegaler Migration in der Bundesrepublik Deutschland. Bielefeld.

Karakayali, Serhat/Kleist, J. Olaf 2015: EFA-Studie: Strukturen und Motive der ehrenamtlichen Flüchtlingsarbeit (EFA) in Deutschland, 1. Forschungsbericht: Ergebnisse einer explorativen Umfrage vom November/Dezember 2014. Berlin (BIM).

Karakayali, Serhat/Tsianos, Vassilis 2005: Mapping the Order of New Migration: Undokumentierte Arbeit und die Autonomie der Migration. In: Peripherie. Zeitschrift für Politik und Ökonomie in der Dritten Welt, Nr. 97/98, 35-64.

Karon, Jan Aleksander 2016: Gesetz gegen Gegendemonstrationen. In: ZEIT Online v. 13.3.2016. http://www.zeit.de/politik/ausland/2017-03/polen-praesident-andrzej-duda-pis-gesetz-versammlungsrecht-opposition. Zugegriffen: 16.3.2016.

Kastrup, Wolfgang 2016: Facetten des Neoliberalismus. In: Kellershohn, Helmut/Ders. (Hg.): Kulturkampf von rechts. AfD, Pegida und die neue Rechte. Münster, 39-65.

Kebir, Sabine 2010: Dekonstruktion von Wackelkandidaten und Diskurspiraterien. Gramsci, Brecht und An-verwandlungen linker Signifikanten durch rechte Politik. In: Kellershohn, Helmut/Dietzsch, Martin/Wamper, Regina (Hg.): Rechte Diskurspiraterien Strategien der Aneignung linker Codes, Symbole und Aktionsformen. Münster 2010, 54-79.

Keller, Luisa/Berger, David 2016: Pegida entdemokratisiert – zur Instrumentalisierung von Angst im öffentlichen Raum. In: Heim, Tino (Hg.): Pegida als Spiegel und Projektionsfläche. Wechselwirkungen und Abgrenzungen zwischen Pegida, Politik, Medien, Zivilgesellschaft und Sozialwissenschaften. Wiesbaden, 307-340.

Kellershohn, Helmut 2016a: Nationaler Wettbewerbsstaat auf völkischer Basis. Das ideologische Grundgerüst des AfD-Grundsatzprogramms. In: Ders./Kastrup, Wolfgang (Hg.): Kulturkampf von rechts. AfD, Pegida und die neue Rechte. Münster, 14-28.

Kellershohn, Helmut 2016b: Autoritärer Liberalismus. In: Ders./Kastrup, Wolfgang. (Hg.): Kulturkampf von rechts. AfD, Pegida und die neue Rechte. Münster, 29-38.

Kellershohn, Helmut 2016c: Götz Kubitschek und das Institut für Staatspolitik. In: Ders./ Kastrup, Wolfgang (Hg.): Kulturkampf von rechts. AfD, Pegida und die neue Rechte. Münster, 92-106.

Kellershohn, Helmut/Kastrup, Wolfgang (Hg.) 2016: Kulturkampf von rechts. AfD, Pegida und die neue Rechte. Münster, 201-219.

Kemper, Andreas 2016: Geschlechter und Familienpolitische Positionen der AfD. In: Kellershohn, Helmut/Kastrup, Wolfgang (Hg.): Kulturkampf von rechts. AfD, Pegida und die neue Rechte. Münster, 147-161

Keune, Hannes/Finkbeiner, Florian/Schenkel, Julia 2016: Pegida als Symptom kollektiver Narbenbildung. In: Hensel, Alexander/Kallinich, Daniela/Kiegeland, Julia/Lorenz, Robert/Mueller-Stahl, Robert (Hg.): Demokratie in Aufruhr. Jahrbuch des Göttinger Instituts für Demokratieforschung 2015. Stuttgart, 44-48.

Keynes, John Maynard 1930: Economic Possibilities for our Grandchildren. In: Ders.: Essays in Persuasion, New York 1963, 358-373.

Kisker, Klaus Peter 1997: Strukturelle Überakkumulation und Krise der Erwerbsarbeit. In: Z. Zeitschrift für marxistische Erneuerung, Jg. 8, Nr. 31, 61-68.

Kitschelt, Herbert 2001: Politische Konfliktlinien in westlichen Demokratien. In: Heitmeyer, Werner/Loch, Dieter (Hg.): Schattenseiten der Globalisierung. Frankfurt a. M., 418-442.

Klärner, Andreas 2000: Aufstand der Ressentiments. Einwanderungsdiskurs, völkischer Nationalismus und die Kampagne der CDU/CSU gegen die doppelte Staatsbürgerschaft. Köln 2000

Kliche, Thomas 1998: Vom Feindbild zum Fluktuat. »Islam« als mediales Feld flexibler, diskursiver Ausgrenzung. In: Ronald Hitzler/Helge Peters (Hg.): Inszenierung: Innere Sicherheit. Daten und Diskurse. Opladen, 25-36.

Klotz, Johannes/Wiegel, Gerd (Hg.) 2001: Geistige Brandstiftung. Die neue Sprache der Berliner Republik. Berlin.

Knopp, Phillipp 2016: »Abstand halten.« Zur Deutung gesellschaftlicher Krisen im Diskurs Pegidas. In: Tino Heim (Hg.): Pegida als Spiegel und Projektionsfläche. Wechselwirkungen und Abgrenzungen zwischen Pegida, Politik, Medien, Zivilgesellschaft und Sozialwissenschaften. Wiesbaden, 79-110.

Koselleck, Reinhart 1989: Erfahrungsraum und Erwartungshorizont – zwei historische Kategorien. In: Ders.: Vergangene Zukunft. Zur Semantik geschichtlicher Zeiten. Frankfurt a.M.

Kretschmann, Winfried 2016: Schluss mit dem Moralisieren. In: DIE ZEIT Nr. 42/2016.

Kreutzberger, Stefan/Thurn, Valentin 2013: Die Essensvernichter. Warum die Hälfte unseres Essens im Müll landet und wer dafür verantwortlich ist. Bonn.

Krugmann, Paul 2009: Die neue Weltwirtschaftskrise. Frankfurt a. M.

Lau, Mariam 2015: Thomas de Maizière: Der Wutbürger. Erst entgleitet Thomas de Maizière die Flüchtlings-krise, dann seine Zuständigkeit. In: DIE ZEIT Nr. 41/2015.

Lessenich, Stephan 2008: Die Neuerfindung des Sozialen. Der Sozialstaat im flexiblen Kapitalismus. Bielefeld.

Lessenich, Stephan 2009: Mobilität und Kontrolle. Zur Dialektik der Aktivgesellschaft. In: Ders./Dörre, Klaus/Rosa, Hartmut: Soziologie – Kapitalismus – Kritik. Eine Debatte. Frankfurt a. M., 126-180.

Link, Jürgen 1991: »Der irre Saddam setzt seinen Krummdolch an meine Gurgel!«. http://www.diss-duisburg.de/2000/05/der-irre-saddam-setzt-seinen-krummdolch-an-meinegurgel/print/. Zugegriffen: 14.2.2014.

Link, Jürgen 1995: Grenzen des flexiblen Normalismus? In: Schulte-Holtey, Ernst (Hg.): Grenzmarkierungen. Normalisierung und diskursive Ausgrenzung. Duisburg, 24-39.

Link, Jürgen 1997: Versuch über den Normalismus. Wie Normalität produziert wird. Göttingen.

Link, Jürgen 2008: Diskurstheoretische Überlegungen zur neuen Konjunktur des ›Populismus‹-Begriffs (mit Bezug auf Ernesto Laclau). In: Faber, Richard/Unger, Frank (Hg.): Populismus in Geschichte und Gegenwart. Würzburg, 17-30.

Link, Jürgen 2009: Der Kollaps der SPD, das Beben der Normalität und die neue Lage. In: DISS-Journal, Nr. 18, 1-3.

Link, Jürgen 2013: Normale Krisen? Normalismus und die Krise der Gegenwart (mit einem Blick auf Thilo Sarrazin). Konstanz.

Luhmann, Niklas 1983: Legitimation durch Verfahren. Frankfurt a. M.

de Maizière, Thomas 2017: »Wir sind nicht Burka«: Leitkultur für Deutschland, was ist das eigentlich? In: Bild am Sonntag v. 29.4.2017.

Maddison, Angus 2006, The world economy, Volume 2: Historical statistics. Development Centre Studies, Organisation for Economic Co-operation and Development (OECD). Paris.

Mann, Michael 2014, Das Ende ist vielleicht nah – aber für wen? In: Ders./Wallerstein, Immanuel/Collins, Randall/Derlugian, Georgi/Calhoun, Craig (Hg.): Stirbt der Kapitalismus? Fünf Szenarien für das 21. Jahrhundert. Frankfurt a.M., 89–122.

Margolis, Rachel/Myrskylä, Mikko 2015: Parental Well-being Surrounding First Birth as a Determinant of Further Parity Progression. In: Demography 52 (4/2015), 1147-1166.

Marx, Karl/Engels, Friedrich (MEW): Werke in 42 Bänden. Berlin 1956 ff.

Meier, Julia 2016: Die AfD bekämpfen, bevor es zu spät ist. In: Kellershohn, Helmut/Kastrup, Wolfgang (Hg.): Kulturkampf von rechts. AfD, Pegida und die neue Rechte. Münster, 235-239.

Meisner, Matthias 2015: Die Pegida-Versteher der CDU. In: Der Tagesspiegel v. 23.1.2015.

Merkel, Angela 2011a: Mitschrift der Pressekonferenz von Bundeskanzlerin Angela Merkel und dem Minister-präsidenten der Republik Portugal, Pedro Passos Coelho am 1.9.2011 in Berlin. http://www.bundesregierung.de/Content/DE/Mitschrift/Pressekonferenzen/2011/09/2011-09-01-merkel-coelho.html. Zugriffen: 2.10.2011.

Merkel, Angela 2011b: Bericht der Vorsitzenden der CDU Deutschlands, Bundeskanzlerin Dr. Angela Merkel auf dem 24. Parteitag der CDU. 13. – 15. 11. 2011. Leipziger Messe. http://www.kas.de/upload/ACDP/CDU/Reden/2011-11-14_parteitag_rede_merkel.pdf. Zugegriffen: 2.11.2016.

Michalitsch, Gabriele 2008: Die neoliberale Domestizierung des Subjekts. Von den Leidenschaften zum Kalkül. Frankfurt a.m.

von Mises, Ludwig 1932: Die Gemeinwirtschaft. Versuch über den Sozialismus. Jena.

Mouffe, Chantal 2007: Über das Politische. Wider die kosmopolitische Illusion. Frankfurt a. M.

Mouffe, Chantal 2014: Agonistik. Die Welt politisch denken. Berlin.

Müntefering, Franz 2004: Freiheit und Verantwortung (Rede bei einer Veranstaltung der Friedrich-Ebert-Stiftung am 19.11.2004). http://www.franz-muentefering.de/reden/pdf/19.11.04.pdf. Zugegriffen: 14.3.2011.

Munzinger, Paul (19.2.2015): Seehofer sucht die schlechte Gesellschaft. In: Süddeutsche Zeitung Online. http://www.sueddeutsche.de/bayern/umstrittene-aussage-ueber-fluechtlinge-seehofer-sucht-die-schlechte-gesellschaft-1.2358262. Zugegriffen: 19.2.2016.

Nachtwey, Oliver 2016: Die Abstiegsgesellschaft. Über das Aufbegehren in der regressiven Moderne. Berlin

Oertel, Kathrin (15.12.2014): Transkription der Redebeiträge vom 15.12.2014. http://www.nachdenkseten.de/upload/pdf/141219_pegida_mitschrift.pdf.   Zugegriffen: 17.09.2015.

Offe, Claus 1972: Strukturprobleme des kapitalistischen Staates. Frankfurt a. M.

Patzelt, Werner J. 2015a: »Edel sei der Volkswille«. In: FAZ v. 21.1.2015. http://www.faz.net/aktuell/feuilleton/debatten/die-verortung-von-pegida-edel-sei-der-volkswille-13381221.html. Zugegriffen: 22.7.2015.

Patzelt, Werner J. 2015b: Drei Monate nach dem Knall: Was wurde aus Pegida? Vergleichende Analyse der Pegida-Demonstrationen vom 25. Januar, 27. April und 04. Mai 2015. TU Dresden. http://tudresden.de/die_tu_dresden/fakultaeten/philosophische_fakultaet/ifpw/polsys/for/pegida/patzelt-analyse-pegida-mai-2015.pdf. Zugegriffen: 22.7.2015.

Piketty, Thomas 2015: Das Kapital im 21. Jahrhundert. Bonn.

Pirinçci, Akif 2015: Die große Verschwulung. Wenn aus Männern Frauen werden und aus Frauen keine Männer. Berlin.

Polanyi, Karl 1997: The Great Transformation. Politische und ökonomische Ursprünge von Gesellschaften und Wirtschaftssystemen. Frankfurt a.m.

Popp, Maximilian (Hg.) 2015: Tödliche Grenzen – Die Krise der europäischen Flüchtlingspolitik: Ein SPIEGEL E-Book [SPIEGEL-Verlag 9.1.2015].

Ptak, Ralf/Virchow, Fabian 2001: Gewerkschaften und extreme Rechte in den Zeiten des Neoliberalismus. In: Gewerkschaftliche Monatshefte, H. 6/2001, 366-375.

Ranciere, Jacques 2002: Das Unvernehmen. Politik und Philosophie. Frankfurt a. M.

Rehberg, Karl-Siegbert 2007: Die unsichtbare Klassengesellschaft. In: Ders./Gebhardt, Gunther/Heim, Tino (Hg.) 2007: »Realität« der Klassengesellschaft – »Klassengesellschaft« als Realität? Münster.

Rehberg, Karl-Siebert/Kunz, Franziska/Schlinzig, Tino (Hg.) 2016: PEGIDA. Rechtspopulismus zwischen Fremdenangst und »Wende«-Enttäuschung? Bielefeld.

Rifkin, Jeremy 2014: Die Null-Grenzkosten-Gesellschaft. Das Internet der Dinge, kollaboratives Gemeingut und der Rückzug des Kapitalismus. Frankfurt/New York 2014.

Roig, Emilia 2014: Care Crisis: Welche Auswirkungen haben Migrationspolitiken auf Geschlechtergerechtigkeit? (Hg. von der Heinrich Böll Stiftung). https://www.boell.de/sites/default/files/emilia_roig_epaper_maerz2014_care_crisis_dt.pdf. Zugegriffen: 12.5.2016.

Rose, Lotte 1997: Körperästhetik im Wandel. Versportung und Entmütterlichung des Körpers in den Weiblichkeitsidealen der Risikogesellschaft. In: Irene Dölling/Beate Krais (Hg.): Ein alltägliches Spiel. Geschlechterkonstruktion in der sozialen Praxis. Frankfurt a.M., 125-150.

Rudzio, Kolja/Schieritz, Mark 2017: Sollen wir für Frankreich zahlen? In: DIE ZEIT Nr. 20/2017.

Said, Edward 1978: Orientalism. New York.

Sarrazin, Thilo 2010: Deutschland schafft sich ab. Wie wir unser Land aufs Spiel setzen. München.

Schellenberg, Britta 2014: Mügeln. Die Entwicklung rassistischer Hegemonien und die Ausbreitung der Neonazis. Schriften zur Demokratie. Hrsg. von Weiterdenken – Heinrich-Böll-Stiftung Sachsen. Dresden.

Schilk, Felix 2017: Souveränität statt Komplexität. Wie das Querfront-Magazin ›Compact‹ die politische Legitimationskrise der Gegenwart bearbeitet. Münster.

Schmidt, Helmut 2003: »Das Gesetz des Dschungels« In: DIE ZEIT Nr. 50/2003.

Scholz, Roswitha 2011: Das Geschlecht des Kapitalismus. Feministische Theorie und die postmoderne Metamorphose des Patriarchats. [Verbesserte und erweiterte Neuausgabe]. Bad Honnef.

Schröder, Gerhard/Blair, Tony 1999: Der Weg nach vorne für Europas Sozialdemokraten. Online: https://www.kuwi.europa-uni.de/de/lehrstuhl/vs/politik3/Lehre_WS_11_12/Schroeder_Blair.pdf. Zugegriffen: 12.7.2015. Auch erschienen in: Blätter für deutsche und internationale Politik Nr. 7/1999, 887–896.

Schroeder, Klaus 2010: Überall Chauvinisten. In: Der Tagesspiegel v. 21.10.2010.

Schule, Katharina 2006: Arbeiten fürs Essen Was bedeutet Hartz IV? SPD-Arbeitsminister Franz Müntefering hat es auf seine Weise erklärt. »Wer nicht arbeitet, soll auch nicht essen«. In: ZEIT Online v. 10.5.2006. http://www.zeit.de/online/2006/20/Schreiner. Zugegriffen: 11.3.2015.

Schulz, Martin/Steinhaus, Maria 2014: Alternative Formen des Austauschs im Umsonstladen Dresden. Eine explorative Annäherung. Diplomarbeit. TU Dresden.

Seeßlen, Georg 2015: Ein Volk, ein Reich, kein Syrer. In: Konkret 12/2015, 37-42.

Soiland, Tove 2009: Gender oder: Von der Passförmigkeit des Subversiven. Über die Konvergenz von Kritik und Sozialtechnologie. In: Das Argument. Nr. 281 (3/2009), 409-419.

Speth, Rudolf/Bojarra-Becker, Elke 2016: Zivilgesellschaftliche Akteure und die Betreuung geflüchteter Menschen in deutschen Kommunen. Berlin.

Statistisches Bundesamt 2015: Wie die Zeit vergeht. Ergebnisse zur Zeitverwendung in Deutschland 2012/2013. Wiesbaden.

Streeck, Wolfgang 2013: Gekaufte Zeit. Die vertagte Krise des Kapitalismus. Frankfurter Adorno-Vorlesungen 2012. Frankfurt a. M.

Steinhaus, Maria/Heim, Tino/Weber, Anja 2016: »So geht sächsisch!« Pegida und die Paradoxien der sächsischen Demokratie. In: Tino Heim (Hg.): Pegida als Spiegel und Projektionsfläche. Wechselwirkungen und Abgrenzungen zwischen Pegida, Politik, Medien, Zivilgesellschaft und Sozialwissenschaften. Wiesbaden, 143-196.

Thierse, Wolfgang [im Gespräch mit Stephan-Andreas Casdorff, Stephan Haselberger und Lorenz Maroldt] 2005: »Es ist fast schon tragisch«. Bundestagspräsident Wolfgang Thierse über die Neuwahlentscheidung, soziale Politik – und Weicheier. Tagesspiegel Online 17.7.2005. http://www.tagesspiegel.de/politik/es-ist-fast-schon-tragisch/625300. html. Zugegriffen: 12.2.2017.

Tonks, Iris/Jäger, Margarete 2015: Eigene Sichtweisen hinterfragen. Ergebnisse und Schlussfolgerungen einer Diskursanalyse zur Migration aus Südosteuropa in lokalen Duisburger Medien. In: DISS-Journal, Nr. 29, 16-18.

Ulbig, Markus 2014: Thema Asyl: Innenminister plant Sondereinheiten. Interview mit Markus Ulbig. In: MO-PO 24 v. 24.11.2014. https://mopo24.de/nachrichten/innenminister-ulbig-sondereinheiten-fuer-straffaellige-asylbewerber-2517. Zugegriffen: 14.2.2016.

Ullrich, Peter 2016: Postdemokratische Empörung. Ein Versuch über Demokratie, soziale Bewegungen und gegenwärtige Protestforschung. In: Tino Heim (Hg.): Pegida als Spiegel und Projektionsfläche. Wechselwirkungen und Abgrenzungen zwischen Pegida, Politik, Medien, Zivilgesellschaft und Sozialwissenschaften. Wiesbaden, 217-252.

Vester, Michael 2006: Der Kampf um soziale Gerechtigkeit. Zumutungen und Bewältigungsstrategien in der Krise des deutschen Sozialmodels. In: Bude, Heinz/Willisch, Andreas (Hg.) 2006: Das Problem der Exklusion. Ausgegrenzte, Entbehrliche, Überflüssige. Hamburg, 243-293.

Wacquant, Loïc 1999: Die Armen bekämpfen. In: Le Monde Diplomatique (deutsche Ausgabe) v. 16.4.1999.

Wacquant, Loïc 2000: Elend hinter Gittern. Konstanz.

Wacquant, Loïc 2002: Tödliche Symbiosen. Wenn Ghetto und Gefängnis sich verbinden. In: Bittlingmayer, Uwe/Eickelpasch, Rolf/Kastner, Jens/Rademacher, Claudia (Hg.) 2002: Theorie als Kampf? Zur politischen Soziologie Pierre Bourdieus. Opladen, 270-317.

Wacquant, Loïc 2004: Was ist ein Ghetto? In: Prokla Nr. 134 (1/2004), 133-148.

Wagenknecht, Sahra 2015: Rede im Bundestag vom 15.10.2015, Plenarprotokoll 18/130, 12559A-12561B.

Wallerstein, Immanuel 1992: Ideologische Spannungsverhältnisse im Kapitalismus. Universalismus vs. Sexismus/Rassismus. In: Ders./Balibar, Étienne: Rasse, Klasse, Nation. Ambivalente Identitäten. Hamburg/Berlin, 39-48.

Wallerstein, Immanuel 1995: Die Sozialwissenschaft ›kaputtdenken‹. Die Grenzen der Paradigmen des 19. Jahrhunderts. Frankfurt a. M.

Wallerstein, Immanuel 2004: Absturz oder Sinkflug des Adlers? Der Niedergang der amerikanischen Macht. Hamburg.

Wallerstein, Immanuel 2007: Die Barbarei der Anderen. Europäischer Universalismus. Berlin.

Wallerstein, Immanuel 2008: Utopistik: Historische Alternativen des 21. Jahrhunderts.
Wien.

Wallerstein, Immanuel 2012: Der Siegeszug des Liberalismus (1789-1914). Das moderne
Weltsystem IV. Wien.

Wallerstein, Immanuel 2014: Die Strukturelle Krise oder warum der Kapitalismus sich nicht
mehr rentieren könnte. In: Ders./Collins, Randall/Mann, Michael/Derluguian, Georgi/
Calhoun, Craigh (Hg.): Stirbt der Kapitalismus? Fünf Szenarien für das 21. Jahrhundert.
Frankfurt a.M./New York, S. 17-47.

Weber, Anja 2011: Was ist ›Postdisziplin‹? Eine kritische Auseinandersetzung mit den Gou-
vernementalitätsstudien. In: Ästhetik und Kommunikation. Jg. 42, Nr. 152/153.

Wefing, Heinrich 2016: Im Namen des Volkes? Die neue rechtsnationale polnische Regierung schwächt systematisch die demokratischen Institutionen des Landes. In: DIE ZEIT
Nr. 3/2016.

Weiss, Alexandra 2012: Regulation und Politisierung von Geschlechterverhältnissen im fordistischen und postfordistischen Kapitalismus. Münster.

Wierzcholska, Agnieszka 2016: Gender als Synonym einer unnatürlichen Ordnung. In:
ZEIT Online v. 25.5.2016. http://www.zeit.de/kultur/2016-05/polen-frauen-abtrei-
bung-10nach8. Zugegriffen: 19.2.2017

Wenzel, Hans-Eckhardt/Mensching, Steffen 1999: Abschied der Matrosen vom Kommunis-
mus. Texte der Revuen 1991-1998. Berlin.

ZEIT Online 2013: CSU-Chef Seehofer pfeift seinen Generalsekretär zurück. In: ZEIT
Online v. 11.3.2013. http://www.zeit.de/politik/deutschland/2013-03/homo-ehe-
dobrindt-seehofer. Zugegriffen: 11.2.2014.

ZEIT Online, dpa, zz (22.12.2014): Schröder fordert Aufstand der Anständigen gegen
Pegida. http://www.zeit.de/politik/deutschland/2014-12/pegida-gerhard-schroeder-
aufstand-der-anstaendigen. Zugegriffen: 16.3.2017.

ZEIT Online (16.12.2015): Forscher spricht von Rückkehr der ›German Angst‹. http://
www.zeit.de/gesellschaft/zeitgeschehen/2015-12/umfrage-german-angst. Zugegriffen:
17.2.2017.

Zinn, Karl Georg 1998: Wie Reichtum Armut schafft. Köln.

Der Rechtsruck der Mitte im Fluchtdiskurs 2015

von Margarete Jäger und Regina Wamper

Spätestens seit dem Sommer 2015 kam es in Deutschland zu einer verstärkten Debatte um Flucht und Migration, die vor allem durch Fluchtbewegungen ausgelöst wurde, durch die hunderttausende Geflüchtete nach Europa kamen. In dieser Debatte kam es innerhalb kurzer Zeit zu inhaltlichen Verschiebungen, die den Fluchtdiskurs und die damit verbundenen Handlungsoptionen entscheidend verengten. Zwei Zitate können diese Verschiebung markant illustrieren:

>»Grundrechte sind nicht aus Seife; sie werden nicht durch ihren Gebrauch abgenutzt. Die Würde des Menschen steht nicht unter dem Vorbehalt, ›es sei denn, es sind zu viele Menschen‹. Und die Probleme, die es in Fluchtländern gibt, verschwinden nicht dadurch, dass man diese Länder zu ›sicheren Herkunftsländern‹ definiert; Probleme lassen sich nicht wegdefinieren.« (Prantl, Süddeutsche Zeitung, 17.8.2015)

>»Es ist linker Größenwahn, zu glauben, ein so ›reiches Land‹ könne einfach mal so jedes Jahr eine Million Flüchtlinge aufnehmen und ihnen menschenwürdige Lebens- und Arbeitsbedingungen bieten. [...] In jedem Solidarsystem, das die Flüchtlingshilfe am Ende ja auch ist, sind die Kapazitäten begrenzt. Man muss über Obergrenzen streiten dürfen. [...] Gäbe es in Deutschland eine Debatte über die Abschaffung des Asylrechts in der bisherigen Form und über selbst gesetzte Obergrenzen, wären die anderen EU-Länder wohl kooperationsbereiter. [...] Ein Szenario: Deutschland schafft das Grundrecht für alle auf ein Asylverfahren ab, nimmt aber nach wie vor nach einem EU-Schlüssel jährlich ein sehr großes Kontingent an Flüchtlingen auf, aber eben nicht mehr alle, die herkommen. [...] Ist es unmoralisch, über ein solches Szenario nachzudenken? Nein. Die Debatte über Obergrenzen muss erlaubt sein, das ›O-Wort‹ darf kein Tabu mehr sein.« (Dribbusch, taz, 9.10.2015)

Hier wird nicht nur aus verschiedenen Diskurspositionen über Grund- und Menschenrechte gesprochen, die Zitate veranschaulichen darüber hinaus zentrale inhaltliche Verschiebungen im Fluchtdiskurs von 2015. Diese haben wir im Duisburger Institut für Sprach- und Sozialforschung in einer Studie analysiert, deren Herzstück diskursanalytische Untersuchungen vor allem der Kommentare der Frankfurter Allgemeine Zeitung (FAZ), der tageszeitung (TAZ) und der Süddeutschen Zeitung (SZ) in der zweiten Jahreshälfte 2015 sind.[1] Der folgende Beitrag gibt einen Überblick über die Ergebnisse der Studie.

---

1 Vgl. Jäger/Wamper (Hg.) 2017. Auch wenn wir damit nicht das gesamte Sagbarkeitsfeld des Diskurses erfasst haben, so können wir damit die thematischen Schwerpunkte des hege-

Wie die Willkommenskultur »kippt«

Vor allem in der TAZ und der SZ lassen sich im Sommer 2015 positive Bezugnahmen auf die sogenannte Willkommenskultur finden. Zivilgesellschaftliches Engagement wird gelobt und auch als Gegengewicht zu staatlicher Unterversorgung der Geflüchteten hervorgehoben. Allerdings wird das Engagement vor allem dann betont, wenn es als Gegengewicht gegenüber gleichzeitig stattfindenden rassistischen Mobilisierungen kontrastiert wird. Die Willkommenskultur wird so als Argument gegen die Annahme eines grassierenden Rassismus in Deutschland gesetzt, als Rehabilitation gegenüber dem Deutschland der 1990er Jahre und als Abgrenzung zu Rassismus in anderen europäischen Staaten. Eberhard Seidel meinte etwa in der TAZ, dass sich bei den Ereignissen im Sommer 2015 in Heidenau zwar viele an die Pogrome von Hoyerswerda und Lichtenhagen erinnert gefühlt hätten, jedoch sei nur wenige Wochen nach Heidenau »alles anders« gekommen:

> »An Stelle eines heißen Sommer (!) völkischer Gewalt erlebt die Republik einen Sommer der Solidarität. Statt Angst vor Überfremdung herrscht Mitgefühl. Während die Regierungen Polens, Großbritanniens, Tschechiens und anderer europäischer Staaten Flüchtlinge aus Syrien mit der Parole No Moslems, please! die kalte Schulter zeigen, heißen Zehntausende von freiwilligen Helfern die Schutzsuchenden in Berlin, München, Dresden, Hamburg und andernorts willkommen.«

Dies sei »das Ergebnis eines 25 Jahre langen gesellschaftlichen Reifungsprozesses.« In Deutschland sei man, anders »als in der Schweiz, Frankreich, Ungarn, Dänemark, den Niederlanden, Österreich, Schweden oder Finnland«, heute »erfreulich resistent gegenüber Parteien wie der NPD und Zusammenschlüssen wie der Pegida-Bewegung oder Parteien wie die AfD«. Es könne sich keine »Partei in der Mitte der Gesellschaft etablieren, die auf Flüchtlingshetze, Rassismus, Antisemitismus und Islamfeindlichkeit setzt«. (Seidel, taz, 12.9.2015)[2]
    Doch schon Ende August häufen sich Befürchtungen, dass diese Stimmung kippen könne, wenn weiterhin viele Geflüchtete nach Deutschland kommen. Um die positive Stimmung zu erhalten, sei es deshalb notwendig, den Zuzug zu begrenzen. Zugleich mehren sich Stimmen, die ehrenamtlichen Helfer_innen eine gewisse Naivität unterstellen und sie mit dem abwertenden Begriff des »Gutmenschentums«[3] belegen. Willkommenskultur wird im Herbst somit auch

---

monialen Diskurses ausmachen und die grundsätzliche Perspektive dieses Diskurses verdeutlichen.
2   Nach den Wahlerfolgen der AfD dürfte Eberhard Seidel dies wohl anders sehen.
3   Zum Begriff des »Gutmenschen« vgl. http://www.diss-duisburg.de/2011/11/das-stigma-gutmensch/

als Gegenpol zu einem geforderten Realismus und zur »Kritik« an einer deutschen Aufnahmebereitschaft gesehen. Unter dem Titel »Wir schaffen es doch nicht« schreibt Stefan Kornelius in der SZ am 14. September 2015, dass die »Willkommenskultur ein Trugbild in den vielen Flüchtlingslagern von Syrien bis Pakistan schuf«, nämlich dass Deutschland offen für alle sei. Er schließt seinen Kommentar mit den Worten:

»Das ist die harte Lektion der Flüchtlingstragödie: Herz und Verstand lassen sich nicht mehr in Einklang bringen« – wobei das Herz für die Willkommenskultur steht, der Verstand für Abschreckung und Abschottung.

Hier findet eine Verschiebung des Sagbarkeitsfeldes statt, die bis hin zu einer Diskreditierung der Helfenden reicht.

Vom Schutz der Geflüchteten zum Schutz der europäischen Staaten

Ebenso ist eine Verschiebung in Bezug auf die Bewertung der Asylgesetzgebung zu erkennen. Im Sommer wurde noch das Recht aller Menschen auf Schutz und Würde betont. Das Asylrecht gelte für alle Menschen aus Kriegsgebieten und für die, die politisch verfolgt werden. Dabei wurden durchaus auch in dieser Zeit Flüchtlinge kategorisiert in solche mit Bleibeperspektive und solche, die vorwiegend aus ökonomischen Motiven flüchten. Mit letzteren waren zunächst Geflüchtete aus Balkanländern gemeint, für die gesonderte Zentren mit beschleunigten Verfahren gutgeheißen werden – oftmals mit dem Argument verbunden, dies würde den »tatsächlichen Flüchtlingen« zu Gute kommen. Entlang dieser Kategorisierungen entwickelten sich Debatten um politische und soziale Rechte. Allerdings finden sich hier auch Einsprüche, die auf die politischen Folgen dieser Debatten hinweisen. Sonja Vogel etwa meint in der TAZ, dass die Politiker_innen, die in Reaktion auf Erfolge extrem Rechter das Asylrecht einschränken wollen, fleißig daran arbeiten würden,

»die Lücke zwischen Rechtspopulismus und Rechtsterrorismus zu schließen: De Maizière, der den Flüchtlingen ihr Taschengeld nehmen will, Kretschmann mit seinem Faible für sichere Herkunftsländer, die CSU mit ihren Sonderlagern für Balkanflüchtlinge, der Pegida-Versteher Gabriel, sein Parteikollege Andreas Bausewein, der ein Schulverbot fordert, die Kolumne ist zu kurz, um jede Bösartigkeit aufzuschreiben. [...] Kein Wunder, dass in Deutschland keine Rechtsextremen im Bundestag sitzen, wenn die etablierten Parteien den Job so gut machen«. (Vogel, TAZ, 1.9.2015)

Diese Einsprüche können jedoch nicht verhindern, dass ab dem Herbst Albanien, Kosovo und Montenegro als sichere Herkunftsstaaten eingestuft werden. Wo zuvor die Rede von Armutsflüchtlingen aus Balkanländern war, ist im Laufe weniger Wochen immer häufiger von Syrern und Armutsflüchtlingen die Rede. Die vorgenommene Aufspaltung der Geflüchteten eröffnete den Raum, sukzessive immer mehr Geflüchtete in die Gruppe der illegitimen Flüchtlinge einzuordnen.[4] Die Gruppe derer, die als legitime Flüchtlinge gelten, wurde so immer kleiner.

Vor allem die kurzzeitige Aussetzung des Dublin-II-Abkommens wird sehr kontrovers beurteilt. Es wird sowohl als humanistischer Akt der Menschenwürde und Soforthilfe gesehen, aber auch als »gravierender Bruch im europäischen Rechtsraum« (Kornelius, SZ, 4.9.2015) und »Angriff auf die europäische Idee« bewertet, der die »innereuropäischen Beziehungen [...] einer zersetzenden Belastung« aussetze. Dies habe »gravierende Folgen für das soziale Gefüge des jeweiligen Ziellandes.« (Frankenberger, FAZ, 3.9.2015)

Marker für eine gute Asylpolitik ist nun nicht mehr der Schutz der Geflüchteten, sondern die Senkung ihrer Anzahl und der Kosten, die sie verursachen. Nicht die Geflüchteten gelten jetzt als Betroffene, sondern die Staaten, in die sie fliehen. Diese müssten vor der Zahl der Geflüchteten geschützt werden.

Dabei verlagert sich die Debatte hin zur binären Frage nach Obergrenzen oder Kontingenten. Während Obergrenzen von den einen mit einem Verweis auf die Starre des Konzeptes abgelehnt werden, kritisieren die anderen eine Kontingentlösung und verweisen auf die Verweigerungshaltung anderer europäischer Staaten bezüglich der Übernahme von Kontingenten. Immer häufiger wird nun auch die Abschaffung des verfassungsrechtlich verbrieften Menschenrechts auf Asyl implizit oder explizit ins Gespräch gebracht.

Jasper von Altenbockum etwa konstatiert am 22.9.2015 in der FAZ, dass »die EU nicht alle Flüchtlinge aufnehmen« könne und plädiert für eine Obergrenze. Ein Dilemma sei jedoch:

> »solange es gleichzeitig das deutsche Asylrecht gibt, wird es eine ›Obergrenze‹ nicht geben. [...] Wird dieses Grundrecht nicht abgeschafft, bleibt alles, wie es ist«. (Von Altenbockum, FAZ, 22.09.2015)

Verengung des Sagbaren

Die relativ breit ausgerichtete Debatte vom Sommer 2015 wird aber im Laufe der Wochen und Monate inhaltlich drastisch eingeschränkt. Nach der Sommerpressekonferenz von Angela Merkel und der kurzzeitigen Aussetzung von Dublin-II Ende August 2015 findet eine Polarisierung statt. Während Angela Merkel oftmals mit einer progressiven und humanitären Fluchtpolitik in Verbindung gebracht wird, stellen ihr etliche Autor_innen Horst Seehofer als Gegenspieler entgegen. Tenden-

---

4   Das Abkommen zwischen der Türkei und der EU institutionalisiert schließlich genau diesen Diskurs. Das Abkommen bezieht sich ausschließlich auf syrische Geflüchtete.

ziell gilt: Wer sich für eine progressive Fluchtpolitik ausspricht, stellt sich hinter
die Position Merkels und verteidigt sie gegen Seehofer. Wer sich hingegen für eine
restriktive Fluchtpolitik ausspricht, stellt sich hinter Seehofer und greift mit ihm
Merkels Position an. Diese Polarisierung bewirkt jedoch eine massive Einengung
des Sagbaren – nicht zuletzt ist dies daran zu beobachten, dass sowohl in der TAZ,
wie auch in der FAZ Merkels Position als eine linksaußen-Position bewertet wird.
So meint Lukas Wallraff in der TAZ, es sei »bemerkenswert, dass eine CDU-Kanz-
lerin inzwischen flüchtlingspolitisch europaweit links außen steht«. (Wallraff, TAZ,
7.9.2015). Und Berthold Kohler formuliert in der FAZ bezüglich Merkel: »Mehr
internationale Solidarität als von der Kanzlerin verkündet und praktiziert ist nicht
möglich« (Kohler, FAZ, 09.09.2015). In dieser Perspektive erscheint die Position
von Angela Merkel als eine, die nicht mehr von »links« kritisierbar ist. Zu beobachten ist so eine Fokussierung auf zwei widerstreitende konservative Politiker_in-
nen der CDU/CSU. Nur selten wird Angela Merkels Position »von links« kritisiert und auch ihr eine höchst restriktive Asylpolitik attestiert. (Vgl. etwa Vogel,
TAZ, 1.9.2015.)

Eine restriktive Asylpolitik

Besonders unglücklich verschränkt sich der Fluchtdiskurs 2015 aber mit dem Diskurs über Rassismus, in dem der den Geflüchteten gegenüber artikulierte Rassismus überwiegend als eine kausale Folge von Migration angenommen und nicht als
Folge der De-Normalisierungen von Flucht angesehen wird. Nicht die von Politik
und Medien vorgenommenen apokalyptischen Prognosen hinsichtlich der Fluchtbewegungen würden zu einem Erstarken von Rassismus führen, sondern die Anwesenheit von Migrant_innen und Geflüchteten selbst evoziere Rassismus. Diese
Annahme hat aus unserer Sicht fatale Auswirkungen. Sie fordert eine Beschränkung
der Migration, *um* Rassismus entgegenzuwirken. Tatsächlich aber ist die De-Nor-
malisierung, bei der die Flüchtlinge als Problem markiert werden, dazu geeignet, einer rassistischen Stimmung Vorschub zu leisten, eben *weil* sie Flüchtlinge als Gefahr
und Gefährdung stilisiert.

Denn: Wird medial eine Gefahr vermittelt, bedeutet das natürlich auch, dass
die Gefahr gebannt werden muss, dass also ein Handlungsbedarf vorliegt. Doch
gehandelt wird in dieser Sicht nicht gegen den Rassismus selbst, sondern gegen die
Geflüchteten, indem ihnen durch Sanktionen und Restriktionen die Einreise und
Anwesenheit erschwert wird. Wie weit dies geht, zeigen die Reaktionen nach den
rassistischen Ausschreitungen im Sommer 2015 in Heidenau. Als Problem, dem begegnet werden müsse, wurde nicht der artikulierte Rassismus ausgemacht, sondern
eine »unkontrollierte Flucht« nach Deutschland. Auf diese Weise wird jedoch die
Sichtweise derer, die Rassismus direkt ausüben, übernommen, statt den Rassismus

selbst als »eigentliches« Problem zu identifizieren.[5] Einige Tage nach den rassistischen Ausschreitungen in Heidenau schreibt Herfried Münkler in der SZ:

> »Wenn die Angst derart massiv wie jetzt in die Mitte der Gesellschaft einbricht, hat zuvor die Politik versagt; sie hat die Angst anschwellen lassen und sich unzureichend um die Bearbeitung des Problems gekümmert.«

Was ist für Herfried Münkler aber das Problem? Der erstarkte Rassismus oder Rechtsextremismus? Nein, er sieht in den Flüchtlingen selbst das Problem:

> »Die einen haben naiv darauf vertraut, dass die Flüchtlingszahlen schon von selbst wieder zurückgehen würden, und haben deswegen nichts getan; und die anderen haben durch das Aufstellen moralischer Verbotsschilder jede Diskussion über die Bearbeitung des Problems blockiert. Und wiederum andere haben die Herausforderung durch die Flüchtlinge zwecks Angsterzeugung dramatisiert und den Eindruck erweckt, durch pure Verweigerung ihrer Aufnahme könne man der Herausforderung Herr werden.« (Münkler, SZ, 29.8.2015)

Wie verquer eine solche Argumentation ist, wird deutlich, wenn wir sie auf die Situation nach den Anschlägen in Norwegen durch Breivik, der damit die »Kulturmarxisten« der sozialdemokratischen Partei treffen wollte, übertragen. Undenkbar wäre es gewesen, wenn hegemoniale Medien danach gefragt hätten oder gar konstatiert hätten, dass es ja tatsächlich zu viele Sozialdemokraten in Norwegen gibt. Im Fluchtdiskurs ist dieser Mechanismus nicht nur denkbar, sondern sogar hegemonial. Und so kann dann auch eine Politik gegen Geflüchtete als Maßnahme gegen die extreme Rechte und den Rassismus betrachtet (und gefordert) werden.

Insgesamt ist festzustellen, dass der Flucht- und Migrationsdiskurs 2015 von Beschwörungen und Befürchtungen und von De-Normalitäten durchzogen ist: Steigende Migration führe zu mehr Kriminalität, höherer sozialer Ungleichheit, Rassismus und einer steigenden Terrorgefahr in Deutschland. Diese Bedrohungsszenarien werden auf der Ebene der Äußerungen mit zahlreichen Kollektivsymbolen unterlegt. In der gesamten Debatte wurde und wird mit Bildern von Naturkatastrophen gearbeitet. Es ist von Flüchtlingsströmen, Wellen, Lawinen, von Sturm, Fluten und deren notwendigen Eindämmung die Rede. Auch Symbole aus dem Feld von Krankheiten lassen die deutsche Gesellschaft als einen bedrohten Körper erscheinen. Wir wissen, dass der Einsatz solcher Symbole enorme diskursive Effekte erzeugt, weil sich diese Symbole in ein System einfügen, das insgesamt als Sinnbildungsgitter der Diskurse begriffen werden kann.

---

5   Dies erinnert fatal an die Situation in den 1990er Jahren, als z.B. nach den rassistisch motivierten Ausschreitungen im September 1991 in Hoyerswerda die angegriffenen vietnamesischen Personen unter Polizeibegleitung mit Bussen aus dem Ort geschafft wurden.

Innerhalb des Fluchtdiskurses kam es im Herbst 2015 zu massiven Verschiebungen im Sagbarkeitsfeld, durch die entscheidende Perspektivwechsel vorgenommen wurden: Von der Betonung der Not der Geflüchteten hin zur Konstatierung der Not der Staaten wegen der Geflüchteten, von der Notwendigkeit des Schutzes der Geflüchteten hin zum Schutz vor den Geflüchteten, von der Aussetzung von Dublin-II zur Debatte um die Aussetzung des Menschenrechts auf Asyl, von der Forderung nach einer ›gerechten‹ Verteilung der Geflüchteten in Europa hin zur Vorverlagerung des Migrationsregimes, von der Willkommenskultur hin zur Abschiebekultur, von der Ablehnung von Restriktionen hin zu der Befürwortung von Obergrenzen, von der Verurteilung des Rassismus hin zu seiner Indienstnahme, von der Kritik hin zum Pragmatismus, von dem Lob der Helfenden hin zu ihrer Diskreditierung als ›Gutmenschen‹ oder aber als ›kriminelle Aufwiegler‹, von den Flüchtlingen zu irregulären Migranten.

Die Mechanismen dieser Verschiebungen waren zum einen die Kategorisierung der Geflüchteten in Gruppen, denen verschiedene Rechte zugestanden wurden, zum anderen die sukzessive Ausweitung der Gruppe der illegitim Geflüchteten. In der Gruppe der legitim Geflüchteten blieb kaum jemand übrig. Die Entrechtung der illegitim Geflüchteten wurde jedoch mit dem Argument vermittelt, dies komme dieser diskursiv stark reduzierten Gruppe zu Gute. Nicht zuletzt zeigt sich dies 2016/2017 in der Debatte über eine vermeintliche Sicherheit der Menschen in Afghanistan, der entsprechend Abschiebungen folgten. Ohne die vorhergehenden Debatten hätten diese Vorgänge vermutlich mehr gesellschaftlichen Widerspruch erfahren.

Ein weiterer zentraler Mechanismus stellt aber auch die binäre Vermittlung von Realität dar. Dies bezog sich nicht allein auf die Binarität Merkel versus Seehofer. Auch in den Debatten um Kontingente versus Obergrenzen und Nützlichkeit versus Kulturalismus wurde mit binären Konstruktionen gearbeitet. Solche Binarismen suggerieren aber immer, dass keine dritte oder gar eine vierte, fünfte Position denkbar sei. Und wenn wir uns anschauen, zwischen welchen Positionen es sich vermeintlich zu entscheiden galt, dann müssen wir feststellen, dass es sich bei ihnen beileibe nicht um progressive Lösungsstrategien handelte. Entschieden werden konnte/sollte sich zwischen einer neoliberalen, auf Verwertbarkeit setzenden Position mit flexibler Migrationsabwehr oder einer kulturalistischen Denkart mit starren Grenzziehungen. Was den Diskurs also vor allem auch ausmachte, war die weitgehende Ausblendung von progressiven, antirassistischen Positionen. Deshalb konnte es geschehen, dass – in der Logik des kleineren Übels – selbst vormals progressive ›linke‹ Positionen diesem binären Modell der Wirklichkeitskonstruktion folgten. Binarismus aber führt immer zu einer massiven Verknappung von Aussagen. Das, was wir als ›Rechtsruck‹ erlebten, lässt sich daran ablesen, dass heute sagbar ist, was noch vor zwei Jahren als extrem rechte Position ausgemacht worden wäre.

Literatur und Quellen

Dribbusch, Barbara: Gegen den linken Größenwahn, *TAZ*, 9.10.2015.

Frankenberger, Klaus-Dieter: Alle in der Pflicht, *FAZ*, 03.9.2015.

Jäger, Margarete, Wamper, Regina (Hg.) 2017: Von der Willkommenskultur zur Notstandsstimmung. Der Fluchtdiskurs in deutschen Medien 2015 und 2016, online einsehbar unter: http://www.diss-duisburg.de/wp-content/uploads/2017/02/DISS-2017-Vonder-Willkommenskultur-zur-Notstandsstimmung.pdf (Abruf: 8.3.2017).

Kohler, Berthold: Alles ganz anders? *FAZ*, 09.9.2015.

Kornelius, Stefan: Europas Problem, *SZ*, 04.9.2015.

Kornelius, Stefan: Wir schaffen es doch nicht, *SZ*, 14.9.2015.

Münkler, Herfried: Angst in der Mitte, *SZ*, 29.8.2015.

Prantl, Heribert: Das Jahrhundert-Problem. Online einsehbar unter: http://www.sueddeutsche.de/politik/fluechtlinge-jahrhundert-problem-1.2609060 (Abruf: 8.3.2017).

Seidel, Eberhard: Das Glas ist halb voll, *TAZ*, 12.9.2015.

Vogel, Sonja: Menschliche Wracks, *TAZ*, 01.9.2015.

von Altenbockum, Jasper: Im Asyl-Dilemma, *FAZ*, 22.9.2015.

Wallraff, Lukas: Schaffen wir das? *TAZ*, 7.9.2015.

Deutungskämpfe um das Recht auf sexuelle Selbstbestimmung.
Die *Silvester Ereignisse* 2015 und ihre politischen Folgen

von Isolde Aigner

Am Kölner Hauptbahnhof kam es an Silvester 2015 zu einer unüberschaubaren Anzahl sexualisierter Übergriffe von Männern auf Frauen. Schon wenige Tage nach Silvester entbrannte in der bundesdeutschen Öffentlichkeit eine Debatte um Sexismus und sexualisierte Gewalt, die wochenlang die Titelseiten dominierte. Doch schon innerhalb der ersten Tage nach Silvester kam es zu einer Ethnisierung von Sexismus,[1] indem sexualisierte Gewalt vor allem Einwanderern und Geflüchteten, also den ›Anderen‹ zugeschrieben wurde.

Die folgenden Ausführungen widmen sich der folgenreichen öffentlich-medialen Verhandlung der Silvesternacht, die im Folgenden als *Silvester Ereignisse* bezeichnet werden.

Zunächst werden die *Silvester Ereignisse* als diskursives Ereignis und Deutungskampf eingeordnet. Es folgt eine Skizzierung der diskursiven Vorgeschichte der *Silvester Ereignisse*. Anschließend werden die Deutungen, Effekte und Auslassungen innerhalb der *Silvester Ereignisse* sowie ihre politischen Folgen ausgeleuchtet. Der Aufsatz schließt ab mit möglichen feministischen Interventionen auf dem Weg zu einem Feminismus der Einwanderungsgesellschaft.[2]

Die *Silvester Ereignisse* als diskursives Ereignis und Deutungskampf

Als diskursive Ereignisse lassen sich »medial groß herausgestellte Ereignisse« (Jäger 2009, 162) beschreiben, die »Richtung und Qualität des Diskursstrangs, zu dem sie gehören, mehr oder minder stark beeinflussen« (ebd.). Dabei handelt es

---

1   Eine Ethnisierung von Sexismus zeichnet sich nach Margarete Jäger dadurch aus, dass bestimmte sexistische (oder frauenfeindliche) Haltungen und Verhaltensweise zum Charakteristikum einer bestimmten ›Ethnie‹ gemacht werden, indem beispielsweise behauptet wird, dass türkische oder muslimische Männer sexistisch seien und Frauen in besonderer Weise unterdrückten (vgl. Jäger 2008, 455). »Mit dieser Begründung wird dann ein Zusammenleben von Türken und Moslems mit ›uns‹ als nur schwer oder auch gar nicht möglich angesehen« (ebd.).

2   Bei dem folgenden Artikel handelt es sich um eine Weiterentwicklung und Aktualisierung des Artikels: Aigner, Isolde/Jäger, Margarete/Wamper, Regina, Destruktive Wirkungen. Die rechten Instrumentalisierungen der Silvesterereignisse in Köln, in: Häusler/Virchow 2016, 63–72.

sich nicht um die realen Ereignisse, »sondern um den breit entfalteten Diskurs *über* solche Ereignisse« (ebd., 132; H. i. O.). Diese Ereignisse gehen in der Regel auf ein tatsächliches Ereignis zurück (Jäger/Zimmermann 2010, 40). Zur Veranschaulichung der Bedeutung von diskursiven Ereignissen (im Vergleich zu Ereignissen) erklärt Siegfried Jäger: »Während der Unfall eines Atomkraftwerks in Harrisbourg medial wenig beachtet wurde, wurde der von Tschernobyl ein medial-diskursives Großereignis und beeinflusste als solches – während des Kalten Krieges! – die gesamte Weltpolitik, insbesondere natürlich die Atompolitik und die Ökologiebewegungen« (Jäger 2012, 82).

Auch die *Silvester Ereignisse* lassen sich als diskursives Ereignis einordnen. Sie galten als »Novum«, da es eine bundesdeutsche Debatte um Sexismus und sexuelle Gewalt in dieser Form noch nicht gegeben hatte und sie waren verbunden mit diskursiven Deutungskämpfen. Deutungskämpfe zeigen auf, welche Positionen in einer Gesellschaft im Hintergrund pulsieren und sich schließlich entladen (vgl. Aigner 2016, 125). So zeigten sich innerhalb der *Silvester Ereignisse* auf der einen Seite Deutungskämpfe zur Stabilisierung einer hegemonialen Männlichkeit[3] sowie zur Legitimation rassistischer Aussagen sowie Abschottungspolitiken, während es auf der anderen Seite einen Gegendiskurs gegen rassistische Instrumentalisierung gab, der eine Auseinandersetzung mit und Kritik an Sexismus in der Mehrheitsgesellschaft einforderte.

Zur diskursiven Vorgeschichte der *Silvester Ereignisse*

Jedes diskursive Ereignis – auch die *Silvester Ereignisse* – hat seine Vorgeschichte. Es »ploppt« nicht aus dem Nichts auf, auch wenn es auf den ersten Blick oft so erscheint. Denn ob »ein Ereignis [...] zum diskursiven Ereignis wird oder nicht, das hängt von jeweiligen politischen Dominanzen und Konjunkturen ab« (Jäger 2009, 162). So gingen beispielsweise der »Sexismusdebatte« aus dem Jahre 2013 diskursive Ereignisse wie die Prozesse um Kachelmann und Strauss-Kahn, die Vergewaltigung und Ermordung einer Frau in Indien sowie die Abweisung einer Frau

---

3   Hegemoniale Männlichkeit bezeichnet nach Raewyn Connell ein kulturell begründetes Leitbild von Männlichkeit. Diesem Leitbild von Männlichkeit sind Frauen und andere Männlichkeiten untergeordnet (vgl. Connell 1999). Gegenwärtig konstituiert sie sich insbesondere in der Praxis einer männlichen Wirtschaftselite (›Managermännlichkeit‹) (vgl. Meuser/Scholz 2012, 23f).

in Kölner Krankenhäusern[4] voraus und brachten das »Fass zum Überlaufen«, so die Geschlechterforscherin Katja Sabisch.[5]

Jene diskursive Vorgeschichte zeichnet sich aber nicht nur dadurch aus, was thematisiert oder auch dramatisiert wird, sondern auch durch ihre Auslassungen – also durch das, was kaum oder gar nicht thematisiert wird, also unsagbar ist. Um die Debatten um Silvester einordnen zu können, werde ich deshalb zu Beginn kurz skizzieren, welche diskursive Vorgeschichte (und damit auch welche blinden Flecken und Auslassungen) den *Silvester Ereignissen* und der hier stattfindenden Ethnisierung von Sexismus vorausgingen. Ich konzentriere mich dabei auf zwei Aspekte. Zunächst gehe ich auf die mediale Verhandlung von Sexismus und sexualisierter Gewalt von Männern gegenüber Frauen ein.

Diskursanalytische Untersuchungen der Leitmedien *SPIEGEL* und *FOCUS*[6] zeigen z.B., dass über Sexismus und sexualisierte Gewalt gegen Frauen – außer der Reihe – kaum berichtet wird. So wurde z.B. die groß angelegte Studie zu Gewalt an Frauen in der EU aus dem Jahre 2014, die ein hohes Maß an (sexualisierter) Gewalt an Frauen belegt, in Leitmedien kaum rezipiert. Sexismus und sexualisierte Gewalt (oder der Vorwurf der sexualisierten Gewalt) werden aber dann thematisiert und zum diskursiven Ereignis, wenn es sich um einen »Skandal« (Skandalcharakter) handelt, weil beispielsweise Prominente beteiligt sind. Hier dominierten zwei Pole.

So findet entweder eine Pathologisierung und Entmenschlichung der (mutmaßlichen) Täter statt, die als Monster, Tiere, krankhaft oder böse dargestellt werden. Ein Beispiel ist die Darstellung des Politikers Strauss-Kahn, der angeklagt war, eine Zimmerfrau vergewaltigt zu haben. Der *SPIEGEL* setzte sich in einem Arti-

---

4   Der ehemalige Wetterexperte des öffentlich-rechtlichen Fernsehen Jörg Kachelmann wurde 2010 angeklagt, seine ehemalige Geliebte vergewaltigt zu haben. Er wurde 2011 freigesprochen. Der französische Politiker Dominique Strauss-Kahn wurde 2011 von der New Yorker Staatsanwaltschaft wegen versuchter Vergewaltigung, sexueller Belästigung und Freiheitsberaubung einer Zimmerfrau eines New Yorker Hotels festgenommen. Wegen einiger Zweifel an der Glaubwürdigkeit des Zimmermädchens wurde die strafrechtliche Anklage einige Monate später fallengelassen. Nachdem bekannt wurde, dass in Indien Ende 2012 eine Frau von mehreren Männern vergewaltigt wurde (und kurze Zeit später starb), kam es zu einer weltweiten medialen Debatte über die Frauenrechte in Indien. Ende 2012 kam es zu einer weitere mediale Debatte, nachdem eine junge Frau nach einer Vergewaltigung von katholischen Kölner Krankenhäusern abgewiesen wurde mit der Begründung, dass die Untersuchung nach einer Vergewaltigung mit einem Gespräch verbunden sei, in dem auf die Pille danach hingewiesen werde, was katholischen Häusern untersagt sei.

5   So äußerte sich Katja Sabisch in der Sendung *West ART Talk* mit dem Titel »Das wird man doch mal sagen dürfen! Was heißt eigentlich politisch korrekt?«, die am 24. Februar 2013 ausgestrahlt wurde.

6   So die ersten Ergebnisse einer noch unveröffentlichten eigenen Untersuchung zum leitmedialen Geschlechterdiskurs im Zeitraum Juni 2006 – Juni 2013.

kel zu Strauss-Kahn mit der Frage auseinander »was den Menschen zum Wolf des
Menschen macht und den Mann zum potentiellen Feind der Frau« *(SPIEGEL* v.
03.05.2011). Hier wird die sexualisierte Gewalt (bzw. der Vorwurf der sexualisierten Gewalt) in ein Außen verlagert und so denormalisiert.

Anders ist es, wenn es um die Verhandlung von Sexismus in der Mehrheitsgesellschaft geht. Das zeigt sich besonders anschaulich innerhalb der »Sexismusdebatte« um den FDP-Politiker Rainer Brüderle im Jahre 2013 und dem Umgang
mit der Kritik am Alltagssexismus. Hier wurde die Kritik, ja überhaupt die Existenz
von Sexismus zurückgewiesen, lächerlich gemacht, relativiert. In einem Interview
mit dem SPIEGEL bezeichnete der ehemalige Bundespräsident Joachim Gauck die
Kritik an Sexismus von Männern gegenüber Frauen als »Tugendfuror« *(SPIEGEL*
v. 04.03.2013). Es kam ferner zu einer Schuldumkehr mit dem Versuch, von der
Verantwortung der Männer wegzulenken, sie gar zu negieren. So erklärte z.B. der
FDP-Politiker Wolfgang Kubicki: »Ich habe ja schon erklärt, dass ich keine Journalistinnen mehr in meinem Auto mitnehme. Das dient nur meinem Selbstschutz.
Ich will nicht ein Jahr später in der Zeitung lesen, dass ich die Frau mit den Augen
ausgezogen hätte« *(SPIEGEL* v. 04.02.2013). Frauen wurde aber auch nahegelegt,
eine bestimmte Kleidung zu vermeiden, um Männer nicht zu sehr zu ›reizen‹ (vgl.
FOCUS v. 04.02.2013).

Gleichzeitig ist (sexuelle) Gewalt an Frauen in der Mehrheitsgesellschaft nach
wie vor weit verbreitet, insbesondere in Form von Partnerschaftsgewalt: 2015 waren mehr als 104.000 Frauen in Deutschland von Partnerschaftsgewalt betroffen.
331 Frauen wurden hier Opfer von Mord und Totschlag[7] (Quelle: BKA 2016, Pres-
semitteilung).

Ein weiterer Aspekt jener diskursiven Vorgeschichte ist die medial vermittelte
Ethnisierung von Sexismus, ein Thema, »welches genuin im Einwanderungsdiskurs
angesiedelt ist [...]« (Jäger 1995, 277).

Diese Diskursverschränkung ist besonders problematisch, denn hier wird im
Vergleich zu anderen Vorurteilen gegenüber Einwanderern auf eine positiv besetzte
Norm – und zwar die »Gleichbehandlung der Geschlechter, die aus dem Frauen-
diskurs bzw. dem Geschlechterdiskurs entstammt« (Jäger, 2008, 456) zurückgegrif-
fen:

> »Während andere Vorurteile in der Regel auf Eigennutz, Neid, mangelnde Tole-
> ranz und andere negative Gefühle der sie Äußernden verweisen, trifft dies bei der
> Ethnisierung von Sexismus nicht zu. Das macht diese Diskursverschränkung so wir-
> kungsvoll und lässt diejenigen, denen es sowohl um die Rechte von Frauen wie auch
> um die von EinwanderInnen geht, leicht in *eine argumentative Zwickmühle* (H.i.O.)

---

7   BKA Online: Wenn das eine eigene Zuhause nicht sicher ist. [https://www.bka.de/DE/
Presse/Listenseite_Pressemitteilungen/2016/Presse2016/161122_Partnerschaftsgewalt.
html] (Abgerufen 31.03.2017)

geraten. Diese besteht darin, dass Frauenforderungen und demokratische Rechte von EinwanderInnen gegeneinander ausgespielt werden« (ebd.).

So ging auch den rassistischen Zuschreibungen im Zuge der *Silvester Ereignisse* die Unterstellung eines mangelnden Bewusstseins über Geschlechtergerechtigkeit im Fluchtdiskurs voraus, indem in einigen Artikeln Geflüchteten unterstellt wurde, dass sie über ein mangelndes Bewusstsein bzgl. geschlechtergerechter Werte verfügten. So verweist Michael Martens in dem *FAZ*-Artikel *Es gilt das Grundgesetz* (*FAZ* v. 14.09.2015) auf die Bedeutung des Grundgesetzes, »die wir den Flüchtlingen von Anfang an klarmachen« sollten:

> »Zu diesem Bestand gehört der Grundsatz, dass Deutschland ein Land ist, in dem man an Gott glauben oder es sein lassen und beides offen sagen kann. In dem, wer das will, zu einem anderen Glauben konvertieren kann. In dem Frauen ein selbstbestimmtes Leben führen dürfen, in das Väter, Brüder und auch Ehemänner nicht hineinzupfuschen haben« (ebd.).

Die hier skizzierte mediale Verhandlung der Verletzung der sexuellen Selbstbestimmung von Frauen zeigt auf, dass Sexismus nicht als Teil der ›normalen‹ Mehrheitsgesellschaft betrachtet wird. Wird Sexismus problematisiert, dann wird er zugleich nach »außen« verlagert – indem er pathologisiert oder Einwandern zugeschrieben und so von der Mehrheitsgesellschaft abgespalten wird.

Deutungen innerhalb der *Silvester Ereignisse*

Unter Berücksichtigung dieser diskursiven Vorgeschichte lässt es sich erklären, dass die *Silvester Ereignisse* direkt in einen Fluchtdiskurs eingereiht wurden, ohne dass eine grundlegende Debatte um die strukturellen Dimensionen sexualisierter Gewalt gegen Frauen in der Mehrheitsgesellschaft entstand. So wurde innerhalb der Debatte um Silvester innerhalb weniger Tage (!) den Tätern ein Fluchthintergrund unterstellt, und nahegelegt, dass sexualisierte Gewalt etwas mit der Herkunft der Gewalt ausübenden Person zu tun habe (auch wenn es noch kaum Informationen zur Herkunft der Täter gab). Damit verbunden war die Vorstellung, dass die Minderung sexualisierter Gewalt durch Abschottung nach »Außen« (z.B. durch Abschiebung) gelänge und dass die Abwesenheit von Migration zu Abwesenheit von Sexismus und sexualisierter Gewalt führe.

Das ist auch deshalb so perfide, da mit der Forderung nach Abschiebung zum ›Schutz‹ der in Deutschland lebenden Frauen die Frage, ob Frauen in den Herkunftsländern vergewaltigt werden, nach dieser Logik gleichgültig ist, wie die Juristin Christina Clemm, Mitglied der Expertenkommission zur Reform des Sexualstrafrechts, in einem Gespräch in der *ZEIT* anmerkte (*ZEIT* v. 18.01.2016).

Zugleich gab es die Zuschreibung einer islamischen Identität der Täter (obwohl es dafür bis heute keinen Beleg gibt). Hier wurde ›der Muslim‹ ›dem Christen‹ (als dem westlich aufgeklärten Menschen) gegenübergestellt und es wurde unterstellt, dass Geschlechtergerechtigkeit in muslimischen Kontexten kein gesellschaftlicher Wert sei. Es zeigte sich eine Instrumentalisierung von Frauenrechten auf körperliche und sexuelle Selbstbestimmung, um rassistische Aussagen (und später auch Handlungen) zu legitimieren. Dabei wurde Sexismus nach »Außen« verlagert und den ›Einwanderern‹, den ›Anderen‹ zugeschrieben, um letztlich die sexistischen Strukturen in der Mehrheitsgesellschaft weiter ausblenden zu können.

Besonders deutlich wird das in dem *FAZ*-Artikel *Das Menetekel von Köln* von Berthold Kohler, in dem dieser die Ereignisse von Köln unmittelbar in den Flucht- und Islamdiskurs sowie in den Sicherheitsdiskurs einreihte, ohne aber weiter auf die sexuelle Gewalt an Frauen einzugehen:

> »Die Vorgänge von Köln haben viele Deutsche erschüttert, weil sich der Staat in jener Nacht nicht nur an seinen Grenzen, sondern auch in seinem Inneren als schwach und unentschlossen erwiesen hat. [...] Von Köln geht eine so nachhaltig verstörende Wirkung aus, weil sich die dortigen Vorgänge sowohl als Bestätigung alter Befürchtungen verstehen lassen wie auch als Menetekel für eine deutsche Zukunft, die niemand erleben will. Denn nur wenn sich Naivität mit Allmachtsphantasien paart, kann man ernsthaft glauben, die Einwanderung Abertausender junger, muslimischer Männer aus den Kriegs- und Krisengebieten Asiens und Afrikas werde die bestehenden Probleme mit Migranten nicht vergrößern. Viele junge Syrer, Afghanen oder Marokkaner werden fleißige Arbeiter und brave Steuerzahler werden. Andere ›Flüchtlinge‹ aber werden trotz liebevoller Betreuung weiter die von oben gebremsten Polizisten für Weicheier, Frauen für Freiwild und Demokraten für Schwachsinnige halten.« (*FAZ* v. 09.01.2016).

Ein weiterer zentraler Punkt der medialen Verhandlung von Silvester war ihre Verknüpfung mit der Debatte um Meinungsfreiheit. So gab es vor den *Silvester Ereignissen* noch die Leitlinie des Deutschen Presserats, in der Berichterstattung über Kriminalität die vermeintliche Herkunft von Beschuldigten nicht zu nennen, sofern diese keinen direkten Bezug zur Tat hat. Diese Leitlinie antidiskriminierender Berichterstattung schien innerhalb weniger Tage obsolet geworden zu sein und es wurde gar konstatiert, es sei *nicht früh genug* über die vermeintliche Herkunft der Täter berichtet worden. Gefordert wurde nun im Namen der Meinungsfreiheit eine antidiskriminierende Berichterstattung durch eine diskriminierende zu ersetzen und künftig die Herkunft in der Kriminalitätsberichterstattung zu nennen[8]. So forderte z.B. die Antifeministin Birgit Kelle einen erneuten Aufschrei und beklagt, dass dieser nach Köln ausbliebe, weil es sich bei den Tätern um Personen mit Mi-

---

8   Zur neu formulierten Richtlinie des Pressekodex des deutschen Presserats zur Nennung der Herkunft von Straftätern, siehe unten.

grationshintergrund handele[9]. Hier nahm sie Bezug auf den Hashtag *Aufschrei* auf Twitter aus dem Jahre 2013.

Damals hatten auf Twitter Tausende ihre Erfahrungen mit Alltagssexismus geteilt und so die »Sexismusdebatte« mit ausgelöst. Kelle, die die Auseinandersetzung mit Sexismus innerhalb der »Sexismusdebatte« noch verhöhnt hatte – sie veröffentlichte u.a. das Buch *Dann mach doch die Bluse zu* – beklagte nun das angebliche »Gutmenschentum«, das sich darüber beschwere, »dass überhaupt veröffentlicht wird, dass es Männer mit arabischen oder afrikanischen Aussehen waren.« Wer einen Täter finden will, müsse ihn so genau wie möglich beschreiben (dürfen). Ihre Äußerung impliziert, dass es nur dann einen »Aufschrei« gegeben hätte, wenn die Täter vorwiegend deutsche Männer gewesen wären, wohingegen der vermeintliche Migrationshintergrund ein Beschweigen seitens feministischer Kreise bedingt hätte.

Kelles Aussagen sind dazu geeignet, Rassismus zu begünstigen, da sie sich im Gestus des Tabubruchs präsentieren – eine rhetorische Figur, die spätestens mit der Sarrazin-Debatte 2010 Einzug in den hegemonialen Diskurs hatte und die bewirkt, dass diskriminierende Aussagen zu Aussagen der Freiheit und des Muts zur Meinungs- und Äußerungsfreiheit umgedeutet werden. Ähnlich argumentierte auch die Grünen-Politikerin und aktuelle Spitzenkandidatin für die Bundestagswahl 2017 Katrin Göring-Eckardt, die in einem Gespräch mit der *WELT* einwarf: »Es gibt keinen Bonus für Nationalität oder Aufenthaltsstatus. Das Gesetz gilt für jeden. Ob er aus Dresden oder Damaskus stammt.« (*WELT* v. 05.01.2016). Die Äußerung Göring-Eckhardts impliziert, dass es eine ›falsche‹ Rücksichtnahme gegenüber nicht-deutschen Tätern – in Form des Verschweigens der Herkunft der Täter – gäbe, aus Angst, als rassistisch zu gelten.

Doch – wie schon dargelegt – war das Gegenteil der Fall: Es wurde wochenlang über die Herkunft der Täter debattiert.

Auch die Extreme Rechte knüpfte an hegemoniale Positionen an und nutzte den rassistisch aufgeladenen medialen Diskurs für sich. So sah z.B. Dieter Stein, Chefredakteur der *Jungen Freiheit*, Deutschland gar an der Schwelle zu einem Bürgerkrieg und fragte: »Was ist das für eine Nation, was sind das für Männer, die dies zulassen!« (*JUNGE FREIHEIT* v. 06.01.2016).

Rassistische Stereotype und das dazugehörige Eigenbild der Extremen Rechte haben mit den *Silvester Ereignissen* eine nachträgliche Legitimation erfahren. Und die massenhaften sexualisierten Übergriffe in Köln werden für eben diese rassistischen Politiken instrumentalisiert. Dabei wird außerdem davon ausgegangen, dass der Feminismus dazu beigetragen habe, Männer wehrlos zu machen, was sich jetzt

---

9   Vgl.: #Aufschrei 0.0 – Wenn die feministische Empörung ausbleibt [http://nrwjetzt.de/aufschrei-0-0-wenn-die-feministische-empoerung-ausbleibt/] (Abgerufen 15.03.2017).

räche. Den deutschen Männern wird unterstellt, die ›deutschen Frauen‹ und die Nation nicht zu schützen bzw. zu verteidigen. Hier zeigt sich auch, dass es gar nicht um die Frauen als Betroffene geht, sondern um die Bedeutung einer soldatischen Männlichkeit zu Verteidigung der Nation.

Erste Effekte solcher extrem rechter Diskurse zeigen sich an den selbst ernannten Bürgerwehren ›zum Schutz deutscher Frauen‹, die sich nach Silvester im öffentlichen Raum bildeten und Jagd auf Migranten machten.[10] Für die Extreme Rechte ist sexualisierte Gewalt allein eine Folge der für das deutsche Volk schädlichen Migrationsbewegungen. So schließt sie also an den hegemonialen medialen Diskurs an und spitzt diesen rassistisch und antifeministisch zu.

Es gab jedoch auch einen Gegendiskurs, der eine rassistische Instrumentalisierung der *Silvester Ereignisse* kritisierte und zurückwies. Der *TAZ*-Redakteur Daniel Bax war einer der ersten Journalist*innen, der die Ethnisierung von Sexismus zurückwies und fragte:

> »Denn was wäre anders gewesen, wenn es sich bei den Tätern nicht um ›nordafrikanische‹, sondern um urdeutsche Männer gehandelt hätte? Für die betroffenen Frauen nicht viel. Aber die öffentliche Reaktion wäre anders ausgefallen. Viele hätten den betroffenen Frauen nicht geglaubt, den Vorfall bagatellisiert oder ignoriert oder gar den Frauen selbst die Schuld gegeben. Diejenigen, die den Vorfall tiefer gehängt hätten, sind die gleichen, die jetzt besonders empört tun« (*TAZ* v. 05.01.2016).

Es folgte eine feministische, rassismuskritische Intervention, die für eine Debatte über Sexismus in der Mehrheitsgesellschaft eintrat.

Die Journalistin Margarete Stokowski kritisierte, dass es innerhalb der Debatte um Silvester nicht um die betroffenen Frauen gehe, sondern vielmehr um eine rassistische Instrumentalisierung zur innerdeutschen Entlastung und verwahrte sich dagegen, die Diskussion um sexualisierte Gewalt »out[zu]sourcen«:

> »Aber selbst wenn sämtliche Menschen mit Migrationshintergrund sofort aus Deutschland abgeschoben würden, gäbe es noch massenhaft sexualisierte Gewalt: Belästigungen, Missbrauch, Vergewaltigung. Ein großer Teil dieser Fälle passiert im nahen sozialen Umfeld der Betroffenen: Die Täter sind Partner, Ex-Partner, Nachbarn, Kollegen, Lehrer« (*SPIEGEL ONLINE v.* 07.01.2016).

An diese Positionen knüpfte auch die besonders medienwirksame Kampagne *Ausnahmslos,* an, in der kritisiert wird, dass in der Debatte um Silvester »feministische Anliegen von Populist*innen instrumentalisiert werden, um gegen einzelne Bevölkerungsgruppen zu hetzen«[11] und in der eingefordert wird, dass sexualisierte Gewalt

---

10 Vgl. https://www.welt.de/politik/deutschland/article150719555/Selbsternannte-Buergerwehr-will-Frauen-beschuetzen.html (Abgerufen 23.05.2017).
11 Vgl.   http://www.deutschlandfunk.de/initiative-ausnahmslos-frauenrechte-kein-vorwand-fuer.1818.de.html?dram:article_id=342189 (Abgerufen 23.05.2017).

nicht nur dann thematisiert werden darf, »wenn die Täter die vermeintlich ›Anderen‹ sind«[12]. Die Kampagne wurde innerhalb weniger Tage von 10.000 Menschen unterzeichnet.

Nach kurzer Zeit vollzogen sich erste Effekte der *Silvester Ereignisse* in Form einer unheilvollen Verbindung von hegemonialer Männlichkeit und Rassismus. Diese zeigte sich anhand einer Konstruktion des ›weißen‹ einheimischen und ›wehrhaften‹ Mannes, der die einheimischen, ›passiven‹, wie ›verletzlichen‹ Frauen vor den ›Anderen‹, den ›Eindringlingen‹ zu schützen habe[13]. Besonders eindrucksvoll wurde das anhand des Titelbilds des *FOCUS* vom 09.01.2016 mit einer weißen, nackten Frau, die mit schwarzen Handabdrücken übersät ist.

Diese unheilvolle Verbindung von hegemonialer Männlichkeit und Rassismus legte Handlungsanweisungen nahe, die sich schließlich innerhalb institutioneller Handlungen vollzogen, wie der Stigmatisierung, Marginalisierung und Entrechtung von Männern, denen das Täterprofil zugeschrieben wurde: Nach Silvester konnten am Kölner Hauptbahnhof Tag und Nacht zahllose Personenkontrollen beobachtet werden, so dass diesen Männern ein unbeschwertes, freies Bewegen am und um den Kölner Hauptbahnhof für einige Wochen nicht mehr möglich war. Es gab außerdem Zugangsverbote für Geflüchtete z.B. zu Schwimmbädern, wie in Bornheim bei Bonn. Hier wurde ihnen also das Recht auf Partizipation am öffentlichen Leben verwehrt.

Innerhalb der Alltagshandlungen wurde herkunftsdeutschen Männern eine machtvolle, kontrollierende Funktion – geprägt von überhöhter Männlichkeit – zugeschrieben, während es zugleich eine (Selbst-)Zuschreibung weiblicher Verletzlichkeit und Wehrlosigkeit gab. Frauen berichteten in Radiointerviews, dass sie ihrem Freund vom Club aus alle halbe Stunde eine Kurznachricht schreiben würden, dass bei ihnen alles in Ordnung sei. Bis heute herrscht eine Angstpolitik bei vielen Frauen vor – viele meiden abends Orte, an denen sie vorher ganz selbstverständlich entlangliefen, und sie äußern Unverständnis für Frauen, die sich trotzdem alleine nachts im öffentlichen Raum aufhalten. Es kommt so zu einer (Selbst-)Einschränkung der Nutzung des nächtlichen öffentlichen Raums, während eine (Zurück-) Eroberung des öffentlichen Raums durch Frauen nicht verhandelt wird. Diese Verbindung von hegemonialer Männlichkeit und Rassismus, die sich innerhalb der Alltagshandlungen vollzog, erschwerte somit die weibliche Selbstermächtigung gegen Sexismus.

In der Debatte gab es ferner Auslassungen, die die Potentiale einer weiblichen Selbstermächtigung weiter einschränkten: So wurde die Silvesternacht kaum im

---

12 Vgl. Ausnahmslos: Gegen sexualisierte Gewalt und Rassismus. Immer. Überall. #ausnahmslos [http://ausnahmslos.org/#] (Abgerufen 02.04.2017)

13 Innerhalb der Debatte um Silvester wurde wie selbstverständlich davon ausgegangen, dass es sich bei den betroffenen Frauen um herkunftsdeutsche Frauen gehandelt habe.

Zusammenhang mit (Geschlechter-)Verhältnissen und Ursachen von Sexismus verhandelt, etwa: Machtverhältnisse und Lebensbedingungen, die von (ökonomischer) Ungleichheit zwischen den Geschlechtern geprägt sind, in denen das Vorherrschen einer hegemonialen Männlichkeit sowie zweigeschlechtlicher Geschlechternormen eine hierarchische Geschlechterordnung stabilisieren. Oder auch: Verhältnisse, die verbunden sind mit der Diskriminierung und Entrechtung von Frauen, auch queeren Menschen, und unter denen auch Männer zu leiden haben, die nicht dem Leitbild der hegemonialen Männlichkeit entsprechen oder entsprechen wollen. In der Debatte ging es außerdem nur am Rande um die Bedeutung des sozialen Miteinanders im öffentlichen Raum. Stattdessen dominierten Forderungen nach Sicherheit und staatlicher Repression, also letztlich der Ruf nach autoritären Strukturen.

Vor allem aber hat die Debatte bis heute zu wenig Potential für feministische, solidarische, gruppenübergreifende Selbstermächtigung freigesetzt. Die feministische Kampagne *Ausnahmslos* (Januar 2016) setzte insbesondere auf (staatliche) Maßnahmen, wie den Ausbau von Beratungsstellen und die Verschärfung des Sexualstrafrechts und weniger auf sich selbst ermächtigende, feministische Zivilcourage (auch und gerade außerhalb des Netzes).

Frauen wurden also auch hier eher in einer verletzlichen, hilfsbedürftigen als in einer mutigen, selbstermächtigenden Rolle gesehen. Zugleich wurde von Women of Color andiskutiert, inwieweit antirassistische, feministische Interventionen nach Silvester (und im Allgemeinen) die Möglichkeiten für Women of Color einschränkten, Sexismus durch nicht-weiße Männer überhaupt zu thematisieren. So wirft die queerfeministische, antirassistische Aktivistin Leyla in einem Dossier zu den *Silvester Ereignissen* in der popfeministischen Zeitschrift *MISSY MAGAZINE* ein: »Oft kommt es bei *weißen* (H.i.O.) Feministinnen, die ihre Privilegien hinterfragen und deshalb keinen *weißen* Feminismus praktizieren, vor, dass sie sich weigern, nicht-weiße Männer als Sexisten zu bezeichnen« (*MISSY MAGAZINE*, 2/2016). Das Zitat steht exemplarisch für Fallstricke und Konfliktlagen in feministischen Zusammenhängen im Spannungsfeld von Rassismuskritik, Antisexismus und weiblicher Selbstermächtigung.

Die politischen und diskursiven Folgen von Silvester 2015 bis heute

Besonders gravierend sind die politischen Folgen der *Silvester Ereignisse:* So gab es beispielsweise nur wenige Wochen nach Silvester eine Verschärfung des Asylrechts mit dem ›Asylpaket 2‹. Ein halbes Jahr nach Silvester kam es zu einer Verschärfung des Sexualstrafrechts, für die vor allem Feministinnen seit Jahrzehnten kämpften, ohne wirklich Gehör zu finden. Nun sind auch Formen der sexuellen Belästigung strafrechtlich relevant. Musste sich das sexuell bedrängte Opfer früher körperlich wehren, um seine Ablehnung auszudrücken, so reicht jetzt eine äußerlich erkennbare (verbale oder nonverbale) Form der Ablehnung aus (Grundsatz »Nein heißt nein«).

Zugleich aber wird im ›Asylpaket 2‹ das Aufenthaltsrecht für Migrant*innen verschärft. Wer zu einer Strafe von mindestens einem Jahr verurteilt wird, soll sein Aufenthaltsrecht verlieren. Das Ausspielen von Frauenrechten gegen Ausländerrechte gilt als logische Konsequenz der Ethnisierung von Sexismus innerhalb der *Silvester Ereignisse*.

Ein Jahr nach den *Silvester Ereignissen* – am Silvesterabend 2016 – setzte das Innenministerium NRW und die Polizei schließlich auf Racial Profiling, so dass junge Männer, denen mit Blick auf Silvester 2015 das Täterprofil ›nordafrikanische Herkunft‹ zugeschrieben wurde, am Kölner Hauptbahnhof schon am frühen Abend vor den Augen der Passant*innen eingekreist, kontrolliert und teilweise festgehalten wurden.[14] Die Verhältnismäßigkeit des Einsatzes wurde von Politik und Medien überwiegend nicht in Frage gestellt, sondern auch positiv bewertet – gerade auch mit dem Bezug auf die gewahrten Frauenrechte.

Auch die *TAZ*-Redakteurin Simone Schmollack verteidigt das Vorgehen der Polizei: »›Racial Profiling‹ hin oder her« (*TAZ* v. 04.01.2017) – das Durchgreifen des neuen Polizeipräsidenten habe erreicht, was alle von ihm erwartet hätten, nämlich keine massenhaften Übergriffe gegen Frauen (vgl. ebd.). Auch die kleinste Kritik an der Verhältnismäßigkeit des Einsatzes der Polizei wurde sofort zurückgewiesen. Innerhalb weniger Tage schrumpfte das Sagbarkeitsfeld um grundrechtliche Fragen in sich zusammen, indem die Kritik an der Grundrechtsverletzung an Silvester 2016 am Kölner Einsatz nahezu unsagbar wurde.

Die Grünen-Vorsitzende Simone Peter war eine der wenigen Spitzenpolitikerinnen, die die Verhältnis- und Rechtmäßigkeit des Einsatzes in Frage stellte, »wenn insgesamt knapp 1.000 Personen alleine aufgrund ihres Aussehens überprüft und teilweise festgesetzt wurden« (*RHEINISCHE POST* v. 02.01.2017). Sie wurde unmittelbar danach nicht nur von zahlreichen Medien, sondern auch Grünen Parteikolleg*innen (wie den Co-Vorsitzenden Cem Özdemir und Katrin Göring-Eckardt) massiv kritisiert, bis sie die Aussagen schließlich relativierte und einknickte. Später musste die Polizei zugeben, dass die allerwenigsten der kontrollierten Personen eine nordafrikanische Herkunft hatten – ein Skandal, der keine weitreichende Empörung innerhalb des medialen Diskurses auslöste.

Inzwischen hat der Deutsche Presserat seinen Pressecodex bzgl. der Berichterstattung über Straftaten verändert:

»In der Berichterstattung über Straftaten ist darauf zu achten, dass die Erwähnung der Zugehörigkeit der Verdächtigen oder Täter zu ethnischen, religiösen oder ande-

---

14 Diese Beschreibungen gehen auf eigene Beobachtungen am Silvesterabend am Kölner Hauptbahnhof zurück.

ren Minderheiten nicht zu einer diskriminierenden Verallgemeinerung individuellen Fehlverhaltens führt. Die Zugehörigkeit soll in der Regel nicht erwähnt werden, es sei denn, es besteht ein begründetes öffentliches Interesse. Besonders ist zu beachten, dass die Erwähnung Vorurteile gegenüber Minderheiten schüren könnte«.[15]

Diese Neufassung könnte eine diskriminierende Berichterstattung (weiter) befördern und rassistisch aufgeladenen Debatten in die Hände spielen. Gerade die *Silvester Ereignisse* haben deutlich gemacht, dass das öffentlich(-mediale) Interesse an der Herkunft der (vermeintlichen) Täter mit rassistischen, diskriminierenden Zuschreibungen verbunden war, die der Entlastung der Mehrheitsgesellschaft dienten und eine notwendige Debatte um Sexismus (in der Mehrheitsgesellschaft) blockierten.

Feministische Interventionen

Nicht zuletzt die folgenreiche rassistische Instrumentalisierung von Frauenrechten auf sexuelle und körperliche Selbstbestimmung und die sich anschließenden staatlichen Interventionen und Repressionen machen deutlich, dass eine feministische Intervention, die (nicht nur) auf den Staat setzt, wichtiger denn je ist.

Notwendig ist eine Intervention, die Sexismus und sexuelle Gewalt politisch verortet, die dahinter liegenden Macht- und Herrschaftsverhältnisse auszuleuchten und aufzubrechen versucht, während sie gleichzeitig Potentiale für solidarische Kämpfe gegen Sexismus freisetzt.

Ein Beispiel dafür ist die Demonstration zum Frauenkampftag in Köln im März 2016, die sich gegen die Instrumentalisierung der sexuellen Übergriffe in der Silvesternacht für eine rassistische Asyl- und Einwanderungspolitik wandte. Ferner braucht es eine »Wiederbelebung« feministischer (Offline)-Räume für Frauen zum Austausch über Erfahrungen der Verletzung sexueller Selbstbestimmung.

Bis heute fehlt es außerdem an feministischen, gruppenübergreifenden, solidarischen Allianzen, in denen besonders die Stimmen stark werden, die (bisher) wenig gehört werden (z.B. von geflüchteten Frauen). Dafür bedarf es der Entwicklung eines Feminismus der Einwanderungsgesellschaft mit » neuen Allianzen – und mit einer Vision von Emanzipation, die über die Grenzen von Religion, Hautfarbe und Lebensstil hinweg verbindend sein könnte« (*TAZ* v. 23.10.2016). Die Entstehung eines Feminismus der Einwanderungsgesellschaft könnte nicht nur verhindern, dass Feminismus und Rassismuskritik gegeneinander ausgespielt werden. Sie könnte auch zur Entwicklung feministischer Selbstermächtigungsstrategien beitragen, um Sexismus und hegemoniale Männlichkeit gemeinsam zurückzudrängen, statt diese Kämpfe (nur) dem Staat zu überlassen.

---

15 Deutscher Presserat: Presserat präzisiert Diskriminierungsschutz. [http://www.presserat.de/presserat/] (Abgerufen 30.03.2017).

Notwendig ist aber auch die Vermittlung von feministischem Wissen zur sexuellen und körperlichen Selbstbestimmung – z.b. in Form einer kritischen (geschlechter-)politischen Bildung gegen Sexismus und *Rape Culture* an Schulen, in Gewerkschaften, Jugendarbeit oder der Verwaltung. Diese müsste Fragen von Macht und Herrschaft mit einbeziehen, um Sexismus nicht (länger) als individuelles Schicksal hinzunehmen und um sich ihm widerständig und zivilcouragiert zu widersetzen – ob im öffentlichen Raum oder in den eigenen vier Wänden.

Literatur:

Aigner, Isolde 2016: Politische Bildung gegen Antifeminismus, Sexismus und Geschlechterkonservativismus. Perspektiven für eine gleichberechtigtere Geschlechterkultur, in: Doneit, Madeline/Lösch, Bettina/Rodrian-Pfennig, Margit (Hg.) 2016: Geschlecht ist politisch. Geschlechterreflexive Perspektiven in der politischen Bildung. Opladen. Berlin. Toronto: Budrich, 121- 133.

Connell, Robert W. 1999: Der gemachte Mann. Wiesbaden : Springer.

Jäger, Margarete 1995: Fatale Effekte. Die Kritik am Patriarchat im Einwanderungsdiskurs. Münster : Unrast Verlag.

Jäger, Margarete 2008: Die Kritik am Patriarchat im Einwanderungsdiskurs. Analyse einer Diskursverschränkung, in: Keller, Reiner/Hirseland, Andreas/Schneider, Werner/ Viehöver, Willy (Hg.) 2011: Handbuch sozialwissenschaftliche Diskursanalyse 2 (Forschungspraxis). 3. Auflage, Wiesbaden: VS Verlag, 455-471.

Jäger, Siegfried 2009: Kritische Diskursanalyse. Eine Einführung. 5. Auflage, Münster: Unrast Verlag.

Jäger, Siegfried 2012: Kritische Diskursanalyse. Eine Einführung. 6. Auflage, Münster: Unrast Verlag.

Jäger, Siegfried/Zimmermann, Jens (Hg.) 2010: Lexikon Kritische Diskursanalyse – Eine Werkzeugkiste. Münster: Unrast Verlag.

Häusler, Alexander/Virchow, Fabian 2016: Neue Soziale Bewegungen von rechts? Hamburg: VSA-Verlag.

Meuser, Michael/Scholz, Sylka 2012: Herausgeforderte Männlichkeit. Männlichkeitskonstruktionen im Wandel von Erwerbsarbeit und Familie, in: Baader, Meike Sophia 2012: Erziehung, Bildung und Geschlecht: Männlichkeiten im Fokus der Gender-Studies. Wiesbaden: VS Verlag für Sozialwissenschaften, 23-40.

Zeitungsquellen:

FAZ v. 14.08.2015: Es gilt das Grundgesetz.

FAZ v. 09.01.2016: Das Menetekel von Köln.

FOCUS v. 04.02.2013: Mensch, versteh mich doch.

FOCUS v. 09.01.2016: Frauen klagen an. Nach den Sex Attacken von Migranten: Sind wir noch tolerant oder schon blind?

JUNGE FREIHEIT v. 06.01.2016: Es muss ein Exempel statuiert werden.

MISSY MAGAZINE 2/2016: Was nicht gesagt werden kann.

RHEINISCHE POST v. 02.01.2017: Grüne und Linke kritisieren Vorgehen der Polizei in Köln.

SPIEGEL v. 03.05.2011: Des Menschen Wolf.

SPIEGEL v. 04.02.2013: Machos sind überall nervig.

SPIEGEL v. 04.03. 2013: Ich übe noch.

SPIEGEL ONLINE v. 07.01.2016: Des Rudels Kern.

TAZ v. 23.10.2016: Auf der Kippe.

TAZ v. 05.01.2016: Neue Dimension der Empörung.

TAZ v. 04.01.2017: Alle dürfen sich sicher fühlen.

WELT v. 05.01.2016: Die Kanzlerin hat Zuversicht, aber zu wenig Plan.

DIE ZEIT v. 18.01.2016: Sind wir über Nacht zu einer feministischen Nation geworden?

Schnittstellen und Abgrenzungen. Zum Umgang der FAZ mit der populistischen extremen Rechten

Von Roisin Ludwig und Regina Wamper

Während vor 2015 auf die Wortergreifungsstrategien der extremen und populistischen Rechten mit einem weitgehenden Entzug der ›politischen Bühne‹ geantwortet wurde, scheint sich dies in der aktuellen Debatte um Pegida und AfD zu ändern. In der bundesdeutschen Presse sowie in staatlichen wie zivilgesellschaftlichen Institutionen wird ein Dialog in Erwägung gezogen oder zumindest über die Frage eines Dialogs debattiert. In Dresden galt mit Blick auf Pegida oftmals, zwar mit den DemonstrationsteilnehmerInnen Gespräche führen zu wollen, nicht aber mit dem Organisationsteam von Pegida. Diese Frage stellt sich im mediopolitischen Diskurs bei der AfD aber offenbar anders. Hier kommen gerade die Führungspersonen in Talkshows[1], Politikerrunden und Medien zu Wort, wobei die Einladenden oftmals hoffen, die AfD möge sich in den Diskussionen selbst diskreditieren.[2] Die Dialogangebote beziehen sich vor allem auf migrations- und europapolitische Themen.

Der Frage, ob mit AkteurInnen des Rechtspopulismus öffentlich gesprochen wird, ist die Frage vorangestellt, wie *über* sie gesprochen wird und wie rechtspopulistische Formationen gesellschaftlich eingeschätzt und bewertet werden. Diesbezüglich haben wir im Duisburger Institut für Sprach- und Sozialforschung verschiedene Studien[3] zum gesellschaftspolitischen Umgang mit der extremen Rechten durchgeführt. Und vor allem im Flaggschiff des Konservatismus, in der Frankfurter Allgemeinen Zeitung (FAZ), schwankt man zwischen Abgrenzung und Anbiederung. Wie die FAZ die AfD und Pegida gerade in der jeweiligen Gründungsphase bewertet, soll Gegenstand dieses Beitrags sein.

---

1 Die tageszeitung konstatierte im Juni 2016, das AfD-Führungspersonal bewege »sich [...] in Richtung Gästelistenspitze« in deutschen Polit-Talkshows. (Fromm, tageszeitung, 8.6.2016)

2 So forderte der FPD-Politiker Christian Lindner im Landtag von NRW, man solle der »AfD möglichst viele Möglichkeiten geben, ›um sich zu blamieren‹«. (Tomik, FAZ, 2.2.2016) Vorausgegangen war eine Aussage von Ministerpräsidentin Hannelore Kraft, in der sie erklärte, nicht an Fernsehsendungen mit VertreterInnen der AfD teilzunehmen.

3 Duisburger Institut für Sprach- und Sozialforschung 2016: Pegida im Spiegel der Medien. Vom »bürgerlichen Protest« zur »Bedrohung von rechts«, online einsehbar unter: http://www.diss-duisburg.de/wp-content/uploads/2016/12/DISS-Pegida-im-Spiegel-der-Medien-2016.pdf (Abruf: 7.3.2017).

Die AfD im Spiegel der FAZ

Die AfD gründete sich im ersten Halbjahr 2013, wenige Monate vor der Bundestagswahl am 22. September. Den Einzug in den Bundestag verpasste sie knapp mit 4,7%, ebenso den Einzug in den hessischen Landtag, der zeitgleich gewählt wurde. Eine Sichtung der Berichterstattung der FAZ zur AfD im Zeitraum von der Gründung der AfD bis zu ihrer Spaltung im Frühjahr 2015 hat gezeigt, dass im Jahr 2013 noch nahezu ausschließlich die Euro- bzw. Europapolitik der AfD thematisiert wurde. Im ersten Quartal des Jahres 2014 fanden zwei Bundesparteitage der AfD statt, auf denen ausführlichere Programme beschlossen wurden. Die inhaltliche Ausrichtung der AfD wurde immer deutlicher. Anhand des sächsischen Wahlprogramms beispielsweise hat Helmut Kellershohn die Anknüpfungspunkte zwischen der AfD und der jungkonservativen Neuen Rechten, insbesondere in Gestalt der Jungen Freiheit (JF), untersucht.[4] Eckpunkte sind dabei insbesondere der Nationalliberalismus, der christliche Konservatismus mit seinen biopolitischen Vorstellungen in Bezug auf Familie, Geschlecht und Sexualität, die jungkonservative Lesart des völkischen Nationalismus und staatspolitische Ideen des Umbaus über direkt-demokratische Verfahren und Familienwahlrecht. Der Zeitraum von Januar bis März 2014, in dem mehrere Programme veröffentlicht wurden, ist daher dazu geeignet, den Umgang der FAZ mit der AfD zu untersuchen: Wie wird die AfD von Seiten der FAZ verortet und welcher Umgang mit ihr wird nahegelegt? Der Analyse liegt ein Dossier von 60 Artikeln zugrunde.

Die Einordnung der AfD in der FAZ erfolgt in einem Kontinuum zwischen zerstritten und unbedeutend bis hin zu einer ernst zu nehmenden Partei des demokratischen Spektrums. Die euro- und europapolitischen Forderungen der AfD werden im Allgemeinen zwar ernst genommen und es wird der AfD Kompetenz auf diesem Feld zugesprochen, aber die Forderungen werden nicht durchgängig geteilt, sondern teilweise auch als widersprüchlich kritisiert.[5] Häufig werden für die AfD und ihr Umfeld die Bezeichnungen »konservativ-« (Bender, FAZ, 27.01.2014) oder »liberal-« (Ankenbrand, FAS, 16.03.2014) gebraucht, gelegentlich auch in Kombination. In fünf Artikeln wird das vorangestellte Adjektiv »national-« (Bender, FAZ, 02.01.2014a) verwendet. Zwei Artikel thematisieren die AfD explizit bzw. implizit im Kontext von Fremdenfeindlichkeit bzw. Rassismus,[6] während ein Artikel die AfD in Verbindung mit der extremen Rechten setzt.[7] In einem weiteren Artikel wird die AfD indirekt als rechtspopulistisch bezeichnet.[8]

---

4   Vgl. Kellershohn 2014.
5   Vgl. Bender, FAZ , 21.03.2014.
6   Vgl. Staun, FAS, 23.02.2014 und Busse, FAS, 16.02.2014.
7   Vgl. Nonnenmacher, FAZ, 03.01.2014.
8   Vgl. Nonnenmacher, FAZ, 14.01.2014.

Die Titel der Artikel, welche die AfD zum Hauptthema haben, sind in der Mehrheit problemzentriert. Dies reicht von »Drohungen, Verleumdungen, Unterstellungen« (Bender, FAZ, 02.01.2014a) über »Erfolg dringend gebraucht« (Bender, FAZ, 09.01.2014) und »Die AfD in der Krise« (Gauland, FAZ, 24.01.2014) bis hin zu »Ziemlich schwammig« (Bender, FAZ, 24.03.2014b) und »Rebellion der Basis« (Bender, FAZ, 24.03.2014a). Dies zeigt auf, dass die AfD in der FAZ nicht völlig unkritisch betrachtet wird. Wie genau und zu was sich die Berichterstattung jedoch kritisch verhält – oder eben nicht – soll im Folgenden gezeigt werden. Insgesamt beschäftigt sich die FAZ im Vergleich mit anderen überregionalen Qualitätszeitungen rein quantitativ häufiger mit der AfD. In der Printversion der *Süddeutschen Zeitung* im selben Zeitraum gibt es rund 50 Beiträge mit dem Suchwort ›AfD‹, wobei darunter auch noch die Artikel fallen, welche die AfD nur als Stichwort enthalten – bei der FAZ waren dies 111.

Die politischen Intentionen der AfD sind der FAZ nicht fremd. Zum einen gibt es personelle Überschneidungen: Konrad Adam, Gründungsmitglied der AfD, war über 20 Jahre bei der FAZ im Feuilleton beschäftigt. Zum anderen scheint es gute Kontakte zwischen der AfD und der FAZ zu geben. Dies zeigt sich daran, dass AfD-interne E-Mails und andere interne Dokumente der FAZ ›vorliegen‹[9] und an den häufigen Hinweisen der FAZ auf Gespräche.[10] So ist es zudem auch nicht verwunderlich, dass in dem untersuchten Zeitraum gleich zweimal hohe Funktionäre der AfD in der FAZ schrieben: Alexander Gauland zur »AfD in der Krise« (Gauland, FAZ, 24.01.2014) und Bernd Lucke[11] zu einer Entscheidung des Verfassungsgerichts zum Anleihekaufprogramm der Europäischen Zentralbank. Letzterer Beitrag verweist darauf, dass die AfD in diesem Zeitraum weitgehend über ihr Programm in Sachen Euro- und Europapolitik definiert wurde. Die Themen der untersuchten Artikel haben zwei deutliche Schwerpunkte: zum einen die Europapolitik bzw. die Europawahl (23) und zum anderen die Machtkämpfe der AkteurInnen innerhalb der AfD (19). Weitere Themen sind das Feld Migration und der Versuch einer Charakterisierung der AfD, wobei davon nur wenige inhaltlich auf das Programm der AfD Bezug nehmen.

Die Aussagen, die zur Euro- bzw. Europapolitik der AfD gemacht werden, bewegen sich ebenfalls in einem Spannungsfeld zwischen dem Zusprechen von Kompetenz bis zur Darstellung der Europapolitik der AfD als einer Gefahr, entweder für die deutsche Wirtschaft oder für das europäische Projekt.

---

9   Etwa: Bender, FAZ, 25.01.2014.
10 Etwa: Bender, FAZ, 02.01.2014a; Ankenbrand/Bollmann, FAZ, 02.02.2014; Müller/Leithäuser, FAZ, 27.02.2014.
11 Vgl. Lucke, FAZ, 10.02.2014.

Der Verweis auf Kompetenz geht häufig einher mit dem Fokus auf einzelne Mitglieder der AfD oder auf deren Bildungshintergrund. Die AfD wird dargestellt als Partei der »volkswirtschaftlich gebildeten Wirtschaftsliberalen« (Gauland, FAZ, 24.01.2014) und als Partei, »in der Ökonomen stark vertreten sind« (Bollmann, FAZ, 02.03.2014). Oder es wird zitiert, dass »in der Anti-Euro-Partei einige Ökonomieprofessoren [kämpften], die verstünden was von der komplexen Sache« (Plickert, FAZ, 26.01.2014). Bernd Lucke wird als »Hamburger Professor« (Ankenbrand, FAZ, 16.03.2014) oder »Hamburger Ökonomieprofessor« (Jahn, FAZ, 24.03.2014) dargestellt, Hans-Olaf Henkel aufgrund der ihm zugeschriebenen Prominenz und Seriosität als ein Gewinn für die AfD.[12]

Geht es um die Darstellung der AfD-Europapolitik als Gefahr für die deutsche Wirtschaft, wird verschiedentlich auf eine Spaltung in der AfD rekurriert: Bei der ablehnenden Entscheidung zum Freihandelsabkommen »konnte Lucke das Blatt nicht mehr wenden« (Jahn, FAZ, 24.03.2014), denn »[d]er AfD-Parteitag verweigert sich [...] den Plänen der Führung« (Bender, FAZ, 24.03.2014a). So wird die AfD in einen ›guten‹ und einen ›schlechten‹ Teil gespalten, wobei dem ›guten‹ Teil Kompetenz zugesprochen wird.

Wird die AfD hingegen im europäischen Kontext hinsichtlich ihrer Euro- bzw. Europapolitik politisch eingeordnet, dominiert eine alarmistische Berichterstattung, die sich auch in Titeln wie »Feindbild Europa« (Busse, FAZ, 09.01.2014), »Das Fest der Anti-Europäer« (Bollmann, FAZ, 02.03.2014) oder »Hunger auf Zerstörung« (Busse, FAZ, 22.03.2014) widerspiegelt. Hier wird die AfD in die Nähe von Parteien wie der britischen Ukip und des französischen Front National (FN) gerückt, die auch deutlich als rechtspopulistisch gekennzeichnet werden.[13] Allerdings wird die AfD selbst nicht direkt als rechtspopulistisch eingeordnet, stattdessen wird für eine Differenzierung plädiert. »Manche [der euroskeptischen Parteien, R.L.] zeigen eine Nähe zum Rechtsextremismus, andere kennen liberales Gedankengut« (Busse, FAZ, 09.01.2014) und es sei »nicht klar, ob die deutsche AfD bei Farage anheuern oder es mit der gemäßigteren Fraktion der Tories versuchen wird.« (Busse, FAZ, 22.03.2014) Vielfach wird die AfD aber auch als »euroskeptisch« (Sattar/Bildt, FAZ, 10.01.2014), »eurokritisch« (lhe, FAZ, 14.01.2014) oder auch »europaskeptisch« (Nonnenmacher, FAZ, 03.01.2014) benannt, ohne dass eine inhaltliche Auseinandersetzung stattfindet. Durch diese Reduktion wird die AfD als Ein-Themen-Partei dargestellt. Dies hat auch normalisierende Effekte, weil dadurch die weitere politische Ausrichtung übergangen wird und Verbindungen der AfD zur extremen Rechten nicht thematisiert und ausgelassen werden.

---

12 Vgl. Plickert, FAS, 26.01.2014.
13 Etwa: F.A.Z., FAZ, 29.03.2014 oder Busse, FAZ, 22.03.2014.

Der zweite thematische Schwerpunkt der FAZ bei der Berichterstattung über die AfD sind die »Querelen« (Bender, FAZ, 13.01.2014a) und »Zerwürfnisse« (Bender, FAZ, 02.01.2014b) innerhalb der AfD. Diese Auseinandersetzungen auf der AkteurInnenebene drehen sich im Kern häufig um die Nähe oder Grenze zur extremen Rechten. In der Beschreibung dafür werden sowohl spielmetaphorische Begriffe wie »Possierlichkeiten« (Bender, FAZ, 02.01.2014a) oder »Balgerei« (Bender, FAZ, 02.01.2014a) verwendet als auch Begriffe wie »Intrigen« (Bender, FAZ, 27.01.2014) oder »Entzweiungen« (Bender, FAZ, 20.01.2014a), die eine Verharmlosung dieser politischen Auseinandersetzungen nahelegen und damit zugleich normalisierend wirken. Statt einer inhaltlichen Berichterstattung über die internen Auseinandersetzungen besteht oft eine Leerstelle. Die Rede von »Parteischädigung« (Bender, FAZ, 17.03.2014) und »Ansehensverlust« (Bender, FAZ, 17.03.2014) lässt häufig aus, worum es sich dabei handelt. Was bedeutet parteischädigendes Verhalten? Dies wird in vielen Artikeln nicht beantwortet.[14]

Es gibt jedoch auch Artikel, welche die extrem rechten Äußerungen selbst thematisieren:

> »[Hans Weber] hatte in dem sozialen Netzwerk Facebook auch gegen das ›US-Imperium‹ und die ›Holocaust-Industrie‹ der Jewish Claims Conference gewettert, die Entschädigungen für Holocaust-Opfer ›erpresse‹.« (Bender, FAZ, 02.01.2014a)

Dies wird allerdings beschrieben als Teil eines »ideologischen Zwist[s]« (Bender, FAZ, 02.01.2014a) – nicht etwa als Anleihe an verschwörungstheoretische und antisemitische Motive. Es wird impliziert, dass beide Seiten oder Positionen (Antisemitismus und die Kritik daran) gleichermaßen als ideologisch verstanden und kritisiert werden.

Allgemein gibt es die Tendenz in der FAZ, beschönigende und verharmlosende Beschreibungen für Rassismus und Homophobie zu verwenden und beides nicht klar zu benennen. Homophobe Äußerungen werden teilweise als »Kritik an [...] Homosexuellen« bezeichnet (Ankenbrand, FAS, 09.03.2014b). Dies reproduziert Stereotypisierungen, weil Menschen aufgrund ihres sexuellen Begehrens einer Gruppe zugeordnet und homogenisiert werden. Und der Begriff der Kritik verleiht homophoben Äußerungen das Antlitz eines begründeten Standpunktes und verharmlost so die von der AfD vorgenommene Stereotypisierung. Analog verhält es sich mit der Thematisierung von antimuslimischem Rassismus als »Kritik an Muslimen« (Ankenbrand, FAS, 09.03.2014b). Dadurch wird deutlich, dass in der FAZ teilweise die Positionen der AfD geteilt werden bzw. eine Reflexion dieser Positionen nicht stattfindet.

Verbindungen der AfD zur extremen Rechten werden in der FAZ grundsätzlich nicht als inhaltlicher Anschluss thematisiert, sondern als Einzelfallproblematik

---

14 Etwa: Jahn, FAZ, 15.01.2014.

konstruiert. Dabei lautet die Erzählung meist folgendermaßen: Einzelne Mitglieder machen problematische, weil antisemitische oder rassistische Äußerungen, aber die AfD reagiert darauf »schnell und konsequent« (Bender, FAZ, 27.01.2014) bzw. »prompt« (Bender, FAZ, 13.01.2014b) und geht »auf allen Ebenen und mit vollem Einsatz gegen ›rechtsextreme Elemente‹ vor« (Jahn, FAZ, 15.01.2014). Durch diese Einzelfallerzählung können Verbindungen zur extremen Rechten abgespalten werden. Zugleich wird suggeriert, die restliche AfD sei eine Art ›Bollwerk‹ gegen die extreme Rechte. Damit einher geht auch die Übernahme der verbalen Selbstdistanzierung der AfD von der extremen Rechten, die sich selbst in der Mitte der Gesellschaft verortet.[15] Indem diese Selbstdistanzierung in der Erzählung der FAZ über die AfD und ihren Umgang mit den ›Einzelfällen‹ extrem rechter Positionierungen übernommen wird, wird die AfD in das Feld der Mitte eingeschlossen.

Inhaltliche Anschlüsse an die extreme Rechte bleiben außen vor. Selbst wenn Rassismus als weiteres Phänomen in der AfD angesprochen wird, geht dies nicht unbedingt mit einer Distanzierung einher. Justus Bender schreibt:

> »Wer in der AfD eine Ansammlung von liberalen Wirtschaftstheoretikern vermutete, konnte stutzen: Wie fanden solche xenophoben Überzeugungen mit dem Ruf nach einer Währungsreform zusammen?« (Bender, FAZ, 27.01.2014)

Seine Antwort auf die rhetorisch gemeinte Frage ist aber dann auch eine ganz einfache:

> »Alle eint aber der Groll auf jede Form von übergeordneter Macht, sei es Bürokratie, Zentralregierung oder die stets beklagte Repression durch die ›politische Korrektheit‹.« (Bender, FAZ, 27.01.2014)

Der festgestellte Rassismus bzw. die »Xenophobie« innerhalb der AfD wird hier einzelnen Mitgliedern und deren Einstellungen zugeschrieben und nicht als Anschluss an die inhaltlichen Positionen der AfD gedeutet. Weiter wird er als Groll verharmlost und zudem begründet durch eine angeblich übergeordnete Macht. Dies verkehrt die Seiten: die Diskriminierten – in dem Beispiel von Justus Bender sind SaisonarbeiterInnen aus Polen oder künftige BewohnerInnen eines geplanten Asylbewerberheims gemeint – werden als (über)mächtig imaginiert und rassistische Positionen als Wut auf diese Übermacht definiert. In der Analyse Benders werden also genau die strukturellen Stereotype des Rassismus reproduziert.

Im Dossier gibt es dennoch zwei Artikel, die Rassismus bzw. völkische Ideen auch als strukturelles Problem der AfD thematisieren. Günther Nonnenmacher meint, »wie weit ins extrem rechte Lager [die AfD] [...] ausgreifen soll, ist Teil des innerparteilichen Streits« (Nonnenmacher, FAZ, 03.01.2014). Dies impliziert die Existenz einer Auseinandersetzung um die inhaltliche Anschlussfähigkeit der

---

15 Vgl. Jahn, FAZ, 24.03.2014.

AfD an die extreme Rechte. Harald Staun hingegen schreibt im Feuilleton über Luckes Weigerung, sich von der völkisch-rassistischen Äußerung »Multikulti hat die Aufgabe, die Völker zu homogenisieren und damit religiös und kulturell auszulöschen« (Staun, FAS, 23.02.2014) zu distanzieren:

> »Wie groß die ideologische Differenz zwischen den verschiedenen Clubs der Salonrechten auch sein mag: dass diese Art von Rassismus die Position eines Parteimitglieds sein könnte, das wollte Lucke offenbar vorsichtshalber nicht ganz ausschließen.« (Staun, FAS, 23.02.2014)

Hier wird die AfD recht eindeutig der extremen Rechten zugeordnet – allerdings der Salonrechten und nicht dem Stammtisch. Der Begriff der Salonrechten enthält mit dem Salon ein bürgerliches Element und lässt kollektivsymbolisch auf das Haus oder die Mitte schließen, mit der die extreme Rechte in Zusammenhang gebracht wird. Es ließe sich auch formulieren: Die (extremen) Rechten sind in die Mitte eingerückt, es gab also einen Rechtsruck. Während zwar auch die Übernahme der Selbstdistanzierung der AfD von der extremen Rechten die AfD in das Feld der Mitte rückt, suggeriert diese Verortung der AfD in der Mitte der Gesellschaft (Salonrechte) jedoch viel eher eine Skandalisierung denn eine Normalisierung. Das liegt auch daran, dass hier Inhalte der extremen Rechten thematisiert werden, genauer gesagt Positionen des völkischen Rassismus. Diese werden sonst in der FAZ entweder nicht direkt ausgesprochen oder aber bagatellisiert durch ihre Beschreibung als »obskure Wortmeldungen« (Bender, FAZ, 13.01.2014b) oder als Teil eines »ideologischen Zwists« (Bender, FAZ, 02.01.2014a). Interessant ist außerdem, dass diese recht eindeutige Einordnung der AfD zur extremen Rechten im Feuilleton getroffen wird, aber nicht gleichermaßen in den Rubriken Politik und Wirtschaft (es gibt überhaupt nur zwei Artikel zur AfD im Feuilleton). Hier deutet sich eine verschiedene inhaltliche Prägung der FAZ-Rubriken an. Aufgrund seiner Singularität in der Art der Thematisierung von Rassismus im Kontext der AfD kann dieser Artikel als gegendiskursives Moment gelesen werden.

In der Berichterstattung der FAZ über den hessischen Landesparteitag, bei dem MedienvertreterInnen ausgeschlossen wurden, überwiegt ein kritischerer Ton und es wird suggeriert, dass Debatten zu Rechtsextremismus in der AfD vertuscht werden sollen: »Ob es solche Äußerungen waren, die Journalisten nicht hören sollten, bleibt unklar.« (Bender, FAZ, 12.01.2014) In der Rhein-Main-Zeitung wird im Schlusssatz auch der Deutsche Journalisten-Verband zitiert mit der Äußerung: »Dass Journalisten ausgeschlossen werden, kannten wir nur von rechtsextremen Organisationen.« (lhe, FAZ, 14.01.2014) Die Erklärung Luckes zu dem Ausschluss der Medien wird als Verteidigung charakterisiert und so eine Frontstellung aufgemacht.[16] Auch Justus Bender suggeriert eine binäre Opposition zwischen Me-

---

16 Vgl. lhe, FAZ, 14.01.2014.

dien und der AfD: Der Ausschluss wird als »Stunde der Heimzahlung« (Bender, FAZ, 13.01.2014b) beschrieben, bei der Lucke sich an den Medien rächen will für Veröffentlichungen von vertraulichen Emails. In drei von vier Artikeln (alle von Justus Bender), die den Ausschluss der Medien thematisieren, geht es auch um AfD-Mitglied Peter Ziemann. Dessen Äußerungen werden auf der einen Seite zwar als »verfassungswidrig« (Bender, FAZ, 12.01.2014) bzw. »nationalsozialistisch« (Bender, FAZ, 13.01.2014b) bezeichnet, und als Zitate von AfD-Mitgliedern kenntlich gemacht, auf der anderen Seite jedoch werden sie von Bender selbst als »obskure Wortmeldungen« (Bender, FAZ, 13.01.2014b) hingestellt – was eher verharmlosend wirkt. Bender thematisiert allerdings auch die »prompte« (Bender, FAZ, 13.01.2014b) Amtsenthebung Ziemanns, wodurch die Einzelfallerzählung wieder konstituiert wird. Ungewöhnlich für den Umgang der FAZ mit der AfD ist in diesen Fällen, dass der Umgang mit dem ›Einzelfall‹ Ziemann als etwas dargestellt wird, das AfD-intern umstritten ist und dass es auch Sympathiebekundungen für Ziemann gab, bei denen dieser als Opfer einer »Hetzjagd« (Bender, FAZ, 13.01.214a) imaginiert wird. Die Umkehr von TäterInnen und Opfern einer Hetze impliziert die Annahme einer übermächtigen ›Political Correctness‹. Ebenfalls in drei von vier Artikeln wird ein AfD-Mitglied mit der Äußerung zitiert, »man dürfe Parteifreunde nicht als ›Rechtsextreme‹ brandmarken, dies sei die ›Argumentation des Feindes‹« (Bender, FAZ, 13.01.2014a). Die Wiedergabe gerade dieser Aussage, die laut Bender möglicherweise von der AfD vor den MedienvertreterInnen verborgen werden sollte, wirkt im Vergleich zur sonst üblichen, eher wohlwollenden Berichterstattung wie ein kritischer Vorstoß. Solch eine ausführliche Berichterstattung der FAZ über Äußerungen rechtsextremer Mitglieder in der AfD ist im untersuchten Zeitraum eher ungewöhnlich. Dies könnte mit dem Ausschluss der Medien zusammenhängen. Um (rückwirkend) die Frontstellung zwischen Medien und AfD zu bestätigen, fällt die Berichterstattung kritischer aus als sonst.

Eine Normalisierung der AfD zeigt sich am stärksten daran, dass ein Großteil der Artikel zur AfD im Parteiendiskurs zu verorten sind: Kurze Meldungen über Eintritte, Austritte, KandidatInnen für Wahlen und ähnliches machen etwa ein Viertel des Dossiers aus. Indem also über die AfD genauso wie über jede andere Partei des demokratischen Spektrums berichtet wird und die Berichterstattung im Parteiendiskurs stattfindet, kommt es zu normalisierenden Effekten. Der gleiche Umgang wie mit der FDP, der CDU oder der SPD legt nahe, dass die AfD ebenso zu betrachten sei, wie jede andere bürgerliche Partei. Hinzu kommt ein weitgehend neutraler oder ausgewogener Ton in der Berichterstattung. Ausgenommen ist hiervon jedoch insbesondere die Berichterstattung über den Parteitag der hessischen AfD.

Auch die Strategie der Spaltung, also die Teilung der AfD in einen ›guten‹ und einen ›schlechten‹ Teil hat normalisierende Effekte. Der ›schlechte‹ Teil wird

als ›Einzelfall‹ oder ›Ausrutscher‹ konstruiert. Äußerungen wie »die AfD [habe]
›Kraft zur Selbstreinigung [...]‹« (F.A.Z., FAZ, 09.01.2014) unterstützen die
Normalisierung, indem die Selbstdistanzierung zur extremen Rechten übernommen und damit die AfD in das Feld der Mitte mit eingeschlossen wird. Es wird
sogar von einer »Selbst-Suche« (Fritzen, FAZ, 26.01.2014) der AfD gesprochen,
die als »zutiefst demokratischer Prozess« (Fritzen, FAZ, 26.01.2014) beschrieben
wird – wobei »Selbst-Suche« die Auseinandersetzung u.a. der AfD »mit dem
Scheitern an der Hürde« (Fritzen, FAZ, 26.01.2014) bezeichnen soll, also dem verfehlten Einzug in den Bundestag im September 2013. Gemeint sein können damit
nur die öffentlichen Auseinandersetzungen der AfD mit sich selbst, die häufig von
der Nähe oder Distanz zur extremen Rechten handeln. Auch in weiteren Artikeln
wird die AfD explizit in das Feld einer ›bürgerlichen Mitte‹ einbezogen. Michael
Inacker schreibt bedauernd, dass 2013 »Uneinigkeit und Zersplitterung zwischen
Union, Liberalen, AfD und Christen-Kleinparteien eine bürgerliche Mehrheit
verhindert« (Inacker, FAZ, 14.03.2014) haben. Hier wird die AfD als bürgerliche
Partei konstituiert, die nach Auffassung des Autors Teil einer Einheit des konservativen Bürgertums sein sollte. Somit wird sie nicht nur in das Feld der »Mitte«
eingeschlossen, sondern in dem Wunsch nach einer Koalition jenseits der SPD wird
auch Gemeinsamkeit mit der AfD hergestellt.

Es gibt in der FAZ nur sehr wenige inhaltliche Auseinandersetzungen mit den
Positionen der AfD abseits der Euro- und Europapolitik. Es wird zwar gelegentlich die Abgrenzung und die Selbstdistanzierung der AfD zum Rechtspopulismus
thematisiert,[17] aber es findet kaum eine inhaltliche Beschäftigung mit der Frage
statt, ob die AfD als rechtspopulistisch gelten kann oder nicht. Bender argumentiert gegen die Bezeichnung als rechtspopulistisch in der Berichterstattung über den
AfD-Parteitag in Erfurt folgendermaßen:

> »Der Antrag, das Asylrecht einzuschränken, wird erst nach einer Intervention von
> Lucke abgelehnt. An anderer Stelle geht das Programm weiter als linke Parteien. Es
> fordert implizit die Aufhebung der Drittstaatenregelung und eine Arbeitserlaubnis
> für alle Asylbewerber bis zum Abschluss ihres Verfahrens. [...] Ein bemerkenswer-
> ter Beschluss für eine Partei, die bisweilen als rechtspopulistisch gescholten wird.«
> (Bender, FAZ, 24.03.2014a)

Da sich im AfD-Programm Positionen finden, die Bender als links charakterisiert,
könne die AfD nicht als rechtspopulistisch gelten. Die vorangegangene Feststel-
lung, dass in der AfD beinahe eine Mehrheit für die Einschränkung des Asylrechts
(das durch den sogenannten Asylkompromiss aus den frühen neunziger Jahren
bereits faktisch nahezu abgeschafft ist) votiert hatte, wird dabei gar nicht mehr
berücksichtigt. Es findet hier darüber hinaus aber auch keine weitere inhaltliche

---

17 Etwa: Bender, FAZ, 24.03.2014a oder Bender, FAZ, 09.01.2014.

Auseinandersetzung um die Gründe statt, warum die AfD als rechtspopulistisch bezeichnet wird. Stattdessen weist der Begriff des Scheltens darauf hin, dass es eine ungerechtfertigte Kritik an der AfD gäbe, welche die Partei dem Rechtspopulismus zuordnen möchte. Eine sogenannte ungerechtfertigte Kritik wird in rechten Publikationen auch als ›Nazi-Keule‹ bezeichnet, als angebliches Totschlagargument eines vermeintlich linken Mainstreams.

Häufig kommt es in Bezug auf die extreme Rechte und die AfD zu Auslassungen. Über den Eintritt Henkels in die AfD wird geschrieben:

> »Manche Negativschlagzeilen über die junge Partei und auch einige Erscheinungen dort machten ihm zwar Sorge [...]. Aber [...]: ›Die überwältigende Mehrheit der Teilnehmer [von AfD Großveranstaltungen, R.L.] kommt offensichtlich aus der Mitte der Gesellschaft und hat ein Bildungsniveau, das sich meilenweit über dem Durchschnitt der Bevölkerung befindet.‹« (Jahn, FAZ, 15.01.2014)

Die sich aufdrängende Frage nach den »Negativschlagzeilen« und den »Erscheinungen« wird in der FAZ nicht beantwortet. Auch bleibt trotz der Landes- und Bundesparteitage, den verabschiedeten Programmen und den gehaltenen Reden die Berichterstattung über die inhaltliche Ausrichtung der AfD sehr vage. Über den Landesparteitag der sächsischen AfD am 2. März 2014 wurde gar nicht erst berichtet. Stattdessen schreibt Hendrik Ankenbrand einen Artikel mit dem Titel »Christliche Alternative für Deutschland«, in welchem von einer Machtübernahme »bibeltreuer Christen« die Rede ist, die von Beatrix von Storch »angeführt« und von Lucke »gesteuert« werde (Ankenbrand, FAZ, 09.03.2014a). Der Artikel ist einer der wenigen, der sich inhaltlich mit dem Programm der AfD auseinandersetzt, insbesondere mit den Positionen des christlichen Konservatismus. Allerdings werden hier Storch und Lucke als VerführerInnen konstruiert, die einen christlichen Konservatismus durchsetzen wollen – dies suggeriert eine Manipulation der AfD-Mitglieder und klammert aus, dass ein Großteil der Mitglieder ebendiese Positionen womöglich teilt.

Justus Bender kritisiert zum Europaparteitag das Wahlprogramm als »widersprüchlich« (Bender, FAZ, 21.03.2014) und »ziemlich schwammig« (Bender, FAZ, 24.03.2014b). Widersprechen würde sich die AfD in ihrem Programm, weil sie tendenziell europaweite Harmonisierungen ablehne, sich auf diese an anderer Stelle jedoch positiv beziehe. Und schwammig sei die AfD, weil die Parteiführung sich nicht eindeutig positioniere, sondern »das gängige Rechts-links-Schema« ablehne (Bender, FAZ, 24.03.2014b). Eine politisch-analytische Einordnung der AfD, jenseits der Selbstverortung der AfD, wie sie durchaus von politikwissenschaftlicher Seite[18] vorgenommen wurde, scheint Bender damit auszuschließen.

---

18 Vgl. etwa Häusler 2013, Kemper 2014, Häusler/Roeser 2014.

Interessant ist, dass gerade der Artikel von Alexander Gauland zur »AfD in der Krise« (Gauland, FAZ, 24.01.2014) den rechtskonservativen Populismus in der AfD thematisiert und dabei auch inhaltlich explizit wird. Gauland charakterisiert grob die beiden Lager in der Partei: die »volkswirtschaftlich gebildeten Wirtschaftsliberalen«, die sich gegen Euro und »Europa-Ideologie« wenden, und die PopulistInnen, die »nach einem konservativen Gegenpol zu allzu viel Selbstverwirklichung« suchen und Wert legen auf ein traditionelles Familienbild, die einig sind in der Ablehnung der multikulturellen Gesellschaft sowie der »Torheiten des modernen Feminismus« (Gauland, FAZ, 24.01.2014). Letztere Gruppe fühle sich ausgeschlossen von der öffentlichen Diskussion und verwende daher in ihrem Zorn eine »Sprache, die den Minimalkonsens demokratischer Debattenkultur aufkündigt« (Gauland, FAZ, 24.01.2014). Gauland plädiert für ein Zusammenwirken der beiden Lager, ruft dabei aber letzteres Lager dazu auf, der politischen Korrektheit wegen – und um den politischen Erfolg des Projekts AfD nicht zu gefährden – die Sprache zu mäßigen und so »die Dinge zu verhüllen« (Gauland, FAZ, 24.01.2014). Der Artikel sticht heraus, da Gauland als Gastschreiber in der Selbstanalyse viel ehrlicher und weitergehend ist, als die AutorInnen der FAZ in ihrem Umgang mit der AfD. Er definiert die Grenze der AfD zur extremen Rechten als eine sprachliche Grenze, nicht als eine inhaltliche. Das Problem ist nicht, dass der Minimalkonsens demokratischer Debattenkultur bereits verlassen wurde, sondern dass dies den Erfolg der AfD gefährden könnte. Ein solches Offenlegen der AfD-Strategie ist überraschend für die Thematisierung der AfD in der FAZ, angesichts der sonst doch relativ vorsichtigen oder sogar unsicheren Einordnung der AfD von Seiten der FAZ-AutorInnen. Gaulands Beitrag kann insofern als Vorstoß oder als versuchter Ruck nach rechts betrachtet werden.

Dies ähnelt im Rückblick der allgemeinen politischen Strategie der AfD: Sie inszeniert sich als Tabubrecher, um die Aufmerksamkeit der Öffentlichkeit zu bewirken.[19] Gauland, der sich im Spaltungsprozess der AfD im Frühsommer 2015 auf die Seite von Björn Höcke und André Poggenburg schlug, indem er die sogenannte Erfurter Resolution[20] unterschrieb, argumentiert jedoch eigentlich andersherum: Gerade wegen der »in Deutschland besonders geringen Bandbreite der politischen Korrektheit« müssten »diese nationalkonservativen oder nationalliberalen Positionen so vertreten werden, dass auch Liberale und sogar Linke damit leben

---

19 Nur ein Beispiel dafür ist die Äußerung Frauke Petrys am 30.01.2016 gegenüber dem Mannheimer Morgen, dass an den Grenzen Deutschlands notfalls auf Menschen geschossen werden solle, um diese an einem illegalen Grenzübertritt zu hindern. Mit dieser Äußerung versuchte sie den Migrations- und Einwanderungsdiskurs weiter zu verschärfen.

20 Mit der Erfurter Resolution griffen die Initiatoren vor allem den Parteikurs von Henkel und Lucke als zu liberal und zu wenig radikal an. In der Folge des Spaltungsprozesses traten Henkel und Lucke schließlich aus der AfD aus.

können«. (Gauland, FAZ, 24.01.2014) Damit sieht er Tabubrüche gerade als kontraproduktiv an. Dennoch ist interessant, dass er Stellung bezieht zu den Inhalten
der AfD: Er positioniert sich ganz klar bei den »Werte[n], Strukturen und Haltungen [...], die bei Eltern und Großeltern noch selbstverständlich waren«. (Gauland,
FAZ, 24.01.2014) Das explizit gutzuheißen, wagt die FAZ im ersten Quartal des
Jahres 2014 nicht – zumindest dann nicht, wenn es um konkrete inhaltliche Positionen geht.

Kritik erfährt die AfD in der FAZ vor allem hinsichtlich des autoritären Füh-
rungsstils von Bernd Lucke, der die Medien ausschließe und »Alleinherrscher«
(Ankenbrand, FAZ, 16.03.2014) sein wolle. Es wird in der FAZ jedoch auch keine
einheitliche Position zu Lucke sichtbar. Zum einen wird Lucke zwar als »Verfüh-
rer« (Ankenbrand, FAS, 09.03.2014a) hinsichtlich des christlichen Konservatismus eher negativ beschrieben, aber eben auch positiv als Gegenfigur zur extremen
Rechten, wenn er Mitglieder ihrer Ämter enthebt oder sie ausschließt.[21]

An der inhaltlichen Gesamtausrichtung der AfD gibt es nicht allzu viel Kritik. Von den vier Artikeln, die sich an einer inhaltlichen Charakterisierung der
AfD versuchen, wirkt zwar nur Gauland zur »AfD in der Krise« (Gauland, FAZ,
24.01.2014) wirklich überzeugt von den Inhalten – er ist ja auch AfD-Funktio-
när. Die Artikel von Bender sind in der Tendenz zwar skeptisch, aber eben auch
normalisierend, wenn er schreibt, »[d]ie AfD ist die Partei der radikalen Libertären« (Bender, FAZ, 27.01.2014) und die AfD-Mitglieder eine »der Groll auf
jede Form von übergeordneter Macht« (Bender, FAZ, 27.01.2014). Nur Ankenbrand mit seinem Portrait zum christlichen Konservatismus in der AfD suggeriert,
dass ihm diese Machtübernahme »bibeltreuer Protestanten« (Ankenbrand, FAS,
09.03.2014a) zu weit geht.

Auch bei der Einschätzung der AfD im Kontext Europa gibt es kein einheitliches Bild in der FAZ. Zum einen wird der AfD eine gewisse Kompetenz in Sachen
Euro- und Europapolitik zugesprochen, zum anderen gibt es auch eine alarmistische Berichterstattung, welche die AfD in der Nähe von rechtspopulistischen Parteien in Europa sieht oder Positionen der AfD als kontraproduktiv für die deutsche
Wirtschaft einordnet. Ähnlich verhält es sich bei den geschlechter- und sexualitäts-
politischen Haltungen der AfD. Zum einen werden »lesbenfeindliche Äußerungen« (Bender, FAZ, 02.01.2014a) in der AfD als Problem dargestellt und sich von
Lucke distanziert, »der die Erwerbstätigkeit von Frauen ›ein Problem‹ nennt«
(Ankenbrand, FAS, 09.03.2014a). Zum anderen werden Positionen der Demonstrierenden gegen den neuen Bildungsplan in Baden-Württemberg, bei denen auch
die AfD zu sehen war, in der FAZ übernommen:

---

21 Vgl. etwa Bender, FAZ, 02.01.2014a.

»Für dieses Papier [Arbeitspapier neuer Bildungsplan, R.L.] waren allerdings an die ›Gender-Theorie‹ angelehnte Formulierungen, die wahrscheinlich von den Lobbyorganisationen der Homosexuellen stammten, ungeprüft übernommen worden.« (Soldt, FAZ, 03.03.2014)

Von Lobbyorganisationen der Homosexuellen sprechen vor allem VertreterInnen der extremen Rechten und die GegnerInnen des neuen Bildungsplans, der sich für die Akzeptanz sexueller Vielfalt einsetzen sollte. Durch die Übernahme der Argumente und die vorangegangene Erwähnung der AfD wird implizit eine Gemeinsamkeit mit der Partei hergestellt.

Die »radikale[...] Einwanderungskritik« (Bender, FAZ, 02.01.2014a) der »national-liberale[n] Aktivisten« (Bender, FAZ, 02.01.2014a) in der AfD wird in der FAZ skeptisch betrachtet und tendenziell nicht geteilt. Polnischen SaisonarbeiterInnen den Rechtsanspruch auf Kindergeld streichen zu wollen, versteht Justus Bender als »xenophobe[...] Überzeugungen« (Bender, FAZ, 27.01.2014) und Renate Köcher vom Institut für Demoskopie Allensbach schreibt in der FAZ, dass

»[w]eder die Argumente des Arbeitskräftebedarfs noch die demografische Entwicklung [die AfD, R.L.] überzeugen [...]. [...] Von zunehmender Gelassenheit kann in dieser politischen Gruppierung nicht die Rede sein.« (Köcher, FAZ, 20.02.2014).

Dass die »AfD ›Zuwanderung in die Sozialsysteme‹ zu einem Schwerpunkt machen« (Nonnenmacher, FAZ, 03.01.2014) will, wird in der FAZ aber nicht als problematisch wahrgenommen. Schwierig findet Günther Nonnenmacher nur, dass sie dabei möglicherweise ins »extrem rechte Lager [...] ausgreifen« wird (Nonnenmacher, FAZ, 03.01.2014). In der Logik der Argumentation bei der Rede von einer ›Zuwanderung in die Sozialsysteme‹ wird gesellschaftliche Ungleichheit mit rassistischen Argumenten verwoben. Das problematisiert die FAZ nicht. Auch wenn Nonnenmacher sich mehr »Rationalität in [der] Debatte [über Armutseinwanderung, R.L.]« wünscht (Nonnenmacher, FAZ, 14.01.2014), so reproduziert auch er den Alarmismus der AfD, wenn er darüber schreibt, dass »[i]n der Sache einige Kommunen in Deutschland [...] Probleme mit verstärktem Zuzug ganzer Clans oder Dörfer [haben]« (Nonnenmacher, FAZ, 14.01.2014).

Es hat sich gezeigt, dass die FAZ im ersten Quartal des Jahres 2014 noch unsicher bezüglich der Einordnung der AfD ist. Als eine Erscheinung der extremen Rechten will man sie tendenziell nicht betrachten. Es dominiert eine vorsichtige bis skeptische Haltung, dies drückt sich mehrheitlich aber nicht in einer inhaltlichen Distanzierung aus.

Ein Jahr später während des Spaltungsprozesses von März bis Juli 2015 sieht das etwas anders aus. Die AfD wird hier schon deutlicher als rechtspopulistisch bezeichnet – allerdings vor allem in Zusammenhang mit der Spaltung. Es geht um die Frage des »Sieg[es] der Gemäßigten oder der Rechtspopulisten« (Bender, FAZ,

23.03.2015). Justus Bender stellt die These auf, dass es »vor allem Rechtspopulisten sein [werden], welche die von Petry gewährten Freiheiten nutzen« (Bender, FAZ, 06.07.2015).

Es gibt allerdings keinen Konsens in der FAZ über die Binarität der Lager in der AfD: Jasper von Altenbockum will sich der Einteilung der Strömungen in »›bürgerlich‹ und ›nationalkonservativ‹« (von Altenbockum, FAZ, 12.05.2015) nicht anschließen und meint, dass der »[›nationalkonservative Flügel‹] [s]o viel nationaler und konservativer als der Lucke-Flügel [...] gar nicht [ist]« (von Altenbockum, FAZ, 19.05.2015). Auch Bender meint, dass »[d]ie Gemäßigten um Lucke [...] freilich nie die Liberalen [waren], als die sie in der Öffentlichkeit missverständlich bezeichnet wurden.« (Bender, FAZ, 06.07.2015) Dass doch immer ein Gegensatz konstruiert wird (im Übrigen auch in der FAZ), wird darauf zurückgeführt, dass »›liberal‹ halt einfach besser [klingt] als ›rechts‹« (von Altenbockum, FAZ, 19.05.2015). Damit spielt von Altenbockum auf eine angeblich vorherrschende ›Political Correctness‹ an bzw. »die engen Regeln der deutschen Öffentlichkeit« (von Altenbockum, FAZ, 22.05.2015), welche die AfD von Anfang an »unter de[n] Generalverdacht [stellten], eine ›rechtspopulistische‹ oder gar rechtsradikale, jedenfalls eine rechte Partei zu sein.« (von Altenbockum, FAZ, 22.05.2015) Resümierend lässt sich festhalten, dass in der FAZ zwar 2015 ein Rechtsruck der AfD konstatiert wird, dieser aber nicht generell kritisch betrachtet wird. Die Auseinandersetzungen auf der AkteurInnenebene in der AfD werden als »persönliche Animositäten« (Alexander, FAZ, 20.04.2015) oder Charakterkämpfe[22] verhandelt und die Annahme einer ›Political Correctness‹ als Ausdruck einer linken Öffentlichkeitshegemonie tritt in den Vordergrund.

Ein weiteres Jahr später, im Oktober 2016 veröffentlicht die FAZ in ihrem Wochenmagazin F.A.Z. Woche ein Video, in dem sie begreifbar machen möchte, »[w]ie die AfD immer radikaler wurde« (Bender, FAZ Woche, 06.10.2016). In diesem Erklärvideo wird evolutionsbiologisch mit einer »Auslese von Gemäßigten und einem Selektionsvorteil der Radikaleren« argumentiert, angelehnt an die Unterwanderungsthese: »Gemäßigte gingen. Radikale kamen.« (Bender, FAZ Woche, 06.10.2016) Dabei enthält sich die FAZ in dem nüchtern formulierten Video wieder einer Beurteilung dieser Entwicklung oder einer inhaltlichen Einordnung. Durch die Darstellung im Kontext der Logik einer Naturalisierung als Evolution, entzieht sich die Entwicklung der AfD einer Bewertung, da eine naturwüchsige Zwangsläufigkeit nahegelegt wird. Die Analyse der FAZ lautet folgendermaßen: Zu Beginn war die AfD eine Art Sammelbecken für alle möglichen AkteurInnen mit unterschiedlichen Forderungen, aber dann gab es immer wieder radikale Äußerungen von Einzelnen. Diese wurden von den restlichen Parteimitgliedern beschimpft,

---

22 Vgl. Bender, FAZ, 24.04.2015.

die AfD wurde in der Öffentlichkeit als rechts wahrgenommen und die Gemäßigten traten aus, weil die AfD sich als »Partei der absoluten Redefreiheit« verstehe (Bender, FAZ Woche, 06.10.2016). So blieben nur die Radikalen und diejenigen, denen es nur um die Karriere ginge. Man streite zwar noch über den Grad der Radikalität und Geld, aber ideologisch sei man sich einig. Interessant ist, dass sich in diesem Video Argumentationsmuster und Strategien finden, die auch zwei Jahre zuvor schon verwendet wurden. So gibt es zum Beispiel wieder die Einzelfallerzählung über das Äußern extrem rechter Positionen, wenn die FAZ sagt, dass »es immer einen [gab], der auch etwas Radikales sagte« (Bender, FAZ Woche, 06.10.2016). Diese Erzählung führt sich selbst ad absurdum, da es in dem Video darum gehen soll, wie diese Positionen in der AfD mehrheitsfähig wurden. Darüber hinaus werden genau die Positionen, um die es gehen soll, nicht thematisiert: Rassismus, Nationalismus oder der Kampf der AfD gegen Geschlechteremanzipation. Stattdessen sieht die FAZ »Forderungen zur Eurokrise, zur Steuerpolitik, zur Hochschulpolitik oder zur Straßenbauverordnung« als charakteristisch für die AfD vor ihrer ›Unterwanderung‹ (Bender, FAZ Woche, 06.10.2016).

Es wird zudem ein Unterschied zwischen (offenbar sprachlicher) Radikalität und ideologischer Ausrichtung behauptet – wie das zu verstehen sein soll, bleibt unklar. Ist das ›Radikale‹ deshalb radikal, weil es sprachlich ein Tabubruch ist, oder weil es auf Ideologien der extrem Rechten verweist? Für die FAZ jedenfalls ist das kein Anlass, Inhalte der AfD zu problematisieren.

Pegida im Spiegel der FAZ

Seit sich im Oktober 2014, eineinhalb Jahre nach der Gründung der AfD, die »Patriotischen Europäer gegen die Islamisierung des Abendlandes« (Pegida) in Dresden erstmals versammelten, wird auch deren politische Einordnung in der FAZ kontrovers diskutiert. In Hinblick auf die gesellschaftliche Herausforderung, in kurzer Zeit mehrere hunderttausend geflüchtete Menschen in Deutschland aufzunehmen, vertrat neben der AfD vor allem Pegida die Position einer strikten Reglementierung von Einwanderung. Pegida offenbarte damit eine politische Sichtweise, die gesellschaftliche Prozesse mit kulturalistischen und rassistischen Inhalten unterfütterte. Mit diesen Positionen konnte Pegida durchaus aber auch an den politischen Mainstream anschließen.

Die Rezeption von Pegida in der FAZ warf vor allem die Fragen auf, wie Pegida in die politische Landschaft einzuordnen sei und wie die Gesellschaft mit Pegida umgehen solle.[23]

---

23 Die folgenden Ergebnisse gehen auf die Studie des DISS zurück, die die Frankfurter Allgemeine Zeitung (FAZ) und die Süddeutsche Zeitung (SZ) vergleichend zur Sächsischen Zeitung (SäZ) diskursanalytisch nach der Einordnung von und dem Umgang mit Pegida

Pegida wird in der Gründungsphase v.a. in Verbindung zu Islam, Migration und Meinungsfreiheit thematisiert. Etliche Autoren[24] verteidigen Pegidas politische Intention. Das Pegida-Netzwerk wird als weitgehend bürgerliches Netzwerk charakterisiert.[25] Jasper von Altenbockum sieht rechtsextreme Inhalte bei Pegida nur von den Medien konstruiert. Hingegen seien es »Männer und Frauen jeden Alters, bürgerlich, vielleicht am besten charakterisiert mit dem Etikett des ›kleinen Mannes‹«, es seien »bürgerliche [...] Systemverweigerer«. (Von Altenbockum, FAZ, 17.12.2014) Pegida wird als Ausdruck der Stimmung in der Bevölkerung[26] beschrieben und so deren Parole »Wir sind das Volk« implizit bestätigt. Nicht die Demonstrierenden seien Werkzeug von extrem Rechten, sondern Rechtsextreme selbst seien Trittbrettfahrer des »Protests von Bürgern [...], die sich artikulieren wollen, ohne Angst vor politischen Diffamierungen haben zu müssen.« (Von Altenbockum, FAZ, 11.12.2014) Das Attribut des »bürgerlichen« wird in der FAZ als politische Kategorie genutzt, nicht als soziale. Und politisch schließen sich in der FAZ das Bürgertum und der Rechtsextremismus gegenseitig aus.[27] Extrem Rechte seien nicht bürgerlich und Bürgerliche könnten nicht extrem rechts sein.

Gleichzeitig wird aber auch schon zu Beginn der Berichterstattung Pegida als gefährlich,[28] wenig staatstragend[29] und Bachmann als »rechtskräftig verurteilter [...] Kokain-Dealer« (Deckers, FAZ, 07.01.2015) skizziert. Geht es um die inhaltliche Ausrichtung von Pegida, wird über die Themen Islam, Medien und Migration referiert. Den meisten Positionen von Pegida wird mit Verständnis begegnet. Müller schreibt: »[E]s gibt keinen Zweifel daran, das bestätigen nicht nur deutsche Politiker jeder Partei Tag für Tag, dass es seit Jahren mehr als ein Problem mit Terror und Gewalt unter dem Banner des Islams gibt – und nicht unter dem des Christentums.« (Müller, FAZ, 20.12.2014)

Mehr noch als gegen »Islamisierung« richte sich Pegida gegen politische Eliten und gegen »Staatspropaganda«. Dies sei zwar absurd, meint von Altenbockum, die Frontstellung gegen die bürgerlichen Medien, eingefangen im Begriff der »Lügenpresse«, sei aber auch Ausdruck der »Wut auf böswillige Berichterstattung«

---

befragt. Die Analyse der Berichterstattung der drei Zeitungen umfasst einen Zeitraum vom Oktober 2014 bis Ende 2015. Sie wurde angefertigt durch Paul Bey, Mark Haarfeldt, Johannes Richter und Regina Wamper.

24 Es handelt sich bei den Kommentatoren zum Thema Pegida tatsächlich ausschließlich um Männer.

25 Vgl. Von Altenbockum, FAZ, 17.12.2014, Von Altenbockum, FAZ, 11.12.2014, Kohler, FAZ, 16.12.2014.

26 Vgl. Müller, FAZ, 10.12.2014.

27 Vgl. etwa: Von Altenbockum, FAZ, 13.12.2014.

28 Vgl. Deckers, FAZ 29.12.2014.

29 Vgl. Von Altenbockum, FAZ, 02.01.2015.

gegen Pegida. (Von Altenbockum, FAZ, 17.12.2014) Der bürgerlichen Presse wird
so eine Mitschuld an der Ablehnung gegen sie zugewiesen. Auch beim Thema Migration wird dem Bündnis mit Verständnis begegnet. Selbst wenn Pegida weitgehend als nicht rassistisch gekennzeichnet wird, so würden die Demonstrierenden
doch MitbürgerInnen ausgrenzen.[30] Allerdings seien »Ängste vor Überfremdung
[...] nun einmal dem Menschen eigen«. (Müller, FAZ, 7.1.2015)

In der FAZ werden auch die Reaktionen auf Pegida diskutiert. Pegida wird
dabei als nicht per se zweifelhaft, sondern mitunter als demokratischer Ausdruck
des politischen Meinungskampfes wahrgenommen.[31] In der Debatte dominiert die
Verschränkung mit dem Thema Meinungsfreiheit. Als negative Reaktionen gelten
deutliche Abgrenzungen, Ausgrenzungen, Bezeichnungen als rassistisch, extremistisch und rechtsextrem, und »Sprechverbote [...]« (Von Altenbockum, FAZ,
2.1.2015). All dies würde von den regierenden Parteien ausgehen, die immer ge-
reizter reagieren würden,[32] von der Linken und den bürgerlichen Medien. Pegida
würde mit Ressentiments begegnet[33] und ebendies schüre Pegidas Ressentiments
gegen die Politik.[34]

Eine Einordnung von Pegida als rechtspopulistisch oder gar rechtsextrem bezeichnet von Altenbockum als Diffamierung,[35] die Pegida eher noch bestärken
würde.[36] Ähnlich verhalte es sich mit einer Einordnung als extremistisch:

> »Die Motive, [...], haben jedenfalls sehr viel damit zu tun, dass stammtischhafte
> Beschreibungen einer mit Sorge wahrgenommenen Wirklichkeit als extremisti-
> sches Fehlverhalten ›demaskiert‹ werden. Das ist arrogant, obrigkeitsstaatlich und
> demaskiert sich selbst. Denn jeder Bürger dieses Landes hat Anspruch darauf, zu
> erfahren, welcher Islam und welche Migration zu Deutschland gehören sollen. [...]
> Jeder Bürger dieses Landes hat das Recht, dagegen zu demonstrieren.« (Von Alten-
> bockum, FAZ, 13.12.2014)

Von Altenbockum setzt hier – und das ist gerade in Debatten um ›Political Correctness‹ nicht unüblich – Kritik an Pegida gleich mit dem Absprechen des Demonstrationsrechts. Die Motive der Demonstrierenden hingegen nennt er zwar
stammtischhaft, kennzeichnet sie aber als dennoch nachvollziehbar. Pegida wird in
dieser Phase als Opfer von Redeverboten und ›Political Correctness‹ beschrieben,
ganz als ob es nicht möglich wäre, in Deutschland rechtsextreme, rassistische oder
gar neonazistische Demonstrationen durchzuführen oder entsprechende Meinun-

---

30 Vgl. Müller, FAZ, 07.01.2015.
31 Vgl. Müller, FAZ, 07.01.2015.
32 Vgl. Müller, FAZ, 10.12.2014.
33 Vgl. Von Altenbockum, FAZ, 02.01.2015.
34 Vgl. Kohler, FAZ, 16.12.2014.
35 Vgl. Von Altenbockum, FAZ, 11.12.2014.
36 Vgl. Kohler, FAZ, 16.12.2014.

gen zu äußern. Die Autoren der FAZ imaginieren so eine linke Deutungshoheit, die autoritär andere Positionen unterdrücke.

Als Vorschlag zum Umgang mit Pegida präferieren die Kommentatoren der FAZ den Dialog, ohne die Demonstrierenden in eine »rechte Ecke« zu stellen. (Kohler, FAZ, 16.12.2014) Man müsse die »Sorgen« und »Ängste« der Demonstrierenden ernst nehmen.[37] Kohler präzisiert das, wenn er meint:

> »Wirklich ›ernst nehmen‹ heißt, die Proteste nicht nur für einen vorübergehenden Vorweihnachtsspuk zu halten, sondern eine Einwanderungspolitik zu verfolgen, deren Regeln – wie in den klassischen Einwanderungsstaaten – sich strikt an den Interessen des eigenen Landes orientieren. Auch in Deutschland ist es nicht falsch, von Einwanderern den Willen zur und das Interesse an Integration zu verlangen.« (Kohler, FAZ, 16.12.2014)

»Ernst nehmen« heißt hier in migrationspolitischen Fragen den Forderungen von Pegida nachzukommen. Denn eine liberale Einwanderungspolitik stärke die extreme Rechte, so meinen es etliche Autoren und schließen damit an die Denkfigur an, Rassismus sei eine Folge von Migration und nicht von der Denormalisierung der Migration in Form des Aufbaus eines Bedrohungsszenarios, an dem sich auch die FAZ beteiligt.

Unmittelbar nach den Anschlägen in Paris vom 7. Januar 2015 änderte sich die Ausrichtung der FAZ-Kommentatoren. Wo zuvor gesagt wurde, dass extrem Rechte die »Trittbrettfahrer« der ›bürgerlichen‹ Pegida seien, spricht man nun von »verführten Deutschen« und einem politischen Bodensatz mit radikalen Ansichten. (Kohler, FAZ, 8.1.2015) Das Bündnis sei realitätsfern,[38] eine Bewegung der Unvernunft, ein »Sammelsurium der Unzufriedenheit« (Von Altenbockum, FAZ, 15.01.2015), eine »Melange aus Wut und Vorurteil« (Veser, FAZ, 19.1.2015) mit »abenteuerlichen Behauptungen« (ebd.). Pegida zeige keine Bereitschaft, Verantwortung zu übernehmen[39] und tue Deutschland nicht gut.[40]

Von Altenbockum konstatiert im Zusammenhang mit einer Anschlagsdrohung gegen die Dresdner Veranstaltung, Pegida hätte sich »in eine Radikalität geredet, die nicht mehr weit von der Verblendung des Islamismus entfernt war, vor der sie eigentlich warnen wollte.« (Von Altenbockum, FAZ, 20.1.2015)

Wenn auch Pegida hier nicht nur wegen der Ablehnung der bürgerlichen Medien in die Kritik gerät, sondern ihr antimuslimischer Rassismus kritisch bewertet wird, so bedeutet das nicht, dass Pegidas grundlegende Aussagen zum Islam ver-

---

37 Etwa: Kohler, FAZ, 06.01.2015 oder Müller, FAZ, 07.01.2015.
38 Vgl. Von Altenbockum, FAZ, 15.01.2015.
39 Vgl. Von Altenbockum, FAZ, 16.01.2015.
40 Vgl. Veser, FAZ, 19.01.2015.

neint werden. Weiterhin gelten den Kommentatoren die Grenzen zwischen Islam und Islamismus als fließend:

>»Tatsächlich muss sich niemand wundern, dass sich immer mehr Menschen vor dem Islam fürchten. In seinem Namen und unter Berufung auf den Koran werden Angst und Schrecken verbreitet. Die dünnen Stimmen, die bestreiten, dass der ›Islamische Staat‹ und andere Terrororganisationen das wahre Gesicht des Islams darstellten, werden immer wieder von den Explosionen der Bomben und den Schreien der auf bestialische Weise Ermordeten übertönt«. (Kohler, FAZ, 8.1.2015)

Vor allem sei die Debatte über den Islam in Deutschland tabubeladen, womit von Altenbockum eine Verbindung zu ›Political Correctness‹ herstellt.[41] Das Ritual sei es, zu behaupten, der Islam habe nichts mit Islamismus zu tun.[42]

Gegenreaktionen auf Pegida werden in der FAZ als kontraproduktive Reaktionen und ungerechtfertigte »Meinungsverbote«, »Diffamierungen« und Verallgemeinerungen bewertet. Sinnvoll hingegen sei der Dialog. Als weitere Ansätze zur Problemlösung – und als solches wird Pegida in dieser Phase gesehen – gelten restriktive migrationspolitische Maßnahmen. Kohler fordert ein Einwanderungsgesetz, das der »Verherrlichung des Multikulturalismus« nicht aufsitze, denn die »Alltagserfahrungen vieler Menschen« stimmten »nicht mit den (allerdings schon verblassenden) Traumbildern von einem wunderbar multikulturell gestalteten Deutschland überein[...]«. (Kohler, FAZ, 10.1.2015) Dies würde »Zulauf und Sympathie« für Pegida entgegenwirken. (ebd.)

Nach den rassistischen Ausschreitungen in Heidenau wird Pegida mehr und mehr in ein extremismustheoretisches Modell eingeordnet. Spätestens mit der Skandalisierung von Bachmanns Hitler-Foto und der Spaltung Pegidas änderte sich die Stimmung in der FAZ dann drastisch. Pegida wird nun als doppelbödig und orientierungslos[43] sowie als verantwortungslos und unprofessionell[44] charakterisiert. Das Netzwerk sei »schleichendes Gift«, es handele sich um einen »Bürgerkrieg der Worte« und richte sich gegen alles, was »unseren Staat und unsere Gesellschaft« ausmache. (Von Altenbockum, FAZ, 14.3.2015) Pegida betreibe Hetze,[45] die Selbstbezeichnung in der Parole »Wir sind das Volk« sei ein Aberwitz.[46] Pegida entspringe jetzt nicht mehr dem Bürgertum, sondern wird als »Wutbürgertum« dargestellt. (Von Altenbockum, FAZ, 30.1.2015) Dass Pegida bürgerlich sei, scheint längst nicht mehr Konsens in der FAZ zu sein.

---

41 Vgl. Von Altenbockum, FAZ, 16.01.2015.
42 Vgl. ebd.
43 Vgl. Von Altenbockum, FAZ, 30.01.2015.
44 Vgl. Von Altenbockum, FAZ, 09.07.2015.
45 Vgl. Geyer-Hindemith, FAZ, 06.02.2015.
46 Vgl. Von Altenbockum, FAZ, 18.02.2015.

Von Altenbockum schreibt, Pegida würde »gegen eine ›gleichgeschaltete Lügenpresse‹ mit all ihrem Hass hetzen« und »der Demokratie damit leise Servus sagen«. (Von Altenbockum, FAZ, 14.3.2015) Er benennt klar neonazistische Einflüsse auf den Pegida-Demonstrationen – ein Novum für die FAZ:

> »Den ›Mitläufern‹ von Pegida wird nicht verborgen geblieben sein, mit wem sie da ›spazieren gehen‹. Unübersehbar sind auf den Kundgebungen die ›Kameraden‹, die nichts Gutes im Schilde führen und denen man ihre NSU-Nähe unter die Nase reiben sollte.« (Von Altenbockum, FAZ, 27.1.2015)

In der FAZ liest man zu dieser Zeit ebenso Kritiken an den Inhalten Pegidas. Diese seien unbestimmt und nicht ernsthaft.[47] Migrationspolitische Kritiken von Pegida werden aber weiterhin geteilt, alleine die Konsequenzen seien falsch. In Artikeln, in denen Pegida in einen migrationspolitischen Diskurs eingeordnet wird, werden in der FAZ alternative Konsequenzen vorgeschlagen. Man brauche statt der plumpen Polemik gegen die imaginierte »Islamisierung des Abendlandes« eine Politik, die MigrantInnen danach auswähle, wer Deutschland als sein eigenes Land anerkenne. Deutschland dürfe nicht »Sozialamt der ganzen EU« sein. (Müller, FAZ, 22.1.2015) Müller greift hier gängige Stereotypisierungen auf, die MigrantInnen als ›Sozialschmarotzer‹ darstellen und Deutschlands wirtschaftspolitische Vormacht in der EU negieren. Migration wird auch in dieser Phase als eine Ursache für Rassismus ausgemacht. Es sei eine »multikulturelle Naivität« gewesen, die schließlich – neben anderen Ursachen – zu Rechtsterrorismus in Deutschland geführt habe. (Von Altenbockum, FAZ, 7.4.2015) Die politischen Kräfte, die sich dem widersetzten, was die FAZ migrationspolitisch als »handlungsfähigen Realismus« beschreibt, werden so selbst für rechten Terror verantwortlich gemacht. Und auch Pegida erscheint so als ein Resultat der Radikalisierung durch die Anwesenheit von Migration.

Gegen Jahresende wird der Ton gegenüber Pegida schärfer. Pegida wird als »Pack« bezeichnet. (Von Altenbockum, FAZ, 25.8.2015)

Es herrscht eine gewisse Häme gegen Pegida vor. Timo Frasch schreibt ironisierend: »Pegida zum Beispiel verfährt nach dem für Didaktiker und Mediziner irritierenden Motto ›Das Hirn schrumpft mit seinen Aufgaben‹.« (Frasch, FAZ, 24.10.2015) Harsche Kritik übt auch Deckers:

> »Wer nach einem Jahr Pegida noch immer einem mehrfach vorbestraften Demagogen zujubelt, ›Lügenpresse‹ brüllt und dazu Deutschland- und andere Fahnen schwenkt, der lebt in einem anderen Land als in dem, dessen ›Werte‹ er zu verteidigen vorgibt.« (Deckers, FAZ, 14.10.2015)

---

47 Vgl. Von Altenbockum, FAZ, 18.02.2015.

Pegida wird in der Zeit nach den Ereignissen in Heidenau in den Diskurs zur extremen Rechten eingeordnet. Richard Wagner spricht eine schärfer werdende Hetze gegen MigrantInnen und den Staat durch Pegida an[48] und auch in Zusammenhang mit dem Attentat gegen die Oberbürgermeister-Kandidatin Henriette Reker in Köln wird Pegida erwähnt. Decker spricht von einem »Extremismus à la Pegida« (Deckers, FAZ, 20.10.2015) und Günter Bannas sieht Pegida im gleichen Zusammenhang als außerhalb des demokratischen Konsenses:

> »Wer an Pegida-Demonstrationen teilnehme, müsse wissen, dass er ›Rattenfängern‹ hinterherlaufe. Auch Bundesjustizminister Heiko Maas (SPD) fand die richtigen Worte: ›Pegida sät den Hass, der dann zur Gewalt wird.‹ In Köln war am Samstag, um im Bild zu bleiben, die Saat aufgegangen. Auch wenn immer individuelle Motive und Antriebe eines Täters zu beachten sind, so spricht einiges dafür, dass die geistige Brandstiftung gewirkt hat.« (Bannas, FAZ, 20.10.2015)

Inhaltlich wird in dieser Phase weniger auf Pegidas migrationspolitische Aussagen eingegangen als auf ihre System- und Medienkritik, während diese Inhalte als antidemokratische Ausdrücke und einfache Antworten gewertet werden. Dialog gilt in der FAZ gegen Ende des Jahres 2015 nicht mehr als Optimum. Als Lösungsstrategie des Problems Pegida – und als solches wird es in dieser Phase gesehen – gilt den FAZ-Autoren nun der Verfassungsschutz. Dieser solle Pegida beobachten.[49]

Übrigens: In keinem einzigen Kommentar der FAZ kommt zur Sprache, dass aus den Reihen von Pegida mehrmals MigrantInnen, AntifaschistInnen und JournalistInnen angegriffen wurden.

Fazit

Die Kommentierung der FAZ von AfD und Pegida zeigt gewisse Ähnlichkeiten auf. In der Gründungsphase der AfD wie auch zu Beginn der Pegida-Demonstrationen werden beide Netzwerke zunächst normalisiert, also ›in die Mitte geholt‹. Die Einschätzungen anderer, es handele sich um extrem rechte oder rechtspopulistische Formationen, werden als Diffamierungen zurückgewiesen – stets mit einem Verweis auf eine vermeintliche Political Correctness. So wird KritikerInnen die Kritik abgesprochen und die, die sich gegen eine Ausgrenzung von Minderheiten wenden, werden selbst zu Ausgrenzenden stilisiert. Die Kommentatoren der FAZ verweigern dabei weitgehend eine inhaltliche Auseinandersetzung mit den Positionen von AfD und Pegida, zumindest jenseits der europapolitischen Vorstellungen. Zwar wird die AfD als zerstritten dargestellt, dies wird aber nicht als politische Aus-

48 Vgl. Wagner, FAZ, 26.10.2015.
49 Vgl. Deckers, FAZ, 24.10.2015.

einandersetzung um die Frage nach der Nähe oder Distanz zur extremen Rechten erkannt, sondern als Zwist zwischen Personen depolitisiert und damit freilich auch verharmlost. Stattdessen werden Verbindungen der AfD zur extremen Rechten durch Einzelfallerzählung abgespalten.

In der FAZ wird der Wunsch nach einer Einheit des (konservativen) Bürgertums formuliert, bei welcher die AfD in die bürgerliche Mitte mit eingeschlossen wird. Sukzessive erfolgen von diesem Einschluss der AfD ausgehend Abgrenzungen. Allerdings kommt erst 2016 die Einsicht an, dass es sich bei der AfD um eine ›radikale‹ Partei handelt. Worin jedoch die inhaltlichen Anschlüsse an extrem Rechte bestehen, wird immer noch nicht thematisiert. Rassismus, Nationalchauvinismus und reaktionäre Geschlechterpolitiken werden im Zusammenhang mit der AfD in der FAZ nicht angesprochen.

In der Kommentierung der FAZ zu Pegida ist ebenfalls eine deutliche Entwicklung im Jahr 2015 feststellbar. Während Pegida zu Beginn als ›bürgerlich‹ dargestellt wird und extrem Rechte als ›Trittbrettfahrer‹ gelten, wandelt sich dieses Bild hin zu der Einschätzung, Pegida sei ›extremistisch‹, rechtspopulistisch und stelle sich fundamental gegen Staat und demokratische Gesellschaftsordnung.

Zusammengefasst kann gesagt werden, dass man sich im Laufe des Jahres 2015 in der FAZ sukzessive von Pegida abgrenzt, allerdings mit autoritärer werdenden Argumenten. Bezieht man diese Analyse auf den 2015 verstärkt stattfindenden Fluchtdiskurs und die politische Rechtsverschiebung, so muss diese Entwicklung in der FAZ nicht als gegenläufig zum Rechtsruck angenommen werden, sondern als ihr Ausdruck. Mit dem weitgehenden Erstummen von politischen Positionen, die sich links der konservativen Kanzlerin Angela Merkel befinden, ist dem Konservatismus Platz entstanden, das eigene politische Profil zu schärfen – vor allem auch eine Abgrenzung zur extremen Rechten vorzunehmen. Eine Verteidigung anderer rechter Kräfte gegen die politische Linke schien Anfang des Jahres 2015 in der FAZ notwendig. Ende 2015 sah man dafür keine Notwendigkeit mehr. In dieser Zeit ging es vielmehr um die Profilierung einer konservativ-bürgerlichen Option gegen die politische Konkurrenz von rechts.

Die Abgrenzungen der FAZ zu AfD und Pegida dürfen aber nicht darüber hinwegtäuschen, dass vor allem im migrationspolitischen Bereich die Problematisierungen der Rechten geteilt werden. Migration, Flucht und Islam werden als Problemfelder wahrgenommen und der Wunsch nach einer Reduktion von Geflüchteten mitgetragen. Dieser ideologische Standpunkt ändert sich in der FAZ nicht, genauso wenig wie die Einschätzung, dass Deutschland, selbst nach den beiden verabschiedeten Asylrechtsverschärfungen, eine zu liberale Flucht- und Migrationspolitik praktiziere. Auch die Kritik unter dem Stichwort ›Lügenpresse‹ wird teilweise geteilt. Es ist die Figur der Meinungsfreiheit, die hier eingeführt wird sowie die Vorstellung einer linken gesellschaftlichen Hegemonie.

Die FAZ, als konservatives Flaggschiff in Deutschland, beteiligt sich, so kann resümierend festgehalten werden, an einer Normalisierung rechtspopulistischer Inhalte, an einer Ausweitung des hegemonialen Sagbarkeitsfeldes nach rechts und an einem Einschluss extrem rechter Gruppierungen in Mitte-Diskurse. Gleichzeitig findet eine Diskreditierung antirassistischer und emanzipativer Kritiken statt.

Literatur und Quellen

Alexander, Matthias: Eine Frage des Stils, Frankfurter Allgemeine Zeitung, Rhein-Main v. 20.04.2015, S.29.

Ankenbrand, Hendrik: Christliche Alternative für Deutschland, Frankfurter Allgemeine Sonntagszeitung v. 09.03.2014a, S.22.

Ankenbrand, Hendrik: Lucke evangelisiert AfD, Frankfurter Allgemeine Sonntagszeitung v. 09.03.2014b, S.1.

Ankenbrand, Hendrik: Lucke will Alleinherrscher sein, Frankfurter Allgemeine Sonntagszeitung v. 16.03.2014, S.23.

Ankenbrand, Hendrik /Bollmann, Ralph: Deutschland wird zur Rentnerdemokratie, Frankfurter Allgemeine Zeitung v. 02.02.2014, S.20.

Bannas, Günter: Einfache Antworten helfen nicht, Frankfurter Allgemeine Zeitung v. 20.10.2015, S.1.

Bender, Justus: Weitere Zerwürfnisse in der AfD, Frankfurter Allgemeine Zeitung v. 02.01.2014b, S.1.

Bender, Justus: Drohungen, Verleumdungen, Unterstellungen, Frankfurter Allgemeine Zeitung v. 02.01.2014a, S.3.

Bender, Justus: Erfolg dringend gebraucht, Frankfurter Allgemeine Zeitung v. 09.01.2014, S.5.

Bender, Justus: ›Mitteloffene Partei‹, Frankfurter Allgemeine Zeitung, Rhein-Main v. 12.01.2014, S.R2.

Bender, Justus: Scharfe Kritik bei Aussprache auf AfD-Parteitag, Frankfurter Allgemeine Zeitung v. 13.01.2014a, S.33.

Bender, Justus: Stunde der Heimzahlung, Frankfurter Allgemeine Zeitung v. 13.01.2014b, S.4.

Bender, Justus: AfD-Politikerin Storch weist Untreuevorwurf zurück, Frankfurter Allgemeine Zeitung v. 25.01.2014, S.4.

Bender, Justus: Alle eint der Groll, Frankfurter Allgemeine Zeitung v. 27.01.2014, S.10.

Bender, Justus: Lucke will AfD allein führen, Frankfurter Allgemeine Zeitung v. 17.03.2014, S.4.

Bender, Justus: Schnullerkette gegen Steckdose, Frankfurter Allgemeine Zeitung v. 21.03.2014, S.3.

Bender, Justus: Rebellion der Basis, Frankfurter Allgemeine Zeitung v. 24.03.2014a, S.4.

Bender, Justus: Ziemlich schwammig, Frankfurter Allgemeine Zeitung v. 24.03.2014b, S.1.

Bender, Justus: Pyrrhussiege, Frankfurter Allgemeine Zeitung v. 23.03.2015, S.10.

Bender, Justus: Gefangenendilemma, Frankfurter Allgemeine Zeitung v. 24.04.2015, S.1.

Bender, Justus: Zauberlehrlinge, Frankfurter Allgemeine Zeitung v. 06.07.2015, S.1.

Bender, Justus: Erklärvideo »Wie die AfD immer radikaler wurde«, Frankfurter Allgemeine Zeitung Woche, 06.10.2016, online einsehbar unter: http://www.faz.net/aktuell/politik/erklaervideo-wie-die-afd-immer-radikaler-wurde-14468695.html   (Abruf: 14.03.2017).

Bollmann, Ralph: Das Fest der Anti-Europäer, Frankfurter Allgemeine Sonntagszeitung v. 02.03.2014, S.20.

Busse, Nikolas: Feindbild Europa, Frankfurter Allgemeine Zeitung v. 09.01.2014, S.5.

Busse, Nikolas: Sieben auf einen Streich, Frankfurter Allgemeine Sonntagszeitung v. 16.02.2014, S.4.

Busse, Nikolas: Hunger auf Zerstörung, Frankfurter Allgemeine Zeitung v. 22.03.2014, S.3.

Deckers, Daniel: Geister, Frankfurter Allgemeine Zeitung v. 29.12.2014, S.10.

Deckers, Daniel: Organisiert, Frankfurter Allgemeine Zeitung v. 07.01.2015, S.8.

Deckers, Daniel: In einem anderen Land, Frankfurter Allgemeine Zeitung v. 14.10.2015, S.8.

Deckers, Daniel: Verdruss in Köln, Frankfurter Allgemeine Zeitung v. 20.10.2015, S.1.

Deckers, Daniel: Wehrhafte Demokratie, Frankfurter Allgemeine Zeitung v. 24.10.2015, S.10.

Duisburger Institut für Sprach- und Sozialforschung 2016: Pegida im Spiegel der Medien. Vom »bürgerlichen Protest« zur »Bedrohung von rechts«, online einsehbar unter: http://www.diss-duisburg.de/wp-content/uploads/2016/12/DISS-Pegida-im-Spiegel-der-Medien-2016.pdf (Abruf: 7.3.2017).

F.A.Z.: Lucke: Bartz ist ein Hochstapler, Frankfurter Allgemeine Zeitung v. 09.01.2014, S.4.

F.A.Z.: Wieder Richtungsstreit bei AfD, Frankfurter Allgemeine Zeitung v. 29.03.2014, S.6.

Fritzen, Florentine: Demokratischer Hürdenlauf, Frankfurter Allgemeine Sonntagszeitung v. 26.01.2014, S.10.

Frasch, Timo: Kompliziert, Frankfurter Allgemeine Zeitung v. 24.10.2015, S.2.

Fromm, Anne: Das ist Spitze! tageszeitung v. 8.6.2016.

Gauland, Alexander: Die AfD in der Krise, Frankfurter Allgemeine Zeitung v. 24.01.2014, S.10.

Geyer-Hindemith, Christian: Rettet Gabriel! Frankfurter Allgemeine Zeitung v. 06.02.2015, S.9.

Häusler, Alexander: Die ›Alternative für Deutschland‹ – eine neue rechtspopulistische Partei? September 2013, online einsehbar unter: http://www.boell-nrw.de/sites/default/files/afd_studie_forena_hbs_nrw.pdf (Abruf: 14.03.2017).

Häusler, Alexander/Roeser, Rainer: Rechtspopulismus in Europa und die rechtspopulistische Lücke in Deutschland, Juni 2014, online einsehbar unter: http://www.mobit.org/Material/Rechtspopulismus_08_2014.pdf (Abruf: 14.03.2017).

Inacker, Michael: Das Bürgertum zerfällt, Frankfurter Allgemeine Zeitung v. 14.03.2014, S.8.

Jahn, Joachim: Henkel: AfD ist ein Hort der Liberalen, Frankfurter Allgemeine Zeitung v. 15.01.2014, S.14.

Jahn, Joachim: AfD gegen mehr Freihandel mit Amerika, Frankfurter Allgemeine Zeitung v. 24.03.2014, S.17.

Jahn, Joachim: Das Zweckbündnis bröckelt, Frankfurter Allgemeine Zeitung v. 08.07.2015, S.15.

Kellershohn, Helmut: AfD-Sondierungen (3). ›Konservative Volkspartei‹ – Über das Interesse der jungkonservativen Neuen Rechten an der AfD, 16.09.2014, online einsehbar unter: http://www.diss-duisburg.de/2014/09/helmut-kellershohn-afd-sondierungen-3/ (Abruf: 14.03.2017).

Kemper, Andreas: Keimzelle der Nation? Familien und geschlechterpolitische Positionen der AfD – eine Expertise, März 2014, online unter: http://library.fes.de/pdf-files/dialog/10641-20140414.pdf (14.03.2017)

Köcher, Renate: Mehr Gelassenheit beim Thema Einwanderung, Frankfurter Allgemeine Zeitung v. 20.02.2014, S. 8.

Kohler, Berthold: Ernst nehmen, Frankfurter Allgemeine Zeitung v. 16.12.2014, S.1.

Kohler, Berthold: Kirche zeigt Kante, Frankfurter Allgemeine Zeitung v. 06.01.2015, S. 8.

Kohler, Berthold: Ein Anschlag auf die Freiheit, Frankfurter Allgemeine Zeitung v. 08.01.2015, S.1.

Kohler, Berthold: Ein Zeichen, Frankfurter Allgemeine Zeitung v. 10.01.2015, S.10.

lhe.: Austrittswelle bei AfD, Frankfurter Allgemeine Zeitung, Rhein-Main v. 14.01.2014, S.45.

Lucke, Bernd: Kluger Schachzug des Verfassungsgerichts, Frankfurter Allgemeine Zeitung v. 10.02.2014, S.19.

Müller, Reinhard/Leithäuser, Johannes: Karlsruhe: Dreiprozenthürde verfassungswidrig, Frankfurter Allgemeine Zeitung v. 27.02.2014, S.1.

Müller, Reinhard: Gereizt, Frankfurter Allgemeine Zeitung v. 10.12.2014, S.8.

Müller, Reinhard: Falsche Führung, Frankfurter Allgemeine Zeitung v. 20.12.2014, S.8.

Müller, Reinhard: Im Meinungskampf, Frankfurter Allgemeine Zeitung v. 07.01.2015, S.1.

Müller, Reinhard: Ein Signal setzen, Frankfurter Allgemeine Zeitung v. 22.01.2015, S.8.

Nonnenmacher, Günther: In Zeiten der Krise, Frankfurter Allgemeine Zeitung v. 03.01.2014, S.1.

Nonnenmacher, Günther: Erst nach der Wahl, Frankfurter Allgemeine Zeitung v. 14.01.2014, S.8.

Plickert, Philip: Ein Henkel für Europa, Frankfurter Allgemeine Sonntagszeitung v. 26.01.2014, S.26.

Sattar, Majid/Bildt, Carl: »Brüssel kann nicht schnell eingreifen«, Frankfurter Allgemeine Zeitung v. 10.01.2014, S.2.

Soldt, Rüdiger: Ausschreitungen in Stuttgart, Frankfurter Allgemeine Zeitung v. 03.03.2014, S.4.

Staun, Harald: Die lieben Kollegen, Frankfurter Allgemeine Sonntagszeitung v. 23.02.2014, S.49.

Tomik, Stefan: »Sie verharmlosen die wahren Feinde unserer Gesellschaft«, Frankfurter Allgemeine Zeitung v. 2.2.2016.

Veser, Reinhard: Wir sind Dresden, Frankfurter Allgemeine Zeitung v. 19.01.2015, S.1.

Von Altenbockum, Jasper: Brett vor dem Kopf, Frankfurter Allgemeine Zeitung v. 11.12.2014, S.10.

Von Altenbockum, Jasper: Demaskiert, Frankfurter Allgemeine Zeitung v. 13.12.2014, S.1.

Von Altenbockum, Jasper: Heimatlos, Frankfurter Allgemeine Zeitung v. 17.12.2014, S.1.

Von Altenbockum, Jasper: Geboxe, Frankfurter Allgemeine Zeitung v. 02.01.2015, S.1.

Von Altenbockum, Jasper: Verkümmert, Frankfurter Allgemeine Zeitung v. 15.01.2015, S.10.

Von Altenbockum, Jasper: Das Lebensprinzip der Demokratie, Frankfurter Allgemeine Zeitung v. 16.01.2015, S.1.

Von Altenbockum, Jasper: Niederlage, Frankfurter Allgemeine Zeitung v. 20.01.2015, S.1.

Von Altenbockum, Jasper: Bürgerverdrossenheit, Frankfurter Allgemeine Zeitung v. 27.01.2015, S.1.

Von Altenbockum, Jasper: Reste des Christstollens, Frankfurter Allgemeine Zeitung v. 30.01.2015, S.1.

Von Altenbockum, Jasper: Endlich am Ende, Frankfurter Allgemeine Zeitung v. 18.02.2015, S.8.

Von Altenbockum, Jasper: Verrohung, Frankfurter Allgemeine Zeitung v. 14.03.2015, S.1.

Von Altenbockum, Jasper: Großartiges, Frankfurter Allgemeine Zeitung v. 07.04.2015, S.1.

Von Altenbockum, Jasper: Zwangläufig, Frankfurter Allgemeine Zeitung v. 12.05.2015, S.8.

Von Altenbockum, Jasper: Lachnummer AfD, Frankfurter Allgemeine Zeitung v. 19.05.2015, S.8.

Von Altenbockum, Jasper: Welche Alternative?, Frankfurter Allgemeine Zeitung v. 22.05.2015, S.1.

Von Altenbockum, Jasper: Im AfD-Tunnel, Frankfurter Allgemeine Zeitung v. 09.07.2015, S.1.

Von Altenbockum, Jasper: Pack und Politik, Frankfurter Allgemeine Zeitung v. 25.08.2015, S.1.

Wagner, Richard: Durchgreifen, Frankfurter Allgemeine Zeitung v. 26.10.2015, S.8.

Kampf zweier Linien in der Neuen Rechten und der AfD

von Helmut Kellershohn

In den letzten Jahren hat vor dem Hintergrund des Aufstiegs der AfD eine Gewichtsverschiebung innerhalb der rechten Parteienlandschaft stattgefunden (vgl. Häusler/Virchow 2016), ablesbar etwa an den Wahlergebnissen für die NPD respektive die AfD in Ostdeutschland. Die AfD sei, so Alexander Häusler und Fabian Virchow, »zunehmend Kristallisationspunkt einer neuen rechten Bewegung mit parteipolitisch erfolgversprechenden Machtoptionen« (ebd., 123) geworden. Zudem ist die Handlungsfähigkeit der NPD trotz Scheiterns des Verbotsantrags vor dem Bundesverfassungsgericht weiterhin eingeschränkt, zumal ihr ein Ende der Parteifinanzierung aus dem Bundeshaushalt droht. Das Spektrum der freien Kameradschaften und autonomen Nationalisten orientiert sich zunehmend in Richtung der neonazistischen Partei *Die Rechte* oder wird vom nationalrevolutionären *III. Weg* aufgefangen (vgl. Puls 2016, Kopke 2016).

Der Aufstieg der AfD wäre aber nicht denkbar gewesen ohne die jahrelangen ideologiepolitischen Vorarbeiten der Neuen Rechten. Bis vor vier, fünf Jahren befand sich die Neue Rechte noch, leninistisch gesprochen, in der Zirkelphase ihrer Entwicklung. Dominant war die jungkonservative Strömung um solche Verlage, Zeitungen und Zeitschriften wie der *Jungen Freiheit* (JF), dem *Institut für Staatspolitik* (IfS) mit der instituteigenen Zeitschrift *Sezession*, dem *Verlag Antaios* oder der Zeitschrift *Blaue Narzisse*.

Das strategische Grundkonzept beruhte für diese Neue Rechte auf einer aus ihrer Sicht nicht anzuzweifelnden geschichtlichen Grunderfahrung, nämlich dass »große politische Veränderungen immer auf das Wirken entschlossener Minoritäten« zurückzuführen seien, die »zuerst die Weltanschauung und dann die Machtverhältnisse selbst verändern« (Mann 2008, 56) würden. Dementsprechend richtete die Neue Rechte ihre Bemühungen auf die Heranbildung einer »geistigen Elite«, die in der Lage sein soll, dereinst weltanschaulich »führend« zu werden und im »Ernstfall« Führungspositionen zu übernehmen. Das kann sie aber nicht, so die weitere Unterstellung, wenn sie nicht erstens über genügend *Multiplikatoren* verfügt und zweitens *Massenbewegungen und -organisationen* im Vorfeld für die nötige Verbreit(er)ung der neuen Weltanschauung im alltäglichen Leben und im Alltagsbewusstsein sorgen. Diese sind zudem Voraussetzung für die schrittweise Eroberung von Machtpositionen in den Staatsapparaten.

Soweit das Grundkonzept, das durchaus langfristig – mit verschiedenen Varianten – angelegt war. Aber bereits im Kontext der Euro- und Griechenlandkrise und im Kontext eines solch diskursiven Ereignisses wie des Erfolges von Thilo Sarrazins

Deutschland schafft sich ab (2010) in einer breiteren Öffentlichkeit, konnte man die
Vorboten eines Hegemonieprojekts entdecken, das sich aus verschiedenen ideologischen Formationen und den entsprechenden Trägergruppen zusammensetzte:

- eine völkisch-nationalistische Basis-Formation, getragen durch die Neue Rechte
  selbst und Verbände, in denen die Neue Rechte aktiv ist, wie in den Burschen-
  schaften oder anderen Korporationen, in Teilen der Bündischen Jugend, in diversen extrem rechten Kleinstparteien etc.;
- eine neo(national)liberale Formation, getragen von mittelständischen Gruppierungen und einer Riege von eurokritischen Wirtschaftswissenschaftlern und
  Dissidenten aus den Reihen der FDP und der Union;
- eine christlich-konservative bis fundamentalistische Formation, gruppiert um
  biopolitische Fragen, getragen von evangelikalen Kreisen und intransigenten
  katholischen Kräften;
- eine nationalkonservative, deutschnationale Formation, für die etwa der Name
  Alexander Gauland steht, gruppiert um Fragen der außenpolitischen Souveränität und der staatlichen Autorität und Durchsetzungsfähigkeit.

Die Junge Freiheit – Leitorgan der AfD?

Die AfD, wie sie dann 2013 installiert wurde, setzte sich aus genau diesen Formationen zusammen, ohne dass man daraus ableiten kann, dass sie *unmittelbar* ein Produkt der Bemühungen der Jungkonservativen gewesen sei. Sie bewegte sich bis zur
Spaltung 2015 zwischen den Polen einer FDP 2.0 und einer neuartigen »konservativen Volkspartei«, wie die Partei sich in Sachsen titulierte.[1] Aber die JF konnte
am Aufstieg der AfD partizipieren und sich gewissermaßen als inoffizielles Sprach-
rohr oder Leitorgan der AfD etablieren, das sie mit Einschränkung bis heute immer
noch ist.

Dazu vier Anmerkungen:

1. Die JF ist mit ihren 25.101 Abonnenten, einer verkauften Auflage von 28.372
Exemplaren (IV. Quartal 2016 lt. IVW) und, laut Aussagen ihres Chefredakteurs
Dieter Stein gegenüber der *Wirtschaftswoche* (11.03.2016), mit »zuletzt gut 3,5
Millionen Euro« Umsatz und einem Gewinn »von mehr als 100.000 Euro«[2] ein
wirtschaftliches Erfolgsprojekt mit erheblicher politischer Breitenwirkung. Die Mi-
lieus der JF-Leser und der AfD-Mitglieder überschneiden sich. Götz Kubitschek,

---

1 Der Titel erinnert an die 1930 entstandene »Konservative Volkspartei«, die sich aus
zwei von der Hugenberg-DNVP abgespaltenen Gruppierungen um Gottfried Treviranus
und Kuno Graf von Westarp zusammensetzte und die Regierung Brüning unterstützte.

2 Konrad Fischer: Kasse machen mit den Rechtspopulisten, http://www.wiwo.de/politik/
deutschland/afd-kasse-machen-mit-den-rechtspopulisten-/v_detail_tab_print/13045664.
html.

nach dem Abgang Karlheinz Weißmanns der strategische Kopf des IfS, ging Anfang 2014 so weit, die AfD unter der Führung Luckes als den »parteipolitischen Arm des Junge-Freiheit-Milieus«[3] zu deklarieren. Die *Wirtschaftswoche* konstatiert: »Die Zeitung ist nicht Teil, sondern Kern dieser Bewegung.« Einschränkend muss man hinzufügen: Sie konkurriert in ihrer Eigenschaft als Leitorgan der AfD mit dem IfS, nachdem Anfang 2014 die arbeitsteilige Kooperation in die Brüche ging und das IfS sich in die Konstitution des völkischen Flügels um Björn Höcke und André Poggenburg einschaltete und die Spaltung der Partei 2015 mit inspirierte (vgl. Kellershohn 2015). Mit seinen Leitartikeln interveniert JF-Chefredakteur Dieter Stein seitdem regelmäßig in die innerparteilichen Flügelkämpfe und versucht sie in seinem Sinne zu beeinflussen. Interviews mit den Dramatis personae sowie eine entsprechende Berichterstattung werden gezielt eingesetzt, um z.B. missliebige Führungspersonen zu befehden. So ließ Stein den mittlerweile in die AfD eingetreten Publizisten Nicolaus Fest zu Wort kommen, um die berüchtigte Rede Björn Höckes auf einem Kongress des IfS im Herbst 2015 einer Kritik unterziehen zu lassen.[4]

2. Die personelle Vernetzung der JF mit der AfD kann sich sehen lassen. Ehemalige Redakteure sind Landtagsabgeordnete (Ronald Gläser im Berliner Abgeordnetenhaus, Steffen Königer in Brandenburg, Martin Schmidt in Rheinland-Pfalz), sitzen im Landesvorstand (Gläser als Beisitzer) oder fungieren als Pressesprecher (Marcus Schmidt für die Landtagsfraktion in Brandenburg, Henning Hoffgaard als Fraktionssprecher in Mecklenburg-Vorpommern und wiederum Gläser als Landespressesprecher in Berlin). Philipp Runge, ehemaliger JF-Pressesprecher, war in der Bundesgeschäftsstelle in der Abteilung für Strategie und Kampagnen mit dem Arbeitsgebiet Planung und Organisation betraut und ist zurzeit der Datenschutzbeauftragte der AfD. Umgekehrt: Es gibt viele AfD-Mitglieder, auch aus dem Führungspersonal, die als Autoren in der JF geschrieben oder Interviews gegeben haben (z.B. Gauland erstmals im Sept. 2005, Beatrix v. Storch erstmals im April 2006, Konrad Adam zuerst im Sept. 2007, Hans-Olaf Henkel im Sept. 2005) oder auf den Sommerfesten, die für die Autoren, Förderer und Freunde der JF gedacht sind, erscheinen. Auf dem Sommerfest 2016 z.B., zum dreißigjährigen Jubiläum der JF, machten mit Jörg Meuthen, Uwe Junge und Alexander Gauland gleich drei Fraktionsvorsitzende ihre Aufwartung, dazu noch die stellvertretende Sprecherin der AfD Beatrix von Storch (JF 24/2016), die bereits auf dem Sommerfest 2001 anwesend war, damals noch als Herzogin von Oldenburg.[5] ›Man‹ kennt sich also,

---

3 http://www.sezession.de/43016/sezession-der-12-jahrgang.html/print/.

4 Nicolaus Fest: »Vom Konservatismus verabschiedet« (14.12.2016), https://jungefreiheit.de/debatte/interview/2015/vom-konservatismus-verabschiedet/.

5 Als 2007 das Ehepaar Storch die »Zivile Koalition« ins Leben rief, sprach die JF wohlwollend von der Gründung einer neuen APO (JF v. 11.05.2007). Mit den ehemaligen FAZ-

oder wie es in der *Wirtschaftswoche* mit Blick auf Dieter Steins Karriere seit 1986 heißt: »Keiner ist so lange aktiv in der Bewegung wie er, keiner kennt so viele der Beteiligten in und jenseits der AfD.«

3. Der entscheidende ›Verdienst‹ der JF an der Entwicklung der AfD ist ideologiepolitischer Natur. Wie kein anderes Organ oder keine andere Institution steht sie für die inhaltliche Verknüpfung der oben angesprochenen ideologischen Strömungen. Indem sie sich schon früh von dem aus ihrer Sicht diskriminierenden Etikett Neue Rechte trennte (vgl. Stein 2005) und sich vorgeblich als konservativ deklarierte, öffnete sie ihre Spalten für wichtige Protagonisten dieser Strömungen. Ablesbar ist diese ideologiepolitische Arbeit am Leitbild der JF, das sie anlässlich des Erscheinens des Jubiläumsbandes *25 Jahre Junge Freiheit* (2011) veröffentlichte und dabei ihr Bekenntnis zur Neuen Rechten (trotz besagter Distanzierung) und zur Konservativen Revolution als Bestimmungsmomenten ihres Konservatismusverständnisses gleich mit unterschob. Sie bekannte sich zur *Nation* als dem »entscheidende(n) Ordnungsfaktor und identitätsstiftenden Rahmen« und zu »Deutschland als selbstbewusste[r] Nation«, womit sie die gleichzeitige Bezugnahme auf das »vereinte Europa« entwertete. Sie forderte unter dem Stichwort *Freiheitlichkeit* die Inschutznahme von »Freiheit, Demokratie, Rechtsstaatlichkeit« als Kernelementen der Verfassung vor »Eingriffe[n] durch Staat, Parteien, Medien, Interessengruppen und Konzernen« und offenbarte damit unter dem Deckmantel eines Kampfes gegen »alten und neuen Totalitarismus« ein antipluralistisches, autoritär-liberales Staatsverständnis; unter Berufung auf den Wert *Konservatismus* plädierte die JF für ein »realistische[s], skeptische[s] Menschenbild«, relativierte den »Fortschrittsglauben«, wandte sich gegen »Gleichheitsutopien« und empfahl, dem »historisch Gewachsenen hohen Rang« einzuräumen. Trotz der vorsichtigen Formulierungen wurden damit wesentliche Essentials der Konservativen Revolution bestätigt, was dann in die Zitierung Albrecht Erich Günthers einmündete, wonach der Konservatismus »nicht ein Hängen an dem [sei], was gestern war, sondern ein Leben aus dem, was immer gilt«. Dieses Zitat wird aus dem Zusammenhang, in dem es im Original steht, gerissen, denn dort bezieht sich Günther, der Mitglied des Juniklubs und seit 1926 Mitherausgeber der einflussreichen Zeitschrift *Deutsches Volkstum* war, zustimmend auf ein zentrales Buch der Konservativen Revolution, nämlich Moeller van den Brucks *Das Dritte Reich* (vgl. Günther 1931, 409). Der letzte Wert, auf den sich die JF berief, ist der der *Christlichkeit*. Die JF betont ihren »dominierenden, festen christlichen Standpunkt« und die enge Verbindung zwischen deutscher Kultur und Christentum auch in einer säkularisierten Gesellschaft.

Redakteuren Klaus Peter Krause (schrieb seit Sept. 2004 für die JF) und Karl Feldmeyer, der bekannte, dass er sich schon früh für die JF eingesetzt habe, waren zwei wichtige Verbindungsleute der JF involviert.

4. In der AfD als Massenorganisation sah die JF endlich die realpolitische Chance, das Monopol der CDU zu brechen und eine »seriöse« bürgerliche Alternative zu installieren, die nicht von vornherein im Geruch des Rechtspopulismus oder einer extremen Rechtspartei steht. Karlheinz Weißmann, Mitbegründer und bis zu seinem Ausscheiden 2014 Wissenschaftlicher Leiter des IfS,[6] hat diese Option als die in der jetzigen Situation einzig denkbare bezeichnet. Es ging ihm gerade aus metapolitischer Perspektive um die Anschlussfähigkeit in die bürgerliche Mitte hinein, um langfristig einen Umbau des Staates zu bewerkstelligen.

Diese Option eines »Marschs durch die Institutionen« war es, die im IfS und zwischen IfS und JF zu einem (zumindest vorläufigen) Bruch geführt hat. Nicht Anschlussfähigkeit in die Mitte, sondern »Widerstand« gegen das ›System‹[7] – und somit eine andere metapolitische Entscheidung, die auf Aktivismus und Militanz setzt – war hier das Leitbild. Götz Kubitschek, ebenfalls Mitbegründer des IfS und Gegenspieler Weißmanns, verkündete: »Es gibt keine Alternative im Etablierten« (Kubitschek 2015). Dieses Leitbild wurde dankbar aufgegriffen vom neurechten Flügel in der AfD (Björn Höcke, André Poggenburg, *Patriotische Plattform*). Sie floss in die *Erfurter Resolution* ein und forcierte damit den Spaltungsprozess der AfD, der dann zum Ausscheiden des Lucke-Flügels führte. Was schwebt Kubitschek mit Blick auf die AfD vor? – Eine Partei, die sich primär als Vertretung außerparlamentarischer Bewegungen versteht, wobei er hier vor allem an *Pegida* als Massenbewegung und an die *Identitäre Bewegung* denkt und an eine ›Raumergreifungsstrategie‹ von rechts nach dem Vorbild von *CasaPound* in Italien, einer neofaschistischen Jugend- und Kulturbewegung. Björn Höcke hat dies in der bereits erwähnten Rede im IfS (Herbst 2015) auf die Formel gebracht,[8] die AfD müsse sich zu einer »fundamentaloppositionellen Bewegungspartei« entwickeln.

---

6   Mittlerweile konzentriert sich Weißmann auf seine ›Vordenker‹-Position in der JF, mit deren Chefredakteur Dieter Stein er ›brüderlich‹ verbunden ist durch die gemeinsame Mitgliedschaft in der bündischen Korporation der *Deutschen Gildenschaft*. Vgl. Weißmanns neuestes Buch *Rubikon* (Weißmann 2016). Geplant ist, eine neue Zeitschrift 2017 herauszubringen.

7   Die Widerstands Ideologie ist in der Rechten allgemein verbreitet (vgl. »Nationaler Widerstand«), ist also keine nationalrevolutionäre Besonderheit, in der Tradition von Ernst Niekischs *Widerstandskreis*; letztendlich geht sie auf den Juniklub und Moeller van den Bruck (1931, 230) zurück. Zur anmaßenden Begründung eines Rechts auf bzw. einer Pflicht zum Widerstand vgl. neuerdings Waldstein 2016.

8   Zur Analyse der Rede vgl. Paul 2016.

Divergierende Parteikonzepte

Mit diesem Gegensatz sind gewissermaßen die Entwicklung der Neuen Rechten
und die der AfD unmittelbar miteinander in einem Kampf zweier Linien verwoben. Seit Höckes Rede in Dresden (17.01.2017) hat dieser Kampf zweifellos eine
Zuspitzung erfahren. In Frage steht damit, inwieweit die AfD es vermag, die unterschiedlichen und potenziell sich als inkompatibel erweisenden Parteikonzepte
miteinander zu vermitteln. Auf der einen Seite verlockt die Perspektive, es den anderen Parteien gleich zu tun und den Karriereweg einer klassischen Partei einzu-
schlagen: Einzug in den Bundestag, Status der Koalitionsfähigkeit, Regierungsbeteiligung, Regierungsübernahme. Das Etikett »Volkspartei«, das sich die AfD nur
zu gerne anheftet, würde es erforderlich machen, den eigenen Anspruch durch die
Anbindung von außerparlamentarischen Vorfeldorganisationen und -bewegungen
zumindest soweit zu unterstreichen, dass man sich legitimatorisch auf sie berufen
kann. Der Schwerpunkt läge auf der Parlamentsarbeit, ein zweites Standbein auf
der Bedienung von Ansprüchen seitens der Basisorganisationen. Propagandistisch
würde ein solches Konzept sicherlich durch die JF unterstützt werden.

Das zweite Parteikonzept verdichtet sich in der bereits erwähnten Formulierung
Björn Höckes, der die AfD als »fundamentaloppositionelle Bewegungspartei«
verstanden wissen möchte. Fundamentaloppositionell heißt, so Höcke in seiner
Dresdner Rede, »diesen Staat, den wir erhalten wollen, vor den verbrauchten politischen Altparteien zu schützen, die ihn nur missbrauchen, um ihn abzuschaffen.«[9]
Und als Bewegungspartei müsse die AfD »immer wieder auf der Straße präsent
sein und [...] im engsten Kontakt mit den befreundeten Bürgerbewegungen stehen.« Der Schwerpunkt liegt hier erstens auf der Dienstbarmachung der Partei
für außerparlamentarische Bewegungen; das Parlament wäre dann im Liebknecht-
schen Sinne die »Tribüne«, auf der die Ansprüche dieser Bewegungen (an deren
Aushandlung man natürlich selbst maßgeblich beteiligt wäre) artikuliert würden.
Zweitens liegt die Betonung auf der Befürchtung, dass der »lange Marsch durch die
Institutionen« die AfD zu einer Staatspartei deformieren könnte, die nicht mehr
in der Lage wäre, den nötigen Umbau des Staates und des ›Systems‹ generell zu
bewerkstelligen.[10] Im Hintergrund steht hier die Auffassung des anderen Teils der
Neuen Rechten rund um das IfS. Götz Kubitschek, Stichwortgeber für Björn Hö-
cke und *Pegida*, beruft sich auf Robert Michels Parteientheorie, wonach Organisa-

---

9 Die Rede wird hier zitiert nach: https://hajofunke.wordpress.com/2017/01/19/tran-
skript-hoecke-dresden-rede-17-1-2017-aufschrei-eines-nazi/.
10 Entsprechend sagt Höcke: »Auch die AfD wird irgendwann einmal erstarren. Und sie
kann auch irgendwann meinetwegen einmal erstarren, aber bitte erst, nachdem sie ihre historische Mission erfüllt hat.« Gemeint ist die Erringung der absoluten Mehrheit respektive
die Führung einer Koalitionsregierung, um endlich eine »Politik für das Volk« machen zu
können.

tionen generell und speziell auch demokratische Parteien zu Bürokratisierung, zur Herausbildung einer Machtelite und in der Folge zu einer Oligarchisierung tendierten (vgl. Kubitschek 2016). Bei Höcke heißt es: »... jede Partei hat eine schlimme Tendenz, und das ist die Tendenz der Oligarchisierung und der Erstarrung. Diese Tendenzen ... sind Parteien immanent, das sind praktisch die Naturgesetzlichkeiten des Parteienstaates«. Bekanntlich trat Michels 1928 der faschistischen Partei Italiens bei und stimmte der von Mussolini vorgebrachten Kritik an der »als ewig unfruchtbar und als innerlich unwahr betrachteten Demokratie« (Michels 1930, 222) zu und propagierte nun eine faschismusaffine Theorie der Elite als einer bewussten und energischen, nötigenfalls opferbereiten Minderheit, der die wahre Macht im Staat zukommen müsse. Diese opferbereite, idealistische Elite schwebt Kubitschek als Vorbild offensichtlich vor, auch wenn er sie in Kategorien kleidet, die Spengler und Ernst Jünger entlehnt sein könnten. Björn Höcke, der des Öfteren mit NS-Anspielungen zu provozieren suchte, drückt sich da schon klarer aus, wenn er, darauf weist Andreas Kemper hin, von einer »Tat«-Elite im Unterschied zu den demokratischen »Pseudo-Eliten« spricht und damit auf eine Selbstbezeichnung der SS zurückgreift (vgl. Kemper 2016).

Höckes Dresdner Kampfrede

Sollten sich derartige Konzepte als zentrales Element einer »fundamentaloppositionellen Bewegungspartei« in der AfD durchsetzen, kann man sich nur schwer vorstellen, dass dies ohne erneute Spaltungsprozesse abgehen würde. Liest man daraufhin Björn Höckes Rede in Dresden eingehender, verstärkt sich dieser Eindruck. Sie enthält (neben dem in ihr propagierten Geschichtsrevisionismus) erklärtermaßen eine Kampfansage an Teile der eigenen Partei, in der Höcke sich, ohne das kenntlich zu machen, an mehreren Stellen direkt auf Kubitschek und das IfS beruft,[11] andererseits erneut mit NS-Anspielungen operiert. Das entscheidende Vehikel dieser Kampfansage ist die in seiner Rede getätigte Übertragung des populistischen Gegensatzes von Volk und Eliten/Establishment auf die eigene Partei, in der er bestimmte »Typen«, übriggebliebene »Luckisten« sich in den Vordergrund drängen sieht: Das seien die, »die keine innere Haltung besitzen, die Establishment sind und Establishment bleiben wollen oder so schnell wie möglich zum Establishment gehören wollen«.
Diesen »Halben« sagt Höcke den Kampf an und öffnete damit einen Assoziationsraum, der von der in extrem rechten Fußball-Fangruppen weit verbreiteten Parole »Die Halben hol' der Teufel« bis hin zum NS-Sprachgebrauch reicht. Zu der

---

11 Er zitiert z.B., ohne Kubitschek zu erwähnen, dessen markanten Satz: »Es gibt keine Alternative im Etablierten« (Kubitschek 2015).

Etikettierung »die Halben« schreibt etwa die *Lausitzer Rundschau* (28.08.2012) in einem Bericht über die Cottbusser Fangruppe *Inferno*:

> »Die scheinbar harmlose Zeile stammt aus einem Zitat der Romanfigur Gilbert Wolzow, einem Antihelden in dem antifaschistischen, im Osten früher weitverbreiteten Roman ›Die Abenteuer des Werner Holt‹. Wolzow hält eine flammende Durchhalte-Rede: ›Wer ... Deutschland in seiner schwersten Stunde im Stich lässt, der ist ein Schweinehund. Alles oder nichts. Die Halben hol’ der Teufel. Wir stehen zum Führer‹.«[12]

Gegen die »Halben« wetterte aber bereits Hitler, so z.B. in einer Rede vom 20. Juli 1932, die er in Stralsund in der Nacht gehalten hat. Dort heißt es unter Anspielung auf biblische und liturgische Texte:

> »Heute in der dritten Morgenstunde, da das ganze andere Deutschland schläft, sind wir hier wach und werden wach bleiben, bis Deutschland frei ist. Deutschland erwache!
>
> Das Himmelreich und die Seligkeit gehören niemals Halben, sondern Ganzen. Ich verspreche, daß wir unsere Fahne, unsere Ideale und unsere Idee hochhalten und mit ihr ins Grab gehen werden. Unzählige Blutzeugen sind in dieser Stunde im Geiste bei uns. Aus dem Fanatismus und der gläubigen Inbrunst kommt eines Tages die Kraft, die das Reich der Größe, Kraft und Stärke einer wirklichen Herrlichkeit zimmert, das einmal das Vaterland für alle sein wird. Diesem unserem Deutschland Siegheil!«[13]

Mehr als Höckes Geschichtsrevisionismus, dessen innerparteiliche Kritik sich im Wesentlichen auf Fragen des Stils und des falschen Zeitpunkts reduzierte, scheinen genau diese Bezüge und der damit verbundene Machtanspruch Höckes führende Parteikader beunruhigt zu haben. Die Vermutung liegt nahe, dass die Parteiführung der AfD mehrheitlich die Kampfansage Höckes verstanden hat und die unterschiedlichen Positionen für nicht mehr kompatibel hielt. Dieter Stein hat dies deutlich zum Ausdruck gebracht, wenn er den Anhängern des völkischen Flügels in der AfD empfahl, sich doch »bei der ›authentisch nationalen und systemoppositionellen‹ Partei«, der NPD, zu sammeln.[14] In der Tat läge dies in der Logik des von Höcke und dem IfS favorisierten Parteikonzepts, nämlich die Öffnung hin zu einer ›Volksfront von rechts‹ und einer in den Parlamenten repräsentierten völkischen Bewegung.[15] In diese Richtung weisen drei weitere Aspekte der Rede.

---

12 Zit. nach: http://www.lr-online.de/nachrichten/Tagesthemen-Verantwortung-bis-zum-Stadionzaun;art1065,3922390.

13 Zit. nach: http://www.kurt-bauer-geschichte.at/PDF_Lehrveranstaltung%202008_2009/10_Hitler-Wahlreden_1932.pdf.

14 Siehe unter: https://www.facebook.com/dieter.stein.146/posts/10211269632194090.

15 Klaus Weber hat im *Argument* davor gewarnt, den Faschismus-Begriff »als moralisch aufgeladene Metapher gegen politische Gegner zu verwenden«, gleichwohl aber empfoh-

Der neue ›Führer‹ spricht

Zum einen präsentierte sich Höcke in Dresden den begeisterten Zuhörern aus den Reihen der Jungen Alternative als der neue ›Führer‹, als ›Wegweiser‹[16] auf einem »*langen und entbehrungsreichen* Weg« hin zum »vollständigen Sieg«[17] der Partei. Und spart in diesem Zusammenhang nicht mit der moralischen Lektion an die ›jungen Leute‹, nicht wie irgendwelche »Parteifunktionszwerge […] den *kürzesten* Weg zu irgendwelchen Pfründen« zu suchen (Hervorhebungen durch Vf.). Vermittels dieser Zwei-Wege-Metapher, die auf die antike Mythologie (Herakles am Scheidewege) und alt- bzw. neutestamentliche Bezüge verweist, stellt Höcke die Parteijugend vor eine moralische Entscheidungssituation: Es geht um die Wahl zwischen dem (negativen) Weg des karrieresüchtigen Berufspolitikers und dem (positiven) Weg der, wie es heißt, »ganzheitliche[n] Persönlichkeit«,[18] die tugendhaft für »unser Volk« und »dieses Land« eintritt und sich hierin dem Bild des sich »im Dienst« verzehrenden »neue[n] Preußen«[19] verpflichtet weiß. Höcke selbst gibt vor diese ganzheitliche Persönlichkeit zu sein, nur als solche glaubt er sich legitimiert, nach dem Muster der alttestamentlichen Weisheitslehrer den *richtigen*, obzwar steinigen Weg zu weisen (vgl. Spr 4,11) – wenn nicht gar hier die messianische Botschaft mitschwingt »Ich bin der Weg, die Wahrheit und das Leben« (Joh 14,6). Folgerichtig lässt Höcke nach eigenem Bekunden die ›jungen Leute‹ auch nicht alleine: Weil »dieses Land […] einen vollständigen Sieg der AfD« brauche, so das hochgesteckte Ziel, das an die Goebbelsche Rede vom »totalen Sieg« erinnert, werde er »diesen Weg – und nur diesen Weg – mit Euch gehen, liebe Freunde« – auch diese Zusicherung verweist auf eine messianische Formel: »Siehe, Ich bin bei Euch alle Tage bis an der Welt Ende.« (Mt 28, 19) Höcke erhebt also einen Anspruch, mit dem er sich weit über die »Parteifunktionszwerge« des Bundesvorstandes der AfD stellt: Ohne ihn und ohne die Nachfolge, die er einfordert,

---

len, derartige Phänomene wie Pegida, AfD, die Identitäre Bewegung oder das Institut für Staatspolitik mit der von ihr inszenierten Plattform *Ein Prozent* unter dem Gesichtspunkt von möglichen Faschisierungsprozessen zu beobachten (Weber 2016). Terminologisch bevorzuge ich zurzeit den offeneren und weiteren Begriff »völkische Bewegung«, der interessanterweise auch von Volker Zastrow in der F.A.S. in die Debatte geworfen wurde (Zastrow 2015), in den zahlreichen Studien des Duisburger Instituts für Sprach- und Sozialforschung zum völkischen Nationalismus aber immer schon latent mitgedacht worden ist.
16 Höcke gebraucht insgesamt viermal die Formel »ich weise Euch … einen langen … Weg«.
17 Was mit dem »vollständigen Sieg« gemeint ist, vgl. dazu weiter unten.
18 Der Weg zur »ganzheitlichen Persönlichkeit« führt Höcke zufolge idealerweise über eine Biographie, zu der eine berufliche Existenz ebenso gehört wie Familie und Elternschaft.
19 Das Lob des »neue[n] Preußen« sang bereits 2007 der »Wahlpreuße« Götz Kubitschek in der JF (Kubitschek 2007).

wird es keinen Sieg der AfD geben. Im Kern betreibt Höcke hier nichts anderes als
politische Theologie.

Kritik des Parteiprogramms

Der zweite Aspekt, auf den einzugehen ist, ist der Frontalangriff Höckes auf die
neoliberalen Positionen im Grundsatzprogramm und das heißt auch auf die da-
hinterstehende, seit dem Abgang Luckes geschwächte neoliberale Strömung in der
Partei und deren Repräsentanten im Bundesvorstand. Als Aufhänger dient Höcke
aber nicht die entsprechenden Passagen im Parteiprogramm, sondern die Rede
Roman Herzogs (»Ruck-Rede«) anlässlich seiner Wahl zum Bundespräsidenten
(1997). Gegen das »Durch Deutschland muss ein Ruck gehen!« hat Höcke nichts
einzuwenden, insofern er diese Parole als Ausdruck einer »nationale[n] Emotion«
verstanden wissen will. Allerdings moniert er, dass Herzog diese Emotion nur dazu
missbraucht habe, »die Gemeinschaft von uns Deutschen [Höcke vermeidet hier
den Terminus ›Volksgemeinschaft‹; d. Vf.] der vollständigen Ökonomisierung aus-
zuliefern.« Die Rede sei nichts anderes gewesen »als eine deutliche Begleitmusik
zur Entfesselung der Finanzmärkte, zur Auflösung der Solidargemeinschaft, sprich
zum neoliberalen Pluralismus«. Die Menschen hätten Herzog »damals geglaubt«,
nämlich in Bezug auf den nationalen Impetus der Rede; genauso, wie sie auch Angela Merkel geglaubt hätten. Und an *beide* richtet er den Vorwurf, dass »sie unser
gutmütiges [!] Volk heimtückisch [!] hinters Licht geführt« hätten.[20] Herzog habe
richtigerweise »die Kraft der Visionen angesprochen« und an das »Wir-Gefühl«,
an einen »inneren Ruck der Deutschen« appelliert, seine Rede sei aber tatsächlich
»gegen das eigene Volk gerichtet« gewesen und habe »nur darauf abgezielt, uns
Deutsche noch effektiver und produktiver wirtschaften zu lassen«. Auf »Ökono-
mismus« freilich ließen sich »keine Visionen gründen«. Im abschließenden Teil
der Rede, in dem Höcke seine eigene Vision präsentiert, verschiebt er das ›Problem‹ auf das geschichtspolitische Feld, indem er eine »positive Beziehung zu
unserer Geschichte« als Grundvoraussetzung für eine »innere Erneuerung« des
deutschen Volkes reklamiert.

Von der totalen Niederlage zum »vollständigen Sieg«

Damit kommen wir zum dritten Aspekt seiner Rede, der der Frage gewidmet ist,
warum es an dieser Grundvoraussetzung bislang fehlt. Höcke rekurriert hier auf
ein in der gesamten Rechten verbreitetes Argumentationsmuster: Innerhalb der

---

20 Im sog. Heimtückegesetz von 1934 heißt es im Art. 1: »Wer vorsätzlich eine unwahre
oder gröblich entstellte Behauptung tatsächlicher Art aufstellt oder verbreitet, die geeignet
ist, das Wohl des Reiches oder das Ansehen der Reichsregierung oder das der Nationalsozialistischen Deutschen Arbeiterpartei [...] schwer zu schädigen, wird [...] mit Gefängnis bis zu
zwei Jahren [...] bestraft.«

extremen Rechten ist vom ›Schuld-Kult‹ die Rede, »um die kritische Auseinandersetzung mit der nationalsozialistischen Vergangenheit abzuwerten. Die mit dem Begriff ›Schuld-Kult‹ verbundene Kernaussage lautet, ›die Deutschen‹ seien nach dem Kriege in eine Kollektivhaftung genommen worden und müssten bis heute für die NS-Verbrechen ›büßen‹« (Suermann 2016, 269). Von »Umerziehung« ist die Rede, was auch Höcke betont. »Weil sich unter diesen Bedingungen kein positiver Bezug auf Volk und Volksgemeinschaft habe entwickeln können, sei an die so entstandene Leerstelle eine irrationale ›Negativ-Identität‹ getreten« (ebd.), gewissermaßen als Ausdruck eines entfremdeten Volks-Bewusstseins. »Ein ›quasi-religiöses‹ Gedenken an die deutschen Verbrechen ›verewige‹ diese Schuld« (ebd.), sie sei, so Höcke, zu einer »gesamtgesellschaftliche[n] Daueraufgabe« geworden. Höcke moniert: »Bis jetzt ist unsere Geistesverfassung, unser Gemütszustand, immer noch der eines total besiegten Volkes.« Symbolischer Ausdruck dieser »Geistesverfassung« ist für Höcke das Holocaust-Mahnmal in Berlin: »Wir Deutschen (...), wir Deutschen, also unser Volk, sind das einzige Volk der Welt, das sich ein *Denkmal der Schande* in das Herz seiner Hauptstadt gepflanzt hat.« Wie dies gemeint ist, wird deutlich, wenn Höcke von dieser »dämliche[n] Bewältigungspolitik« spricht, die das Volk lähme. Weiter heißt es:

> »Wir brauchen nichts anderes als [eine] erinnerungspolitische Wende um 180 Grad! [...] Wir brauchen keine toten Riten mehr in diesem Land. Wir haben keine Zeit mehr, tote Riten zu exekutieren. Wir brauchen keine hohlen Phrasen mehr in diesem Land, wir brauchen eine lebendige Erinnerungskultur, die uns vor allen Dingen und zuallererst mit den großartigen Leistungen der Altvordern in Berührung bringt.«

Womit Höcke bei einem Heroenkult als Inbegriff einer nationalidentitären Sinnstiftung von Geschichte landet: große Wohltäter, weltbewegende Philosophen, Musiker, geniale Entdecker und Erfinder – also insgesamt alles Männer und kein Wort über die Geschichte des Volkes.

Ich hatte oben angedeutet, der geschichtspolitische Teil der Rede sei – aus der Sicht des Bundesvorstandes – nicht der entscheidende Skandal der Rede gewesen. In der Tat, dieser Teil gehört zum Allgemeingut der deutschen Rechten. Deren Geschichtsrevisionismus, sieht man einmal von der offenen Holocaust-Leugnung ab, hat sich zweier Argumentationsstränge bedient: Der eine Strang fordert, »einen ›Schlussstrich‹ unter die Auseinandersetzung mit dem NS zu ziehen, schließlich sei bereits alles gesagt worden, man müsse endlich einmal zur ›Normalität‹ übergehen« (Suermann 2016, 271). Der andere Strang argumentiert so: Statt den gewaltförmigen Charakter des NS und dessen staatsterroristischen, verbrecherischen Züge anzuzweifeln, wird die Bedeutung des NS für eine verantwortliche und moralisch verpflichtende Politik der nachfolgenden Generationen relativiert. »Nicht Auschwitz selbst, sondern die Bedeutung dieses Verbrechens« (Ruoff 2001, 7) in histo-

rischer wie moralischer Hinsicht wird infragegestellt. »Jede Form erinnerungskultureller Aufarbeitung [erscheint so] als übertriebene bis antinationale Handlung«
(Suermann 2016, 271). Im AfD-Programm wird dementsprechend die »aktuelle
Verengung der deutschen Erinnerungskultur auf die Zeit des Nationalsozialismus«
beklagt. Die Rede Höckes von der »dämlichen Bewältigungspolitik« greift diese
Klage auf und spitzt sie in zynischer Weise zu, wenn er in vieldeutiger Weise vom
»Denkmal der Schande« spricht. Deutlicher als sonst wird bei ihm der völkische
Kern dieser Art Geschichtspolitik. Die »innere Erneuerung« des deutschen Volkes
mit dem Anspruch ethnischer Exklusivität ist nichts anderes als die alte Parole der
völkischen Bewegung von der »Wiedergeburt« des Volkes, nicht verstanden als
demos, sondern als ethnos.

Vor diesem Hintergrund wird deutlich, was Höcke mit dem »vollständigen
Sieg« der AfD meint: Es geht nicht primär um die 51%, wie es an einer Stelle der
Rede heißt, also um die absolute Mehrheit, wie sie jede Partei anstrebt. Vielmehr
geht es um die Durchsetzung einer Gesellschaftsordnung auf der Basis eines völkischen Nationsverständnisses jenseits einer pluralistisch verfassten Gesellschaftsordnung.

Ein realpolitischer Gegenentwurf?

Die Reaktion des Bundesvorstandes auf die Kampfansage Höckes erfolgte, nach
kurzem Zögern, am Tag nach der Bundespräsidentenwahl (13.02.2017). Der Bundesvorstand beschloss gegen die Stimmen von Gauland, Poggenburg, Meuthen und
Armin-Paul Hampel (niedersächsischer Landesvorsitzender) ein Parteiausschlussverfahren. Umgehend drohte Höcke, die Entscheidung besitze »zweifellos das Potential zur Spaltung der Partei«.[21] Aus der Partei erhob sich heftiger Widerspruch
gegen die Entscheidung des Bundesvorstandes. Selbst im sächsischen Landesverband kam es zu einem Aufstand gegen Frauke Petry. Sie war daher gezwungen,
um ihr Gesicht zu wahren, argumentativ nachzulegen. Dies geschah in Form eines
Strategiepapiers (»Zukunft gestalten«)[22], mit dem Petry versuchte, den Kurs der
Partei in Abgrenzung gegen Höcke aus ihrer Sicht zu umreißen. Realpolitik versus
Fundamentalopposition – so lautete die von ihr gesetzte Alternative.

Petry sieht in ihrem Papier zur »strategischen Ausrichtung der AfD«, das sie
als Antrag an den Bundesparteitag in Köln (22./23.04.2017) einbrachte, mehrere
Defizite der fundamentaloppositionellen Strategie Höckes, der freilich namentlich
nicht erwähnt wird, im Gegensatz zu Gauland, der anstelle von Höcke als Kontra-

---

21 Zit. nach: http://www.faz.net/aktuell/politik/inland/afd-vorstand-will-bjoern-hoecke-
ausschliessen-14875365.html.
22 Im Folgenden zit. nach http://www.zukunftsantrag.de/dr-frauke-petry-sachantrag-zur-
strategischen-ausrichtung-der-afd.

hent fungiert. Mit dieser personellen Rochade versuchte Petry zu suggerieren, es ginge ihr nicht speziell um eine Abrechnung mit (dem auf dem Parteitag abwesenden) Höcke, sondern um eine grundsätzliche Auseinandersetzung um eine aus ihrer Sicht verfehlte Strategie. Durch die Adressierung der Kritik an Gauland (für diese Personalisierung hat sie sich auf dem Bundesparteitag entschuldigt) wird zudem der Eindruck vermittelt, Höckes Ausführungen würden sich im Rahmen einer letztlich von Gauland zu verantwortenden Strategie bewegen, was an sich schon eine Verkennung der Position Höckes bedeutet.

Wo sieht Petry nun die Defizite? – Ausgangspunkt ihrer Überlegungen ist die von ihr als Kernpunkt einer fundamentaloppositionellen Strategie bezeichnete »Öffnung des Diskursraumes« nach rechts, und zwar soweit, dass die »Kernpositionen« der AfD dann als »mittige Positionen« im gesamten Diskursraum erscheinen würden. Diese Verschiebung bedeute, dass man sich »auch abseitiger Meinungen und Standpunkte«, also auch solcher »außerhalb des bürgerlichen Korridors« bedienen müsse. Bürgerliches Publikum könne dadurch verschreckt werden und die Partei der »gesellschaftlichen Verankerung über gesellschaftliche Multiplikatoren« verlustig gehen. Eine weitere Schwächung sieht Petry dann, wenn die Partei ihre »eigentliche Wirkung« durch außerparlamentarischen Druck erreichen wolle: eine solche Schwerpunktsetzung funktioniere auch mit »geringen Prozentsätzen«. Und anstatt die eigene »Machtbasis« weiter auszubauen, setze man auf das »Heranrücken [der anderen Parteien; d. Vf.] an die Positionen der AfD«, um »Veränderungen in unserem Land« zu erreichen. Eine derartige Strategie, die die Bürger verschrecke und den Parteiausbau schwäche, benötige »für ihre Wirksamkeit ungefähr eine Generation, also 20-30 Jahre«, vorausgesetzt, die Partei überlebe diesen langen Zeitraum.

Die realpolitische Strategie, die Petry dagegen anbietet, ziele mit einer »klare[n] Programmatik« – gemeint sind die Kernelemente des aktuellen Grundsatzprogramms der AfD – auf ehemalige bürgerlich-konservative Wähler der CDU und die anderer Parteien. Sie sei auf einen nahen Zeitraum berechnet, d.h. man strebe »ab der zweiten Legislaturperiode *relative* Mehrheiten« (Hervorhebung durch Vf.) an und Koalitionen unter Führung der AfD. Voraussetzung sei »die Entkernung und Schwächung« der anderen Parteien, man müsse »breite Bevölkerungsschichten«, vor allem auch Intellektuelle und »leistungsstarke Stützen der Gesellschaft« gewinnen, anders ausgedrückt: eine hegemoniale Position in der Gesellschaft erringen. »Diese Strategie«, so Petry, »ist komplexer, stellt höhere Anforderungen an Programm und Personal, könnte aber in kürzerer Zeitspanne zum Erfolg führen.« Hilfreich seien z.B. die Erfahrungen der FPÖ.

Petry betont, dass die beiden Strategien inkompatibel seien. Insbesondere bestünde im ersten Fall die Gefahr, dass einzelne Funktionäre vorpreschen und unabhängig von der »Beschlusslage der Partei« fundamentaloppositionelle Positionen propagieren könnten und somit »alle Parteimitglieder in Haftung nehmen« könnten, womit Petry offensichtlich auf Höckes Provokationen abzielt. Ein realpolitischer Ansatz sei dagegen nur tragfähig vor dem Hintergrund eines breiten Konsenses in der Partei und einer allgemein akzeptierten Beschlusslage.

Ausblick

Petrys Kritik trifft sicherlich einige Punkte des Höckeschen Konzepts, gleichwohl ist die Kritik wenig glaubwürdig. So lässt sie es offen, welche »abseitigen« Ansichten denn von Vertretern einer fundamentaloppositionellen Strategien geäußert werden bzw. wurden und welches Ziel letztendlich von dieser Seite verfolgt wird. Petry selbst äußerte in der Vergangenheit, dass man den Begriff des »Völkischen« rehabilitieren müsse.[23] Und in ihrer Rede auf dem Europa-Kongress der AfD in Koblenz (21.01.2017) sprach sie ganz im Sinne der völkischen Ideologie von einer »Durchmischung« der europäischen Völker.[24]

Man gewinnt den Eindruck, dass mit dem Strategie-Papier aus opportunistischen Erwägungen eine Art Reißleine gezogen werden sollte, um die eigene Machtposition (und die von Marcus Pretzell) zu stärken, allerdings ohne Erfolg. Der Bundesparteitag plädierte mehrheitlich für die Nichtbefassung mit dem Antrag. Auch misslang der Versuch des Petry-Lagers, die Wahl eines oder mehrerer Spitzenkandidaten für die Bundestagswahl zu verhindern (nachdem Petry selbst im Vorfeld des Parteitages auf eine Spitzenkandidatur verzichtet hatte). Insofern muss man von einer herben Niederlage Petrys sprechen und von einem Rückschlag bei ihren Ambitionen, ihre Position als Bundesvorsitzende zu stärken und in einer künftigen Bundestagsfraktion den Vorsitz zu beanspruchen.

Gleichwohl ist damit der Kampf zweier Linien nicht beendet, auch wenn mit Alice Weidel und Alexander Gauland ein Spitzenkandidaten-Duo gekürt wurde, das, wie Karlheinz Weißmann in einem Online-Kommentar für die JF schrieb, die »beiden Hauptströmungen der Partei« verkörpert: »die klassisch-liberale, die für wirtschaftliche Vernunft und Leistungsprinzip steht, die volkskonservative, die die AfD in erster Linie als Interessenwahrerin der einfachen Leute etabliert hat [!] und den Gedanken der Nation hochhält«.[25] Das klingt nach neuer Harmonie. Aber weder ist Alice Weidel eine »klassisch-liberale« Persönlichkeit, sondern vertritt einen neoliberalen Kurs, der mit den »einfachen Leute[n]«, auf die sich Gauland beruft, wenig zu tun hat. Noch erklärt Weißmanns ›Ritterschlag‹, Gauland

---

23 Vgl.   https://www.welt.de/politik/deutschland/article158049092/Petry-will-den-Begriff-voelkisch-positiv-besetzen.html.
24 Vgl.   http://www.spiegel.de/politik/deutschland/afd-gauland-und-meuthen-stimmen-gegen-hoecke-beschluss-a-1131299.html.
25 Vgl. https://jungefreiheit.de/debatte/kommentar/2017/beweis-politischer-vernunft/.

sei ein Volkskonservativer, warum Gauland im Bundesvorstand seine schützenden Hände über Björn Höcke (gegen Alice Weidel!) gehalten hat, der wiederum in der JF mehrfach auf das Heftigste kritisiert worden ist. Als Schlussfolgerung aus diesen Ungereimtheiten bleibt: Solange die Causa Höcke nicht geklärt ist und solange Höcke das Konzept einer »fundamentaloppositionellen Bewegungspartei« in der AfD verfolgen kann, solange wird der Kampf zweier Linien weitergehen, und zwar nicht nur in der AfD, sondern auch in der Neuen Rechten.

Literatur

(Alle Internetquellen wurden am 23.06.2017 noch mal abgerufen und überprüft)

Günther, Albrecht Erich 1931: Wandlung der sozialen und politischen Weltanschauung des Mittelstandes, in: Der Ring 4. Jg., Nr. 22, 408-410.

Häusler, Alexander/Virchow, Fabian 2016: Fazit, in: Dies. (Hg.): Neue soziale Bewegung von rechts? Hamburg, 122-125.

Puls, Hendrik 2016: Die Anti-Asyl-Agitation des Neonazi-Spektrums, in: Häusler, Alexander/Virchow, Fabian (Hg.): Neue soziale Bewegung von rechts? Hamburg, 105-114.

Kellershohn, Helmut 2015: Die jungkonservative Neue Rechte zwischen Realpolitik und politischem Existenzialismus, in: Zeitschrift für Geschichtswissenschaft 63. Jg., H. 9, 721-740.

Kemper, Andreas 2016: Zur NS-Rhetorik des AfD-Politikers Björn Höcke, in: DISS-Journal 32, 3-5.

Kopke, Christoph 2016: Der III. Weg, in: Burschel, Friedrich (Hg.): Durchmarsch von rechts, Berlin, 79-87.

Kubitschek, Götz 2007: Trotzdem: Preußen! Zehn Thesen zum Preußischen Typus, zum Wahlpreußen und zum Staat, in: Junge Freiheit 09/2007, 18-19

Kubitschek, Götz 2015: Der Typ Bernd Lucke oder Es gibt keine Alternative im Etablierten, in: Sezession im Netz, 22.03.2015, https://sezession.de/48964.

Kubitschek, Götz 2016: Nach dem Triumph der AfD (2): Das sowieso gefrierende Wasser, in: Sezession im Netz, 15.03.2016, https://sezession.de/53523.

Mann, Wiggo 2008: Metapolitik, in: Sezession 25, 56.

Michels, Robert: Italien von Heute. Politische und wirtschaftliche Kulturgeschichte von 1860 bis 1930, Zürich/Leipzig 1930.

Moeller van den Bruck 1931: Das Dritte Reich, 3. Aufl., Hamburg.

Paul, Jobst 2016: Der Niedergang-der Umsturz-das Nichts, in: Kellershohn, Helmut/Kastrup, Wolfgang (Hg.): Kulturkampf von rechts, Münster, 122-145.

Stein, Dieter 2005: Phantom »Neue Rechte«, Berlin.

Ruoff, Alexander 2001: Verbiegen, Verdrängen, Beschweigen. Die Nationalgeschichte der Jungen Freiheit, Münster.

Suermann, Lenard 2016: Art. »Schuld-Kult«, in: Gießelmann, Beate/Heun, Robin u.a. (Hg.): Handwörterbuch rechtsextremer Kampfbegriffe, Schwalbach/Ts., 269-281.

Waldstein v., Thor 2016: »Wir Deutsche sind das Volk«. Zum politischen Widerstandsrecht der Deutschen nach Art. 20IV Grundgesetz in der »Flüchtlingskrise«, Schnellroda/Steigra.

Weber, Klaus 2016: »schreiben, als ob alles davon abhinge...«. Notizen zur Faschisierungsfrage, in: Das Argument 318, 483-500.

Weißmann, Karlheinz 2016: Rubikon. Deutschland vor der Entscheidung, Berlin.

Zastrow, Volker 2015: Die neue völkische Bewegung, in: F.A.S. v. 29.11.2015, http://www.faz.net/aktuell/politik/inland/afd-die-neue-voelkische-bewegung-13937439.html.

Normalität seit Pegida. Zurück zur Normalität?

von Johannes Richter

Die Aufregung um die sogenannten »Spaziergänge« der selbsternannten Patriotischen Europäer gegen die Islamisierung des Abendlandes (Pegida) ist scheinbar verflogen: Die bundesweite Berichterstattung über die montäglichen Aufmärsche in Dresden, welche nun schon seit über 2,5 Jahren stattfinden und immer noch mindestens 1500 Menschen auf die Straße bringen, ist nahezu verebbt. Es könnte die These aufgestellt werden, die meisten Menschen denken, Pegida sei Geschichte und habe ihre Aktivitäten endgültig eingestellt. Nein! Pegida läuft montags immer noch durch die sächsische Landeshauptstadt und sie sind im Alltag der Stadt nach wie vor präsent, wenngleich ihre Bedeutung immer weiter schwindet. Die politische Auseinandersetzung hat sich vom Akteur Pegida gelöst, selbst der harte Kern der antirassistischen Proteste gegen die Aufmärsche verliert immer mehr an Organisationsstruktur[1] und der Aufruhr in der (sächsischen) Politik über den Umgang mit dem Phänomen Pegida scheint einem einvernehmlichen Ignorieren gewichen zu sein – Pegida habe sich mit einer diagnostizierten Radikalisierung selbst ins Aus geschossen und sei damit irrelevant, so scheint es stillschweigender Konsens zu sein. Explizite Bezüge zu den rassistischen Demonstrationen, ihren OrganisatorInnen um Lutz Bachmann oder den Gegenprotesten finden sich kaum noch im sächsischen Politikbetrieb – einzig einige JournalistInnen fordern unermüdlich Stellungnahmen zum Phänomen Pegida. Die wissenschaftliche Aufarbeitung beschäftigt sich vermehrt mit dem allgemeinen gesellschaftlichen Rechtsruck, in dem Pegida zunehmend als einer von vielen Akteuren verschwimmt. Wieso also ein Beitrag zum Phänomen Pegida, welche Fragen und Perspektiven könnten neue Erkenntnisse ans Licht bringen? Ist Pegida nach zwei Spaltungen des Organisationsteams[2] und dem Einbruch der Teilnehmendenzahlen nicht gescheitert und damit bedeutungslos?

---

1   Im Juni 2017 kündigte *Nope!*, die letzte aktive Gruppe, welche regelmäßig NoPegida Demonstrationen organisierte, ihren Rückzug an. Auch andere lokale Gruppe, wie das spektrenübergreifende Bündnis *Dresden-Nazifrei, Herz statt Hetze* oder *Frühjahrsputz* verzichteten auf weitere antirassistische und antifaschistische Proteste. Der ohnehin schwach aufgestellte Gegenprotest verliert damit immer mehr an Struktur und eine sichtbare Position gegen die rassistischen, sexistischen und nationalistischen Pegida-Demonstrationen wird immer kleiner.

2   Die erste Spaltung des Pegida-Organisationsteams vollzog sich Ende Januar 2015, als nach dem Bekanntwerden von einem sogenannten »Hitler-Selfie« vom Pegida-Vorsitzenden Lutz Bachmann und rassistischen Äußerungen auf seinem privaten Facebook-Account zahlreiche Pegida-GründerInnen das Team verließen. Die zweite Spaltung ist mit dem Rauswurf von Tatjana Festerling vollzogen worden, die bis Juni 2016 Oberbürgermeisterkandida-

Mag Pegida als Akteur zunehmend in der Bedeutungslosigkeit versinken, die Teilnehmendenzahlen weiter rückläufig sein und sicherlich die montäglichen Aufmärsche irgendwann ein Ende haben, die Effekte, die das Phänomen Pegida erzielt hat, bestimmen die politische Debatte und haben zahlreiche Diskurse maßgeblich (nach rechts) verschoben.[3] Es bleibt die Frage: Wenn in der Auseinandersetzung zu Pegida scheinbar wieder Normalität eingezogen ist, wie sieht diese Normalität aus und welche (De-)Normalisierung konnte beobachtet werden? Der vorliegende Beitrag möchte hierfür erste Anhaltspunkte geben und versteht sich als Aufschlag für eine noch ausstehende breitere Forschung. Er beginnt mit einem Abriss über die aktuelle Situation in Dresden.[4] Anschließend diskutiert er beispielhaft anhand der Geschehnisse um den Tag der deutschen Einheit in Dresden am 03.10.2016 die Differenzierung der extremen Rechten.

Von der Straße …

Es ist mittlerweile ein nahezu familiäres Verhältnis der AnhängerInnenschaft von Pegida zu beobachten – sie kennen sich, schließlich gehen sie seit mittlerweile über 2,5 Jahren gemeinsam fast jeden Montag zusammen »spazieren«. Es wird sich freundschaftlich begrüßt, über die Ereignisse der letzten Woche ausgetauscht, gelacht, die neuesten Flyer, Aufrufe oder Aufkleber verteilt und eingesammelt und sich gemeinsam am politischen Gegner ergötzt. Die Veranstaltung wird mit Reden eröffnet, in denen im Wesentlichen das zuvor Ausgetauschte durch RednerInnen – stilistisch und rhetorisch für die Masse aufbereitet – wiederholt wird. Erzählungen von »Ausländerkriminalität«, Berichte der verhassten »Lügenpresse« oder die Verkündung neuer Kampagnen durch das Organisationsteam, eingerahmt von Rufen wie »Merkel muss weg«, »Lügenpresse« oder »Wir sind das Volk«. In regelmäßigen Abständen sprechen VertreterInnen der Neuen Rechten, wie Götz Kubitschek (Institut für Staatspolitik) (vgl. Kellershohn 2016), Martin Sellner (Identitäre Bewegung) (vgl. Bruns, Glösel, und Strobl 2016) oder der Chefredakteur des Querfrontmagazins Compact Jürgen Elsässer (vgl. Schilk 2017) bei Pegida und sorgen so nicht zuletzt für eine ideologische Schulung der AnhängerInnenschaft. Zunehmend wird auch der Schulterschluss mit der AfD gesucht und so mehren sich auch die Reden von AfD-PolitikerInnen. Anschließend wird eine Runde durch die barocke Innenstadt Dresdens gelaufen. Die Auftaktorte und Laufstrecken wechseln zwischen den meist immer gleichen Plätzen – Altmarkt, Neumarkt, Schlossplatz oder Theaterplatz

---

tin, Frontfrau und neben Lutz Bachmann Hauptrednerin auf den Aufmärschen war und die ideologische Ausrichtung von Pegida deutlich prägte.

3   http://www.diss-duisburg.de/2016/11/johannes-richter-die-effekte-von-zwei-jahre-pegida/ (Abruf: 11.06.2017).

4   Bis Redaktionsschluss Juni 2017.

– in der Dresdner Altstadt[5]. Streift der Demonstrationszug Menschen, die sich antirassistisch äußern oder nicht dem Bild der weißen Dresdner Mehrheitsgesellschaft entsprechen, schallt »Abschieben«, »Dreckspack« oder »Geht arbeiten« durch die Straßen. Ernsthafte Störungen oder Einschränkungen müssen die Pegida-AnhängerInnen nicht befürchten, die sächsische Polizei verzichtet bei ihnen auf Vorkontrollen und das konsequente Durchsetzen der Demonstrationsauflagen und schirmt antifaschistischen Gegenprotest so rigoros ab, dass oft nur ein kurzer antirassistischer Protest in Hör- und Sichtweite zu Pegida möglich ist. Zurück am Auftaktort wird die Veranstaltung nach einigen Abschlussreden beendet. Einige verbleiben an etablierten Orten auf Bier und Bratwurst, andere suchen nochmal den Kontakt zu RednerInnen oder dem Organisationsteam, die Mehrzahl der AnhängerInnenschaft zerstreut sich aber in alle Richtungen. Die Anzahl der DemonstrantInnen hat sich in den letzten Monaten bei 1500-2300 Menschen eingependelt.[6] Die Aufregung bleibt aus, die Montage gleichen einem eingespielten Ritual, aus dem nur durch größerer Ereignisse, wie Jahrestage, von Pegida ausgerufene Aktionstage oder dem Austesten neuer Demonstrationsstrecken durch den alternativen Dresdner Stadtteil Neustadt ausgebrochen wird. Die Berichterstattung in der lokalen Presse beschränkt sich auf kurze Abrisse der Geschehnisse und nur bei größeren Vorkommnissen hält die Aufmerksamkeit über die Dienstagsausgabe hinaus an.

Es bleibt das »Glück« der Montagabende, dass Pegida auf der Straße als solches zu erkennen ist und Betroffene von Rassismus so Orientierung bekommen, wo sich der aktuelle Angstraum für sie befindet. Darüber hinaus ist dieser Raum nicht zu lokalisieren, es sei denn, er wird auf die ganze Stadt ausgeweitet. Die rassistische Stimmung und der Wegfall jeglicher Hemmungen sorgten für einen erheblichen Anstieg rechter Gewalt und Straftaten – auch außerhalb von Demonstrationsgeschehnissen. 285 rassistisch motivierte Angriffe registrierte die RAA Opferberatung im Jahr 2016 in Sachsen. Schwerpunktregion ist wie 2015 die Stadt Dresden. Die Opferberatung verzeichnet seit Pegida den höchsten Stand rechter Angriffe seit Beginn ihrer Tätigkeit und ist insbesondere über die steigenden Angriffe auf Kinder und Jugendliche im Jahr 2016 erschrocken.[7] Auch in den Gerichten der Stadt

---

5   Der Vollständigkeit halber sei hier erwähnt, dass phasenweise auch der Wiener Platz vor dem Dresdner Hauptbahnhof Start und Endpunkt der Demonstrationen war und sich damit die Aufmarschstrecke nicht auf die historische Altstadt beschränkt, sondern auch in die innerstädtischen Einkaufpassagen und Konsummeilen vordringt.

6   Die Zahlen entsprechen den Veröffentlichungen der Forschungsgruppe *durchgezählt*, welche in regelmäßigen Abständen die Teilnehmendenzahlen erhebt. https://durchgezaehlt. org/ (Abruf: 11.06.2017).

7   https://raa-sachsen.de/pressemitteilung/pressemitteilung-der-opferberatung-fuer-betroffene-rechtsmotivierter-und-rassistischer-gewalt-des-raa-sachsen-ev-3645.html (Abruf:11.06.2017).

Dresden findet sich diese Statistik mittlerweile im Alltag wieder, wöchentlich finden Prozesse gegen rechte GewalttäterInnen, HetzerInnen in sozialen Netzwerken sowie wegen rassistischer Beleidigungen oder Angriffen statt. Die Vielzahl davon bleibt ohne größere Medienaufmerksamkeit. Nur bei größeren Angriffen oder Unregelmäßigkeiten und Pannen der Ermittlungsbehörden finden sich ausführliche Berichte in der lokalen Zeitung.[8]

… zurück in die Köpfe.

Es gab zahlreiche Studien, die Aussagen darüber versucht haben, wie die politische Einstellung der Pegida-AnhängerInnnenschaft einzuschätzen ist. Die Antworten schwankten zwischen Wendeverlieren und RechtspopulistInnen (vgl. Rehberg/ Kunz/Schlinzig 2016; Daphi et al. 2015); eine gesamtgesellschaftliche Einbettung blieb lange aus. Der Vergleich und die Einbettung in seit Jahren durchgeführte Studien über menschenverachtende Einstellungen oder gruppenbezogene Menschenfeindlichkeit ließ die Überraschung über Pegida zur Überraschung werden[9] und die Tatsache offenkundig werden, dass Pegida seit Jahren erwartet werden konnte (vgl. Fehser 2017,57). Pegida schaffte es, vorhandene Einstellungen auf die Straße zu mobilisieren und öffnete den Weg für rassistisches und extrem rechtes Verhalten. Ließen die anfänglichen Schweigemärsche von Pegida zunächst nur ein Protestverhalten erkennen, wurde dieses bei der Oberbürgermeisterwahl in Dresden im Juni 2015 durch die Pegida-Kandidatin Tatjana Festerling zum Wahlverhalten[10]. Die Gründungen zahlreicher Bürgerinitiativen und rechter Netzwerke verdeutlichte die gewachsene Bereitschaft der AnhängerInnenschaft, selbst aktiv zu werden und stellte innerhalb des extrem rechten Verhaltens eine neue Dimension dar (vgl. Stöss 2010, 21). In einigen Stadtteilen schafften es rechte AnwohnerInnen über Wochen den Bezug einer geplanten Asylunterkunft zu verzögern.[11] Die 727 extrem rechten

---

8   Hier sei zu erwähnen, dass die Sächsische Zeitung (SäZ) immer mehr ihrer Verantwortung einer kritischen Beobachtung nachkommt. Dank der kritischen Berichterstattung eines SäZ-Reporters über die Ermittlungsarbeit der sächsischen Polizei, welche Namen bei Vernehmungen vertauschte oder Beweisvideos von JournalistInnen nicht angesehen haben, kam es zur Neuprüfung eines Verfahrens. In dem Verfahren wird ein Angriff durch mutmaßliche Pegida-Anhänger verhandelt, diese sollen am Rande einer Pegida-Demonstratione einen Böller auf Gegendemonstranten geworfen haben. Eine NoPegida-Demonstratin erlitt daraufhin ein Knalltrauma. Der Böllerwurf wurde von umstehenden JournalistInnen gefilmt und dokumentiert, das Beweisvideo welches der Polizei übermittelt wurde, wurde von dieser jedoch nur unzureichend ausgewertet. http://www.sz-online.de/nachrichten/knalltrauma-prozess-ausgesetzt-3633158.html (Abruf:11.06.2017).
9   Vgl. https://hpd.de/artikel/10860 (Abruf 11.06.2017).
10 Über 21.000 Menschen gaben Tatjana Festerling im ersten Wahlgang ihre Stimme.
11 http://jungle-world.com/artikel/2015/44/52915.html (Abruf: 11.06.2017).

Aufmärsche allein im Jahr 2015 sind nicht von einem harten Kern organisiert worden, sondern hinter ihnen stehen endlose aktivierte BürgerInnen, die sich in lokalen »Nein zum Heim«-Kampagnen zusammenschlossen und ihre rassistische Einstellung in Handlungen münden ließen. Der »lange Sommer der Migration« (Hess et al. 2017) gipfelte im Pegida-Kernland Sachsen in tagelangen rechten Ausschreitungen in Heidenau im August 2015, rechtem Straßenterror in Freital[12] und unzähligen Brandanschlägen auf (geplante) Asylunterkünfte. (Vgl. Funke 2016) Die Frage, warum die im Sommer der Migration sichtbar gewordene und beschworene »Willkommenskultur« in Dresden und Sachsen gerade nicht beobachtet werden konnte, sondern Sachsen zunehmend zum braunen Fleck in »Dunkeldeutschland« wurde, ist Gegenstand zahlreicher Forschungen und gehört bei nahezu jeder Pegida-Studie zur Rahmung. Der hier vorliegende Beitrag möchte einen Schritt zurückgehen und bei den Einstellungsmustern und Verhaltensdimensionen von Rechtsextremismus ansetzen (vgl. Stöß 2010). Andreas Zick und Beate Küpper (vgl. 2016, 100 ff.) erörterten rechtsextreme Verhaltensweisen. Sie diskutieren dabei die Bedeutung von sozialen Normen und die Gelegenheitsstrukturen für überlegtes Handeln und geplantes Verhalten (vgl. Ajzen und Fishbein 2005) und übertragen diese auf extrem rechte Handlungen. Sie kommen zum Fazit:

> »Gibt es keine eindeutigen Normen, die der Gruppenbezogenen Menschenfeindlichkeit und den anderen rechtsextremen Einstellungsmustern entgegengesetzt werden, sind rechtsextreme Handlungen wahrscheinlicher.« (Zick und Küpper 2016, 101)

Blicken wir auf den sächsischen Politikbetrieb, welcher vom Misstrauen gegenüber der Zivilgesellschaft und der Kriminalisierung antifaschistischen Engagements geprägt ist (vgl. Jennerjahn 2016; Steinhaus, Heim, und Weber 2016), kurz in dem »Antifaschismus nicht die richtige Antwort ist« (Kampagne Sachsens Demokratie 2012), lässt sich die These aufstellen, dass es insbesondere in der sächsischen Landeshauptstadt Dresden keine eindeutige Norm gibt, sich gegen rechtes Gedankengut und die extrem Rechte einzusetzen. Das Ausbleiben großer antirassistischer Demonstrationen gegen Pegida, wie es sie in nahezu allen anderen Städten in dem sich Pegida-Ableger gegründet haben, gab, ist dafür einmal mehr ein Indiz. Zick und Küpper weisen darauf hin, dass sich verurteilte rechte TäterInnen insbesondere auf die Normen ihrer Bezugsgruppe und verbreitete Einstellungen in der Bevölkerung berufen (vgl. Zick und Küpper 2016, 101). Das Selbstverständnis von Pegida, für »das Volk« zu sprechen, verstärkt die Bereitschaft extrem rechter Verhaltensweisen und lässt bei der Pegida-AnhängerInnenschaft den Eindruck entstehen, sie setzten

---

12 Der Terrorprozess gegen die sogenannte »Gruppe Freital« läuft seit März 2017 in Dresden und wird durch die RAA Opferberatung dokumentiert. https://raa-sachsen.de/prozessgruppe-freital.html (Abruf 11.06.2017).

mit ihrem Verhalten den »Volkswillen« durch. Sie kommen deswegen ohne jegliche demokratische oder menschenrechtsorientierte Prozesse aus und betrachten jegliche Gegenrede als Verbot oder Einschränkung. Dieser Effekt führt zur überall beobachteten Radikalisierung: »Eine Radikalisierung ist zu erwarten, wenn extreme Handlungen mit Anerkennung und Belohnung, aber eben auch der impliziten Duldung durch das soziale Umfeld einhergehen.« (ebd. 102) Blicken wir auf den Umgang mit Pegida in der Stadt Dresden, fällt hier das bereits erwähnte ausgebliebene klare Zeichen gegen Gruppenbezogene Menschenfeindlichkeit auf, welches der sozialen Normsetzung gleichgekommen wäre. Im Gegenteil, die Themen von Pegida wurden übernommen,[13] Pegida in den Räumlichkeiten der sächsischen Landeszentrale für politische Bildung die Möglichkeit für eine Pressekonferenz gegeben und die Idee vom »besorgten Bürger« geboren. Dem »besorgten Bürger« sollte in unzähligen Dialogabenden die Ängste und Sorgen genommen werden. Die dahinter stehenden Einstellungen, blieben davon unberührt und es glich eher einer impliziten Duldung und Belohnung durch Aufmerksamkeit als einem klaren in die Schranken weisen. Die Radikalisierung der Pegida-AnhängerInnenschaft allein aus der Tatsache zu erklären, dass die antirassistischen Gegenreaktionen »psychologische Reaktanz« (ebd. 103) ausgelöst hätten und sich deswegen der Eindruck eingeschlichen habe, die Anliegen der Pegida-DemonstrantInnen seien relevant und richtig, vergisst diesen Aspekt der impliziten Duldung. Er verschränkt sich darüber hinaus mit dem Befund, dass menschenfeindliche Einstellungen und Gruppenbezogen Menschenfeindlichkeit bis weit in der Mitte der Gesellschaft zu finden sind. (vgl. Fehser 2017) Die Radikalisierung Pegidas ist somit Resultat eines mangelnden bürgerlichen und politischen Zeichens gegen Rassismus, Nationalismus und gruppenbezogene Menschenfeindlichkeit. Die »sächsische Demokratie« (Weiterdenken – Heinrich-Böll-Stiftung Sachsen 2012) geprägt vom Misstrauen gegenüber zivilgesellschaftlichen AkteurInnen, verhinderte zudem wirksame Aktionen gegen Pegida. Die menschenrechtsorientierte Normsetzung blieb aus und ließ damit der Pegida-AnhängerInnenschaft weitere Handlungsspielräume. Pegida und die in ihrer Bugwelle schwimmenden Akteure haben es geschafft, die von der Einstellungsforschung bereits seit Jahren dokumentierte gruppenbezogene Menschenfeindlichkeit (vgl. Heitmeyer 2002-2011) in Handlungen zu kanalisieren und damit den Rechtsruck in Deutschland auf die Straße zu tragen.

---

13 Eine der ersten Reaktionen auf Pegida war, dass der sächsische Innenminister Markus Ulbig verkündete, eine Sondereinheit für kriminelle Asylbewerber schaffen zu wollen. https://www.tag24.de/nachrichten/innenminister-ulbig-sondereinheiten-fuer-straffaellige-asylbewerber-2517 (Abruf: 11.06.2017).

Spielfeld für die extrem Rechte –
Der Tag der deutschen Einheit 2016 in Dresden

Die Feierlichkeiten am 3. Oktober 2016 in Dresden waren geprägt von Provokationen und Aufmärschen der extremen Rechten. Vier angemeldete Demonstrationen aus den unterschiedlichen rechten Spektren fanden in der sächsischen Landeshauptstadt an diesem Tag statt. Mit der Radikalisierung durch Pegida ging auch eine zunehmende ideologische und strategische Ausdifferenzierung eines völkischen Nationalismus auf der Straße einher. Sie schafft eine Auswahl an »Aktionsformen und Handlungsangebote der extremen Rechten« (Klare und Sturm 2016), die zugleich die Menschen befähigte, eigene Veranstaltungen zu organisieren. Diese Differenzierung zeigte sich besonders am Tag der Deutschen Einheit: vom Pegida Spaziergang um Lutz Bachmann über die »*FORTRESS EUROPE*« Kundgebung von Ex-Pegida Frontfrau Tatjana Festerling bis zur Demonstration eines Zusammenschlusses sächsischer Anti-Asylinitiativen bis hin zum organisierten Neonazimarsch: Alle Spektren der extremen Rechten führten an diesem Tag eigene Aktionen durch. Medienwirksam vereint waren die unterschiedlichen AkteurInnen in den Vormittagsstunden auf dem Dresdner Neumarkt als Bundeskanzlerin Angela Merkel, der damalige Bundespräsident Joachim Gauck und andere SpitzenpolitikerInnen zum Gottesdienst in die Frauenkirche geladen waren. Die »Volksverräter« (Feustel et al. 2016), der konstruierte innere Feind einer homogenen Volksgemeinschaft (vgl. Kellershohn 2013) war zum Schreien nahe und konnte erstmals direkt mit dem angeblichen »Volkswillen« konfrontiert werden. Im pöbelnden Mob vor der Frauenkirche vereinten sich organisierte Neonazis, AfD-AnhängerInnen, NPD-PolitikerInnen oder Identitäre unter dem Deckmantel einer Rauchpause, ausgerufen vom Pegida-Vorsitzenden Lutz Bachmann. Ein klares Statement gegen die menschenverachtende Ideologie oder ein Zurückdrängen durch die sächsische Polizei blieb auch an diesem Tag aus. Schaffen es die unterschiedlichen Spektren doch immer wieder zu konkreten Anlässen gemeinsam auf die Straße zu gehen, so ist die Differenzierung auf unterschiedlichen Ebenen zu beobachten. So kennzeichnet sich das neonazistische Spektrum durch direkte Gewalttaten oder wie in Freital durch organisierte Anschläge aus. Auch wenn es dieses Spektrum zwar immer weniger schafft, selbst eigene Demonstrationen oder Veranstaltungen durchzuführen, können sie für ihre direkten Aktionen immer mehr Leute aus einer rechts offenen Subkultur mobilisieren. Sie schwimmen in der Organisationsstruktur lokaler Anti-Asylinitiativen mit und nutzen die entstandene Erlebniswelt der montäglichen Pegida-Aufläufe für die Mobilisierung oder eigene Aktionen. Während organisierte Neonazis in Heidenau, Bautzen und Freital völlig enthemmt Geflüchtete, Nicht-Rechte und FlüchtlingshelferInnen angriffen, machen lokale Anti-Asylinitiativen im Dresdner Umland über den parlamentarischen Weg mit der AfD auf kommunalpolitischer

Ebene Druck. Die AfD nutzt die Wege der parlamentarischen Kontrolle, um gegen antirassistische und linke Initiativen mobil zu machen, diese zu durchleuchten und die Vergabe von Fördermittel zu beeinflussen. Ziel zahlreicher kleiner und großer Anfragen der AfD ist es, die öffentliche Debatte zu beeinflussen und jene Akteure in die Defensive zu drängen, die sich aktiv für eine antirassistische Praxis einsetzen und klar gegen menschenverachtende Einstellungen vorgehen.[14] Die lokalen Anti-Asylinitiativen nutzen die Informationen für die Planung ihrer Aktionen und betten sie in ihre politische Strategie mit ein. Die neurechten Akteure haben extrem an Handlungsspielraum gewonnen, die Identitäre Bewegung (IB) erhält bei Pegida Aufmärschen immer wieder prominente Aufmerksamkeit. Schnittmengen für das neurechte Spektrum bieten vermehrt auch wieder rechte Burschenschaftler, die gemeinsam mit der IB öffentlichkeitswirksame Aktionen durchführen. Zu besonderer Bedeutung hat es der neurechte »Ein Prozent e.V.« geschafft, welcher zunehmend auch ein ideologisches und intellektuelles Fundament bietet. Mit Götz Kubitschek, Jürgen Elsässer und Philip Stein stehen hinter dem Verein führende Denker der neuen Rechten und lassen ihn zum Sammelbecken neu-rechten Denkens werden. Seit der Eröffnung eines eigenen Vereinsbüros in der Dresdner Innenstadt ist der Handlungsspielraum des Vereins deutlich gestiegen und ihre Kampagnen werden nun begleitet von einer professionellen Medienaufbereitung.[15]

Die Bedeutung der unterschiedlichen Spektren hat sich mit dem Phänomen Pegida deutlich verschoben, waren es in Dresden zuvor eher neonazistische Akteure, die die extrem Rechte prägten und die es schafften, punktuell öffentliche Debatten zu bestimmen,[16] so ist dieses Spektrum durch Ausschreitungen, Angriffe und rechten Straßenterror der gewalttätige Arm einer »neuen Bewegung von Rechts« (Häusler und Virchow 2016).

Die sogenannte Neue Rechte ist mit ihrem metapolitischen Ansatz zunehmend erfolgreicher und öffentlich sichtbarer. Dies drückt sich insbesondere in der Intensität der Aktionen und der steigenden Medienaufmerksamkeit dieser AkteurInnen aus. Die Wochenzeitung Junge Freiheit (vgl. Kellershohn 2013) sowie das Hochglanz Magazin Compact (vgl. Schilk 2017) sind hier nur die bekanntesten Publikationen, die mittlerweile nicht mehr als »Bückware« an den Bahnhofskiosken liegen, sondern in steigender Auflage zunehmend Einfluss auf politische Debatten nehmen und die neue Bewegung ideologisch prägen und ihre Zielgruppe bis ins

14 https://www.antifainfoblatt.de/artikel/die-afd-gefahr-f%C3%BCr-die-zivilgesellschaft (Abruf:11.06.2017).

15 https://naziwatchdd.noblogs.org/post/2017/05/21/rechte-treffpunkte-und-objekte-in-dresden/ (Abruf: 11.06.2017).

16 Hier ist die Auseinandersetzung um Europas ehemals größten Neonaziaufmarsch zu erwähnen und der Dresdner Gedenkdiskurs, der zum Teil weit in die Mitte der Gesellschaft Wirkung erzielt. (Vgl. Autor_innenkollektiv Dissonanz 2013)

Bürgertum verordnen dürfen. Ganz im Sinne einer rechten Diskurspiraterie (vgl. Wamper, Kellershohn, und Dietzsch 2010) soll durch die IB der Anschluss an die »junge Generation« gewährleistet bleiben und der Ideologie des völkischen Nationalismus ein poppiges und modernisiertes Gesicht gegeben werden. Mit der AfD, dem Institut für Staatspolitik oder den Vereinsstrukturen des »Ein Prozent e.V.« verfügt diese Bewegung von rechts zunehmend über einen institutionellen und parlamentarischen Arm. Das Zusammenspiel der verschiedenen Spektren und Teile der neuen Bewegung von rechts hat es geschafft, dass die seit Jahren empirisch erhobenen menschenverachtende Einstellungsmuster Kanäle angeboten bekommen haben und so die Wahrscheinlichkeit gestiegen ist, dass diese in Handlungen münden.

Fazit

Im Rückblick auf eine Normalität seit Pegida muss festgestellt werden: Sie bedeutet in Dresden die Alltäglichkeit von rechten Übergriffen und eine Hegemonie, in der rassistische Äußerungen als ernstzunehmende Artikulation über Sorgen und Ängste wahrgenommen werden. Das Zusammenspiel aus rechter Gewalt auf der Straße, ideologischer Diskursstrategie in extrem rechten Publikationen und der Verankerung AfD in den Parlamenten ermöglicht es der extremen Rechten, Themen zu setzen, Diskurse zu verschieben sowie Auslassungen zu provozieren. Normalität seit Pegida bedeutet, dass aus seit Jahren bestehenden menschenverachtenden Einstellungsmustern Handlungen resultieren. Die unterschiedlichen Spektren der extremen Rechten mit ihrem ideologischen Grundkonsens des völkischen Nationalismus schaffen unterschiedliche Aktionsangebote für sich kanalisierende menschenverachtende Einstellungen. Insbesondere im Pegida-Kernland Sachsen und dessen Landeshauptstadt Dresden fehlt es an einer eindeutigen Normsetzung, sich gegen menschenverachtende Handlungen einzusetzen und so ein Kontrapunkt zur entstandenen rassistischen Hegemonie gewährleisten zu können. In dieser Entwicklung war Pegida als Akteur ein entscheidender Faktor, der es schaffte, bestehende rassistische Einstellungsmuster auf die Straße zu tragen und innerhalb von 2,5 Jahren durch seine Kontinuität die Aktionsangebote ausweitete und so entscheidenden Einfluss auf extrem rechtes Verhalten hatte. Dieses Verhalten geht inzwischen weit über reinen Protest hinaus und umfasst alle Dimensionen extrem rechten Verhaltens bis hin zu rechtem Straßenterror und rassistischen Brandanschlägen.

Literatur

Ajzen, Icek und Martin Fishbein 2005: The influence of attitudes on behavior, in: Dolores Albrarracin/Johnson, Blair T./Zanna, Mark P. (Hg.) 2005: The handbook of attitudes, Mahwaj/New York, Taylor & Francis Inc, 173–221.

Autor_innenkollektiv Dissonanz (Hg.) 2013: Gedenken abschaffen: Kritik am Diskurs zur Bombardierung Dresdens 1945, Berlin, Verbrecher Verlag.

Bruns, Julian/Glösel, Kathrin/Strobl, Natascha 2016: Die Identitären: Handbuch zur Jugendbewegung der Neuen Rechten in Europa, Münster, Unrast.

Daphi, Priska/Kocyba, Piotr/Neuber, Michael/Roose, Jochen/Rucht, Dieter/Scholl, Franziska/Sommer, Moritz/Stuppert, Wolfgang/Zajak, Sabrina 2015: Protestforschung am Limit? Eine soziologische Annäherung an Pegida, online verfügbar: https://www.wzb. eu/sites/default/files/u6/pegida-report_berlin_2015.pdf (Abruf: 11.06.2017)

Fehser, Stefan 2017: Demaskieren und Kontinuitäten. Pegida als Offenlegung und Entfesselung bestehender Dispositionen, in: Heim, Tino (Hg.): Pegida als Spiegel und Projektionsfläche. Wechselwirkungen und Abgrenzungen zwischen Pegida, Politik, Medien, Zivilgesellschaft und Sozialwissenschaften, Wiesbaden, Springer, 55–78.

Feustel, Robert/Grochol, Nancy/Prüwer, Tobias/Reif, Franziska/Ventil Verlag UG & Co. KG, (Hg.) 2016: Wörterbuch des besorgten Bürgers, Mainz, Ventil.

Funke, Hajo 2016: Von Wutbürgern und Brandstiftern: AfD-Pegida-Gewaltnetze, Berlin, Verlag für Berlin-Brandenburg.

Häusler, Alexander/Virchow, Fabian (Hg.) 2016: Neue soziale Bewegung von rechts? Zukunftsängste – Abstieg der Mitte – Ressentiments, Hamburg, VSA Verlag.

Heitmeyer, Wilhelm (Hg.) 2002-2011: Deutsche Zustände Folge 1-10, Berlin, Suhrkamp.

Hess, Sabine/Kasparek, Bernd/Kron, Stefanie/Rodatz, Mathias/Schwertl, Maria/Sontowski, Simon (Hg.) 2017: Der lange Sommer der Migration. Grenzregime 3. Berlin/Hamburg, Assoziation A.

Kampagne Sachsens Demokratie (2012): »Antifaschismus ist nicht die richtige Antwort«, in: Weiterdenken – Heinrich-Böll-Stiftung Sachsen (Hg.) »Sachsens Demokratie«? – Demokratische Kultur und Erinnerung, Medienlandschaft und Überwachungspolitik in Sachsen, Dresden, Weiterdenken, 70–75.

Kellershohn, Helmut (Hg.) 2013: Die »Deutsche Stimme« der »Jungen Freiheit«: Lesarten des völkischen Nationalismus in zentralen Publikationen der extremen Rechten, Münster, Unrast.

Kellershohn, Helmut 2016: Götz Kubitschek und das Institut für Staatspolitik, in: Kellershohn, Helmut/Wolfgang Kastrup (Hg.): Kulturkampf von rechts. AfD, Pegida und die Neue Rechte, Münster, Unrast, 92–106.

Klare, Heiko/Strum, Michael Sturm 2016: Aktionsformen und Handlungsangebote der extremen Rechten, in: Virchow,Fabian/Langebach, Martin/Häusler, Alexander (Hg): Handbuch Rechtsextremismus,Wiesbaden,Springer, 181–204.

Rehberg, Karl-Siegbert/Kunz, Franziska/Schlinzig, Tino (Hg.) 2016: Pegida – Rechtspopulismus zwischen Fremdenangst und Wende-Enttäuschung?Analysen im Überblick, Bielefeld, Transcript.

Schilk, Felix 2017: Souveränität statt Komplexität: wie das Querfront-Magazin »Compact« die politische Legitimationskrise der Gegenwart bearbeitet, Münster, Unrast.

Steinhaus, Maria/Heim, Tino/Weber, Anja 2016: »So geht sächsisch«. Pegida und die Paradoxien der »sächsischen Demokratie«, in: Heim, Tino (Hg.): Pegida als Spiegel und Projektionsfläche. Wechselwirkungen und Abgrenzungen zwischen Pegida, Politik, Medien, Zivilgesellschaft und Sozialwissenschaften, Wiesbaden, Springer, 143–96.

Stöss, Richard 2010: Rechtsextremismus im Wandel, Berlin, Friedrich-Ebert-Stiftung, online verfügbar: http://library.fes.de/pdf-files/do/08223.pdf (Abruf 11.06.2017).

Wamper, Regina/Kellershohn, Helmut/Dietzsch,Martin (Hg.) 2010: Rechte Diskurspiraterien: Strategien der Aneignung linker Codes, Symbole und Aktionsformen, Münster, Unrast.

Weiterdenken – Heinrich-Böll-Stiftung Sachsen (Hg.) 2012: «Sachsens Demokratie»? – Demokratische Kultur und Erinnerung, Medienlandschaft und Überwachungspolitik in Sachsen. Dresden, Weiterdenken, online verfügbar: http://www.weiterdenken.de/de/2014/05/01/sachsens-demokratie-demokratische-kultur-und-erinnerung-medienlandschaft-und (Abruf 11.06.2017).

Zick, Andreas/Küpper, Beate 2016: Rechtsextreme und menschenfeindliche Einstellungen, In: Virchow, Fabian/Langebach, Martin/Häusler, Alexander (Hg.): Handbuch Rechtsextremismus, Wiesbaden, Springer, 83–114.

Zeit zu handeln?

Die NPD und andere Neonazis nach dem Aufstieg der AfD

von Martin Dietzsch

Die Situation für die NPD und andere neonazistische Parteien und Gruppierungen hat sich seit dem Aufkommen von AfD und Pegida erheblich gewandelt. Diese neue Entwicklung soll hier kurz skizziert werden.

NPD

Die Nationaldemokratische Partei Deutschlands (NPD) ist nach wie vor die älteste und die zahlenmäßig größte Partei des neonazistischen Spektrums. Nachdem 2003 das erste Verbotsverfahren gegen die Partei gescheitert war, erlebte die NPD einen damals für viele Beobachter*innen überraschenden neuen Aufschwung. Es kehrten Mitglieder zurück, die angesichts des drohenden Verbots ausgetreten waren. In Sachsen zog die Partei 2004 in den Landtag ein (9,2 %), in Mecklenburg-Vorpommern 2006 (7,3 %).

Ende 2013 reichte der Bundesrat den zweiten NPD-Verbotsantrag beim Bundesverfassungsgericht ein. Durch das laufende Verbotsverfahren wurde die Partei in den folgenden Jahren erheblich geschwächt: Zahlreiche Vertrauenspersonen des Verfassungsschutzes wurden abgeschaltet, sie verloren ihr Zusatzeinkommen und den Schutz der Behörden. Wieder traten NPD-Funktionäre aus der Partei aus und wandten sich anderen neonazistischen Organisationen zu. Der Vorsitzende Holger Apfel legte sein Amt nieder und wurde Kneipenwirt auf Mallorca. Um nicht zusätzliche Verbotsgründe zu schaffen, war die Partei unter dem neuen Vorsitzenden Frank Franz zu einer gewissen Mäßigung im öffentlichen Auftreten gezwungen und verzichtete z.B. weitgehend auf provokative NS-Anspielungen. So fiel es der NPD schwer, sich gegenüber der sich ab 2013 entwickelnden innerrechten Konkurrenz – einerseits durch die Alternative für Deutschland (AfD), andererseits durch militante Neonazi-Kameradschaften – zu profilieren.

2014 scheiterte die NPD in Sachsen nach zwei Legislaturperioden knapp an der Fünf-Prozent-Hürde. Die konkurrierende AfD erzielte 9,7 Prozent. Ähnlich erging es der Partei 2016 in Mecklenburg-Vorpommern; sie erzielte nur noch drei Prozent, während die AfD 20,8 Prozent einfahren konnte. Im Januar 2017 nahm das Bundesverfassungsgericht ausgerechnet die durch das Verbotsverfahren mitverursachte Schwäche der NPD zum Anlass, von einem Verbot abzusehen. Für die Partei war dieses zweite Scheitern des NPD-Verbots freilich kein vollständiger Sieg, denn das Gericht stufte in seiner Entscheidung völkisches Gedankengut als unvereinbar mit dem Grundgesetz ein, und darüber hinaus regte es an, einen juristischen Weg für einen Ausschluss der NPD von der staatlichen Parteienfinanzierung zu finden.

Der Verlust aller ihrer Landtagsmandate an die Konkurrenz von der AfD bedeutet eine empfindliche finanzielle und logistische Schwächung der Partei. Die Reaktion des amtierenden NPD-Vorstands wirkt wie ein hilfloses ›weiter so!‹. Es gebe keinen Grund, den Kurs der Partei der neuen Situation anzupassen. Der Erfolg der AfD wurde nicht so recht ernst genommen, denn sie sei im Grunde nur eine verkappte CDU, die die Wähler*innen aber mit dem NPD-Original verwechseln können. So hieß es beispielsweise in einem Bericht über den Landesparteitag in Rheinland-Pfalz:

> Es »entpuppt sich die Scheinalternative von Tag zu Tag mehr als Abklatsch der CDU. Es ist daher nur eine Frage der Zeit, bis die Wähler erkennen, daß es einen politischen Wandel nur mit der NPD geben kann und wird. [Der NPD-Landesvorsitzende in Rheinland-Pfalz] Walter hat daher auch zum Ziel erklärt, vor allem die Unterschiede der NPD zu den anderen Parteien stärker herauszuarbeiten und darzustellen, wie eben die gesamtheitliche Betrachtung der Politik durch das lebensrichtige Menschenbild der NPD und unser Programm zur Wiederherstellung der Souveränität Deutschlands.« (NPD Landesverband Rheinland-Pfalz, 01.11.2016)

Der NPD-Vorsitzende Frank Franz erklärte in seinem Herbstinterview »Wie geht's weiter?« auf dem Youtube-Kanal der Parteizeitung DEUTSCHE STIMME den Erfolg der AfD nichtssagend mit dem ›gegenwärtigen Trend‹ und er wiederholte dies innerhalb von 18 Minuten gleich sieben mal. Die NPD werde so weitermachen wie bisher und dabei die Absage an die Westbindung und das Soziale betonen. Bis 2019 werde die gegenwärtige Durststrecke überwunden sein und man werde in die Landtage in Sachsen, Brandenburg und Thüringen einziehen. Franz sah »Anzeichen einer großen Tendenzwende« in Europa. (Deutsche Stimme TV, 07.10.2016)

Der ehemalige Schriftleiter von NATION EUROPA Karl Richter ist jetzt rechter Stadtrat in München und Assistent des NPD-Europaabgeordneten Udo Voigt. Er steht wie dieser in Opposition zum Vorsitzenden Frank Franz und versucht, die NPD europaweit zu vernetzen und eine Intellektualisierung der Partei zu fördern. Karl Richter bewertet AfD und Pegida positiv, denn sie hätten das Sagbarkeitsfeld so weit ausgeweitet, dass selbst NPD-Positionen heute normal erscheinen:

> »[...] Die angebliche ›Sprache der Nazis‹ ist eigentlich das Normale – die Dinge werden beim Namen benannt. Dagegen ist die Sprache der vorgeblichen ›Demokraten‹ Lüge. Sie verschleiert, vernebelt, tabuisiert, verdrängt. [...] hier wird vermutlich einmal die wichtigste Errungenschaft von Pegida, AfD etc. zu suchen sein – daß gegen die Lügensprache von Medien und Politikern eine ehrliche, wahre und adäquate Gegen-Sprache in der öffentlichen Diskussion verankert werden konnte. Das ist ungeheuer wichtig. Denn nur wenn die Begriffe stimmen, kann daraus auch richtiges Handeln erwachsen.« (Karl Richter, 16.10.2016)

Auch nach dem Scheitern des NPD-Verbots setzte sich der interne Machtkampf innerhalb der Partei fort. Der militante Flügel konnte sich bisher nicht durchsetzen, er hat aber an Boden gewonnen. Thorsten Heise, ehemals hoher FAP-Funktionär, heute NPD-Landesvorsitzender in Thüringen, ist einer der Wortführer. Er erhielt beim Bundesparteitag im März 2017 als Gegenkandidat zu Frank Franz 40 % der Delegiertenstimmen und wurde zum stellvertretenden Bundesvorsitzenden gewählt. Danach gab er folgendes Video-Statement ab:

> »Meine lieben Kameraden, ich bin gerade zum stellvertretenden Bundesvorsitzenden gewählt worden. Und ich möchte mich bei all den Kameraden bedanken, die mir ihr Vertrauen geschenkt haben und die mich auf den Schild gehoben haben. [...] Und vor allen Dingen eins: Ich bitte alle meine alten Kämpfer und alten Kameraden, wieder in die Partei einzutreten oder wieder mit der Partei zusammenzuarbeiten, denn ich stehe, das ist vollkommen klar, für den Weg der kompletten nationalen Einheitsbewegung neben der Alternative. Das habe ich immer getan und werde ich auch immer tun.« (Thorsten Heise, 12.3.2017)

Heise will die NPD wieder stärker gegenüber der Neonazi-Kameradschaftsszene und gegenüber den konkurrierenden militanten Kleinparteien öffnen, ohne sie zur NPD-Mitgliedschaft zu verpflichten.

> »Im Grunde möchte ich einer Partei angehören, die begriffen hat, dass wir endlich vom Widerstand in den Angriff übergehen. [...] Im Grunde ist es nicht ganz so wichtig, welches Parteibuch die Kameraden haben.« (NPD Landesverband Thüringen, 12.4.2017)

Heise trat am 1. Mai 2017 als Redner bei der Konkurrenzpartei Die Rechte in Dortmund auf und nahm nicht an der Kundgebung des NPD-Landesverbandes NRW am selben Tag wenige Kilometer entfernt in Essen teil. Er erklärte, er halte weder Die Rechte noch den III. Weg für Konkurrenzparteien. Die Zusammenarbeit mit den Kameraden in Dortmund klappe wunderbar. Die Rechte sammle sogar Unterschriften für den Wahlantritt der NPD zur Bundestagswahl. Mit einzelnen Thüringer Kameraden gebe es allerdings noch Differenzen. Heise glaubt, die Anhänger von AfD und Pegida würden sich mittelfristig so stark radikalisieren, dass sie am Ende in der NPD landen.

> »Ich glaube, dass wir die bessere Organisation rechts neben der Alternative sind. Und dass wir uns vernünftig aufstellen müssen und dafür sorgen müssen, dass wir wieder attraktiv werden für normale Menschen, die jetzt von unseren Vorfeldorganisationen Alternative für Deutschland und Pegida dafür vorbereitet werden, eines Tages ihren Weg zu uns zu finden. [...] Wir sind die gefährlichste Organisation für Deutschland neben der Alternative für Deutschland.« (NPD Landesverband Niedersachsen, 14.3.2017)

Die AfD als »Vorfeldorganisation« der NPD? In der Realität ist es doch wohl eher umgekehrt. Das heißt aber nicht, dass ein Wiedererstarken der NPD langfristig ausgeschlossen ist. Denkbar wäre eine unverbietbare NS-Nachfolge-Partei mit starker Gewaltorientierung, die der AfD die »Drecksarbeit« abnimmt. Vorbild wären also Jobbik in Ungarn oder die Goldene Morgenröte in Griechenland. Angesichts der zahlreichen Konkurrenz und der innerparteilichen Querelen sind die Voraussetzungen allerdings schlechter als 2003, die NPD zum Kern einer militanten Sammlungsbewegung zu machen.

Die Rechte und Der III. Weg

Es ist sehr fraglich, ob die Neonazis aus den konkurrierenden Formationen die Einladung Heises zur Rückkehr in die NPD annehmen. In den letzten Jahren bildeten sich aus verbotenen (oder vom Verbot bedrohten) Kameradschaften und enttäuschten ehemaligen NPD-Mitgliedern zwei parteiförmige Organisationen, die dabei sind, bundesweite Strukturen aufzubauen: Die Rechte und Der III. Weg. Beide Organisationen tragen provokativ ihren NS-Bezug zur Schau. So heißt z.B. der Materialversand von Die Rechte »Antisem.it Vertrieb«, ihre Zeitschrift »NS heute«. Sie propagiert, Stadtteile zum »Nazi-Kiez« zu machen, vertreibt Tragetaschen mit dem Aufdruck »I love NS« oder »HKN KRZ« (Hakenkreuz) und organisiert uniformierte Bürgerwehren unter der Bezeichnung »Stadtschutz«.

Der III. Weg erstellte eine bundesweite Landkarte mit Flüchtlingsunterkünften als potentielle Anschlagsziele und eine Broschüre »Kein Asylantenheim« mit einer Anleitung zu Aktionen gegen Flüchtlingsunterkünfte. Auch diese angebliche Partei organisiert uniformierte Bürgerwehren, hier unter dem Namen »Nationale Streifen«. In einem programmatischen Text gibt Der III. Weg die Stoßrichtung vor:

> »Wir hassen die Einwanderer nicht auf einer persönlichen Ebene. Die, die unsere Verachtung und Hass verdienen, sitzen in Berlin und in den Landtagen. Ihre Politik hat dazu geführt, dass das deutsche Volk sich in einen Kampf auf Leben und Tod mit Menschen anderer Kulturen befindet. Wir wünschten uns diesen Konflikt nicht, aber er ist nun mal da und die Zeit lässt sich nicht zurückdrehen. Das einzige was wir nun tun können, ist alles in unsere Macht stehende zu tun, um aus diesem Konflikt siegreich hervorzugehen. [...] Was sich aber zart und unbewusst im Volk anbahnt, ist eine Revolution, ein vages Erinnern an lang Vergessenes. [...] Man erinnert sich, dass der Staat mehr sein sollte als ein Organ, das die Regeln zur gegenseitigen Ausbeutung festlegt, sondern ein Bollwerk der Zivilisation gegen das Chaos der dritten Welt. Es ist die Stimme des Blutes die wieder zu uns spricht, verschüttet unter Umerziehung und Konsum, aber unbesiegbar, solange noch ein Deutscher atmet. Im Angesicht des Todes ruft sie uns zur Tat. Der III. Weg antwortet diesem Ruf und jeder Deutsche, der diesen Ruf ebenfalls hört, ist aufgefordert sich uns anzuschließen. Wir [...] haben den Liberalismus als das erkannt was er ist: Der Feind Deutschlands und der Völker Europas. Er ist es, der uns als Volk restlos auslöschen will. [...] Der Liberalismus wird aber nicht freiwillig das Feld räumen und die Zeit

arbeitet gegen uns. Es muss Schluss sein mit den endlosen Debatten. Es ist Zeit zu handeln.« (Der III. Weg, 7.11.2016)

Diese Töne erinnern stark an die euphorische Stimmung in der Neonazi-Szene während der Anschlagswelle Anfang der 1990er Jahre, die zur Entstehung des NSU beigetragen hat. Sie sehen sich als Vollstrecker des Volkswillens, man befinde sich bereits mitten im Bürgerkrieg, und der große gewaltsame Umsturz stehe unmittelbar bevor. Alle Mittel, einschließlich Terror, erscheinen gerechtfertigt und geboten. Der rechte »Ruf zur Tat«, die »Revolution«, um »endlich vom Widerstand in den Angriff [zu] übergehen« und die »Zeit zu Handeln« verweisen auf eine Zuspitzung, die eine rechtsterroristische Entwicklung befürchten lässt.

Die aktuellen Gerichtsverfahren gegen die »Oldschool Society« und gegen die »Gruppe Freital« belegen, dass im Umfeld von NPD, Die Rechte, Der III. Weg und der neonazistischen Kameradschaftsszene Strukturen im Entstehen begriffen sind, die terroristisches Potential haben.

Stichwortgeber, Sündenbock oder Avantgarde?

Die Parole der Dortmunder Neonazis »Wer Deutschland nicht liebt, soll Deutschland verlassen!« wird inzwischen bei Pegida und AfD skandiert und findet auch darüber hinaus Zustimmung. Die dazugehörige Parole »Ein Baum, ein Strick, ein Antifagenick« hört man m.W. bisher nur bei den Umzügen von Pegida NRW und von HogeSa. Noch ist das so. Es ist aber schwer vorhersagbar, welche Hemmschwellen in der nächsten Zeit fallen werden.

Der Rechtsruck in großen Teilen der deutschen Gesellschaft, der seit 2015 zu konstatieren ist, hat nicht nur Phänomene wie Pegida und die Partei AfD ermöglicht. Auch die Gruppierungen der traditionellen und der militanten extremen Rechten verspüren Rückenwind. Erfolge bei Wahlen waren für sie nie Selbstzweck, sondern Mittel zur Ausweitung des Handlungsspielraumes. Auch wenn sich die AfD noch so weit inhaltlich nach rechts öffnen mag, es wird rechts von ihr immer ein Feld geben, das sie als Partei nicht besetzen kann (inhaltliche Zuspitzung, NS-Verherrlichung und Holocaustleugnung, Wehrsportübungen, Gewaltanwendung, Bürgerkrieg). Aus Perspektive der AfD mag die militante Rechte die Rolle des nützlichen Idioten und wahlweise des Watschenmannes spielen, die Neonazis selbst wähnen sich als Avantgarde eines unmittelbar bevorstehenden Umsturzes, der auch die AfD hinwegfegen werde. Ob das Verhältnis dieser verschiedenen Strömungen der extremen Rechten in der Praxis mehr von Konkurrenz oder von Arbeitsteilung geprägt sein wird, hängt von vielen Faktoren ab und lässt sich noch nicht vorhersagen.

Auf jeden Fall ist die Prognose angebracht, dass trotz der Formierung des rechten Spektrums in der AfD die Organisationen der militanten extremen Rechten nicht in Bedeutungslosigkeit verschwinden werden.

Quellenverzeichnis

Deutsche Stimme TV, 7.10.2016. DS-TV 27-16: Wie geht's weiter? Herbstinterview mit dem NPD-Parteivorsitzenden Frank Franz. https://www.youtube.com/
watch?v=W8IRMJm6u5M (Transkription: M.D., Anruf: 25.6.2017)

Der III. Weg, 7.11.2016. Rechtsruck – Vorbote des neuen Deutschlands. http://der-
dritte-weg.info/2016/11/07/rechtsruck-vorbote-des-neuen-deutschlands/   (Anruf:
25.6.2017)

Heise, Thorsten, 12.3.2017. Persönliche Erklärung zu meiner Wahl als stellv. Bun-
desvorsitzender   der   NPD.   https://www.facebook.com/1413429268869128/
videos/1876994979179219/ (Transkription: M.D., Anruf: 25.6.2017)

NPD Landesverband Niedersachsen, 14.3.2017. Thorsten Heise – auf dem Bundesparteitag
2017. https://www.youtube.com/watch?v=5kK0xGKy2d0&feature=youtu.be (Transkription: M.D., Anruf: 25.6.2017)

NPD Landesverband Rheinland-Pfalz, 1.11.2016. NPD Rheinland-Pfalz zeigt Geschlossen-
heit, Pflichtbewußtsein und Zielstrebigkeit. Ausführlicher Bericht zum Landesparteitag
in Pirmasens. https://www.npd-rlp.org/index.php/86-aktuelles/429-npd-rheinland-
pfalz-zeigt-geschlossenheit-pflichtbewusstsein-und-zielstrebigkeit-ausfuehrlicher-be-
richt-zum-landesparteitag-in-pirmasens (Anruf: 25.6.2017)

NPD Landesverband Thüringen, 12.4.2017. Live-Stream der Thüringer NPD mit Thorsten Heise und Patrick Weber 12.4.2017. https://www.facebook.com/npdthueringen/
videos/1281553078564423/ (Transkription: M.D., Anruf: 25.6.2017)

Richter, Karl, 16.10.2016. https://www.facebook.com/karl.richterii/posts/181230965657
956 (Anruf: 25.6.2017)

Der Front National – Diskurs und Programmatik einer »rechtspopulistischen« Partei

von Sebastian Chwala

Das Gespenst des »Rechtspopulismus« geht um in Europa. Seit mehr als einem Jahrzehnt eilen Formationen, denen die Sozialwissenschaften allzu schnell dieses Label zuerkannt haben, von Wahlerfolg zu Wahlerfolg. Kaum ein europäisches Land ist inzwischen noch davor gefeit. Dies machte und macht den Versuch den Erfolg der neuen Rechtsparteien zu verstehen, notwendiger denn je. Deshalb ist in den letzten Jahren eine große Menge an sozialwissenschaftlichen Publikationen erschienen, die sich genau dieser Aufgabe angenommen haben. Der folgende Beitrag möchte sich auf die Frage konzentrieren, inwieweit die gängige Analyse stimmt, dass der Front National eine Partei sei, die besonders seit der Übernahme der Parteiführung durch Marine Le Pen durch ihre sozialpolitischen Forderungen einen großen Anklang unter sozial abgehängten Arbeitermilieus finde. Diese These soll anhand einer Diskursanalyse der durch Marine Le Pen gesetzten programmatischen Eckpunkte überprüft werden.

Der Front National – Eine Partei der Unterklassen?

Wie allerdings schon der Versuch den »Populismus« als charakterisierendes Merkmal für den Erfolg dieser Parteien der radikalen Rechten darzustellen, steht vor allen Dingen ein Milieu besonders im Mittelpunkt des Interesses: die europäischen Unterklassen. Jene seien spätestens mit dem Beginn der Transformationsprozesse des fordistischen Kapitalismus und der einsetzenden Massenarbeitslosigkeit als besonders affin für die Parolen politischer Parteien zu bezeichnen. Denn die Ablehnung von Migration und die Rückkehr zum wohlgeordneten nationalstaatlich organisierten Kapitalismus, zentrale Themen der radikalen Rechten, gelten als überzeugendes politisches Angebot für Menschen, die sozialen Abstieg erlebt hätten und keine Erwartungen mehr in die etablierten Parteien besäßen, die mit ihrer Politik der Deregulierung und fortschreitenden Liberalisierung aller gesellschaftlichen Bereiche gerade jenes Milieu besonders verunsichert hätten. Thesen, die in Frankreich schon lange diskutiert werden, da mit dem Front National (FN) eine Partei der radikalen Rechten dort schon seit inzwischen über 30 Jahren politische Erfolge verzeichnet.

Auch in Frankreich werden der Niedergang der Industriearbeiterschaft und der wachsende Anteil eines neuen prekären Dienstleistungsproletariats als Hauptgrund einer wachsenden Annäherung von Lohnabhängigen und einer politischen

Formation am rechten Rand des politischen Spektrums gesehen (Braconnier/
Mayer 2012: 30). Nicht umsonst wird der starke »populistische« Charakter des
FN betont. Schließlich zeichneten sich populistisch agierende Parteien durch eine
starke Opposition gegen den Prozess der sozialen Entbettung aus und plädierten für
die Stärkung traditioneller Lebensweisen, während Intellektuelle und herrschende
Eliten für die Fehlentwicklungen verantwortlich gemacht würden (vgl. Priester
2012: 11).

Auf den ersten Blick alles Einstellungsmuster, die man am ehesten den unteren gesellschaftlichen Gruppen zuordnet. Denn die starke Abgrenzung zu Eliten,
einhergehend mit räumlicher Segregation, die natürlich seit jeher eine starke Rolle
in den Arbeiter*innenmilieus spielten, wurde ergänzt durch die Unterstellung, im
Proletariat besonders stark dominierende Formen von »Sozialkonservatismus«
vorzufinden. In der Arbeiterklasse seien traditionelle Formen von »Männlichkeit«, klassischer Rollenverteilung zwischen den Geschlechtern bzw. geringer ökonomischer und gesellschaftlicher weiblicher Autonomie, besonders weit verbreitet.
Genauso wie die Einschätzung, dass ein niedriger Bildungsgrad die Wahrscheinlichkeit der Zustimmung zu autoritär und hierarchisch strukturierten politischen
und staatlichen Strukturen durch die Angehörigen dieses sozialen Milieus noch
zusätzlich erhöhe (Siblot u.a., 2015/Bréchon 2012).

Und tatsächlich, glaubt man Umfragen und Nachwahlbefragungen, sind
Arbeiter*innen die größte Gruppe der Unterstützer*innen des FN. Eine Tatsache,
die manche*n Autor*innen dazu verleitet, die »Neue Rechte« in Frankreich als
Fortsetzung der »alten Linken« zu bezeichnen, verbunden mit der Vorstellung,
dass gesellschaftspolitisch konservative Einstellungsmuster mit sozialpolitisch progressiven Forderungen einhergehen würden (Kauffmann 2016/Crépon 2012). Eine
absolut fragwürdige These, negiert sie doch den kleinbürgerlichen und sozialökonomisch wenig fortschrittlichen Charakter der Programmatik des FN. Aber man
entspricht damit durchaus einer gewissen Tendenz der Debatte, die die »Mitte der
Gesellschaft« gerne außen vor lassen möchte, wenn es um eine wirkliche Analyse
der Stärke und Genese der Rechten geht, um anhand von Gleichsetzungen zwischen
etwaigen »zu linken« und »zu rechten« Strömungen, alternative gesellschaftliche
Analysen abzuwerten.

Der Mainstream verklärt den FN zur linken Partei –
Folgen des »Totalitarismusdiskurses«

Dennoch, die These einer »Linksverschiebung« des FN, wurde nach Übernahme des Parteivorsitzes des Front National durch Marine Le Pen 2011 unter
Journalist*innen und Teilen des wissenschaftlichen Feldes neuerlich wirkungsmäch-
tig. So wurde der Erfolg des FN vor allen Dingen als Ergebnis einer Linksverschie-

bung der Partei angesehen. Manche Akteure gehen sogar so weit, den FN unter der Hand als neue sozialistische Partei zu bezeichnen. Schließlich sei der FN die einzige Partei, die derzeit noch konsequent die sozialstaatlichen Strukturen gegen neoliberale Angriffe der politischen und gesellschaftlichen Eliten verteidige (vgl. Kauffmann 2016: 14). Dass ein offensichtliches Bedürfnis darin besteht, Parteien am rechten Rand in Beziehung mit dem Linken zu setzen, hat mit den Debatten französischer Historiker*innen der späten 1970er Jahre zu tun. Hatte man bis dahin schlicht und ergreifend nicht akzeptieren wollen, dass relevante rechtsradikale Akteure in der französischen Geschichte anzutreffen sind, musste man sich durch die Studien des israelischen Historikers Sternhell eines Besseren belehren lassen. Spätestens seit dem späten 19. Jahrhundert existierten bedeutende antirepublikanische, nationalistische und antisemitische Kräfte in Frankreich. Doch der Mainstream der Historiker*innen wollte sich nicht damit abfinden, dass scharf rechte Gruppen durchaus von etablierten gesellschaftlichen Kräften getragen wurden und schlicht konservativ waren. So wurde die radikale Rechte einfach umdefiniert: Im Kern vertrete sie revolutionäre Absichten, zu denen auch der Wunsch nach sozialpolitischen Reformen gehöre und deren Akteure sozialökonomisch an den gesellschaftlichen Rändern beheimatet seien. Aus diesem Grund wurde gerne nach dem »kommunistischen Element« in rechtsradikalen Organisationen gesucht, bzw. nach dem mit den deutschen Besatzern kollaborierenden Milieus.

Nicht zuletzt spielte der in Frankreich grassierende »Antitotalitarismus« dabei eine wichtige Rolle. Dieser hatte das Ziel, die politische Bedeutung der Französischen Revolution gänzlich umzudeuten. So wurde der Begriff »terreur« (Terror) Bestandteil der durch eine jakobinische Hegemonie gekennzeichneten Jahre der Revolutionsperiode. Der »Terror« wurde zum Sinnbild dafür, dass Aufstände der gesellschaftlichen Basis grundsätzlich Chaos und Diktatur zur Folge hätten. Zwar zeichnete sich diese Phase auch durch starke basisdemokratische Elemente aus und es wurden das erste Mal soziale Rechte in der Verfassung der jungen Republik verankert, dennoch wog für Kommentator*innen, wie François Furet, der regressive Einfluss der ungebildeten Masse viel höher. Schließlich führte ihre rein auf Emotionalität und Unvernunft beruhende politische Intervention, laut Furet, zur physischen Vernichtung der Eliten und nicht zu einer wirklichen gesellschaftlichen Reform (vgl. Christofferson 2009: 303 ff.).

Doch wenn die Infragestellung der Eliten letztendlich noch viel schlimmere Verletzungen der Menschenrechte zur Folge habe, als jene alten Regimes, wäre jede grundsätzliche Reform gesellschaftlicher Verhältnisse letztendlich nicht nur unnötig, sondern sogar abzulehnen, so meinten es die »Neuen Philosophen« um Bernard-Henry Lévy, und plädierten für eine offensive Verteidigung des westlichen liberalen Kapitalismus und seinen gesellschaftlichen Hierarchien, die sich gegen die politisch einflussreiche Kommunistische Partei und ihre enge Bindung an die

»stalinistische Volksdemokratie« Sowjetunion richteten (Christofferson 2009: 245 ff.). Diese bezog sich spätestens seit der Volksfrontregierung, die man parlamentarisch gestützt hatte, theoretisch unmittelbar auf die jakobinische Traditionslinie. Dieser Logik folgend, hätte auf die bürgerliche Französische Revolution eine weitere, nunmehr sozialistische folgen sollen. Gleichzeitig akzeptierte die Kommunistische Partei (PCF) die französische Nation und den Republikanismus als Teil der eigenen Traditionslinie.

Die Intellektuellen der antitotalitären und antikommunistischen Phase argumentierten deshalb für eine Aufwertung konsensorientierter Formen der Politik. Jene sollten an Stelle direktdemokratischer Verfahren die Herrschaft der rationalen Experten implementieren, welche als kompetente Vermittler zwischen Eliten und Volk agieren und entscheiden sollten. Politik sollte pragmatisch handeln und nicht emotionsgeladen sein. All jene, die den Unterklassen angehörten, sollten von politischen Entscheidungen ferngehalten werden, während die indirekte bzw. parlamentarische Demokratie gestärkt werden sollte. Stark gemacht wurde dies vor allen Dingen von Intellektuellen aus dem »sozialdemokratischen« Milieu wie dem späteren Premierminister Michel Rocard, dem Historiker Pierre Rosanvallon, sowie sozialpartnerschaftlich orientierten Gewerkschaften. Dieser Entwicklung stände die PCF entgegen, die die »Tribuzianische Funktion« innehaben würde. Dieser Begriff stammte aus der Feder des Politikwissenschaftlers George Lavau, der dem PCF vorhielt, er habe niemals eine positive und deshalb relevante Rolle im politischen Parteiensystem gespielt. Mehr als die Unterklasse durch Protest gegen die Eliten an sich gebunden zu haben, habe die Partei niemals geleistet. Dass der »Populismus des FN« das selbe Wähler*innenmilieu erreiche, da er sich der gleichen Strategie bediene, scheine deshalb nur logisch.

Der FN der Marine Le Pen – weiblicher, sozialer und demokratischer?

Die Deutung des FN als Partei der »kleinen Leute« ist also durchaus nicht nur ein Ergebnis eines veränderten Diskurses der Partei, sondern vonseiten bestimmter Akteure aus dem politischen und wissenschaftlichen Feld absichtlich gewollt, um die Infragestellung des Sozialstaates und damit einhergehend nationalstaatlich regulierter Wirtschaftsstrukturen zu legitimieren, indem die sogenannten »Volksklassen« als »Modernisierungsverweigerer« dargestellt werden. Nichts desto trotz hat besonders unter Marine Le Pen, die die mediale Abwertung der »Arbeiter*innenklasse« geschickt versucht für den Front National zu nutzen, eine scheinbare Veränderung der Rhetorik des FN stattgefunden. Als die Partei der »Malocher« wahrgenommen zu werden, kann deshalb durchaus als Erfolg der Partei und Marine Le Pens bezeichnet werden. So versuchte Marine Le Pen andere Themenfelder als ihr Vater zu besetzen. Insbesondere zu wirtschaftspolitischen Fragestellungen ging sie in den letzten Jahren in die Offensive. Während Le Pen Senior lieber zu Migration sprach, wartete sie, »bewaffnet« mit Zahlen und Daten mehr oder weniger bedeutender Ökonomen, in den Fernsehstudios auf und versuchte den FN als kompetente Wirtschaftspartei darzustellen (Alduy 2016: 21).

Sie griff aber auch Themenfelder auf, die in der Vergangenheit von der Linken besetzt wurden. So tauchten Begrifflichkeiten, wie »soziale Gerechtigkeit«, »große Unternehmer« oder »Finanzkapital« verstärkt in ihren Reden auf, während sie ebenfalls keine Scheu besaß, sich positiv auf die Republik oder den Laizismus zu beziehen. All dies sagt aber wenig über den Inhalt der Interventionen aus. Schaut man sich näher an, in welchem Kontext z.B. der Begriff »Laizismus« bei Marine Le Pen genutzt wird, so fällt auf, dass Selbiger fast nur in negativer Konnotation zur Nutzung des Begriffes Islam steht, während Christen- oder Judentum kaum Erwähnung finden (vgl. Alduy 2016: 22).

Es scheint, dass sich der FN und Marine Le Pen wenig für den Kerngedanken der in Frankreich herrschenden Trennung von Staat und Religion interessieren, wie sie 1905 einst Eingang in die französische Gesetzgebung gefunden hatte. Dabei besteht deren Kerngedanke eben nicht darin, das religiöse Bekenntnis, schon gar nicht jenes bestimmter Glaubensgruppen, vollständig aus dem öffentlichen Leben verschwinden zu lassen. Hier wird vielmehr lediglich die staatliche Finanzierung von Religionsgemeinschaften in Frage gestellt. Doch ganz besonders seit Beginn der 2000er Jahre versucht die Rechte, mit dem Argument einer vermeintlichen Verweigerung muslimischer Milieus, die Werte des vermeintlichen westlichen Liberalismus als Grundbestandteil einer »Neuen Laizität« erscheinen zu lassen, während unter der Hand das traditionelle, katholische Frankreich das Orientierungsmerkmal rechter Milieus bleibt (vgl. Bauberot 2016).

Dies gilt besonders für den FN, der sogar versucht die christliche Tradition als Grundbestandteil der französischen Identität zu verkaufen, die er als (einzige) Grundlage der französischen Republik und Kultur sehen möchte (vgl. Alduy/ Wahnich 2015: 98). Während der »manif pour tous«-Bewegung (»Demonstration für alle«), die im Frühjahr 2013 entstanden war und Front gegen die Legalisierung gleichgeschlechtlicher Ehen machte, war der FN demzufolge in vorderster Front zugegen. Marine Le Pen nahm zwar – im Gegensatz zu ihrer Nichte Marion Maréchal-Le Pen, Enkelin von Jean-Marie Le Pen, und vielen anderen Funktionären der Partei – offiziell nicht an den Demonstrationszügen teil (vgl. Proust 2013, 40), sie störte sich aber offiziell nicht an den teils gewaltsamen Protesten militanter rechtskonservativer katholischer Gruppen, die tagelang das französische Parlament belagerten. Jene Gruppe gehörte zum Kern der Bewegung, welche von radikalen, dogmatischen Katholiken aus dem Umfeld des »ultrakatholischen« Think Tanks Civitas getragen worden war (vgl. Alduy/Wahnich 2015: 90).

Auch die Globalisierungskritik, die Marine Le Pen übt, stellt in erster Linie die Bedrohung der Identität in den Mittelpunkt. Denn die Ideologie des »Globalismus« – Le Pens Begriff für die wachsende Einbindung Frankreichs in die Weltökonomie – wartete mit wahren Schreckensszenarien auf. So zerstöre dieser Familien sowie die Nation, säe Anarchie, Barbarei und planetares Chaos und werde von den liberalen Eliten bewusst gegen das eigene Volk angewendet. Jener sei verantwortlich für Krise, Schulden, Arbeitslosigkeit und Souveränitätsverlust und auch dafür, dass die modernen Menschen kulturlos über den Globus von Kontinent zu Kontinent wanderten (vgl. Alduy/Wahnich 2015: 151).

»Identität« im postsozialistischen Zeitalter – Der FN entdeckt die Sozialkritik

Die »offenen Grenzen« zum Dreh und Angelpunkt der Kritik zu machen, nahm seinen Ausgangspunkt in den frühen 1990er Jahren. Initiiert von Bruno Mègret, dem damaligen »starken Mann« neben Jean-Marie Le Pen, begann der FN mehr und mehr die soziale Frage in den Mittelpunkt der eigenen Agitation zu stellen. Nachdem der frühe FN unter Jean-Marie Le Pen in den 1980ern noch den neoliberalen Vorkämpfer*innen Ronald Reagan und Margaret Thatcher zugejubelt hatte, wurden jetzt die EU und die USA zu Vorkämpfern eines »ultraliberalen« Ökonomie- und Gesellschaftsmodells verklärt, in dem Heimat und die Bewahrung des kulturellen Erbes Frankreichs nicht mehr gewährleistet werden könnten (vgl. Chwala 2015: 64 ff.). Der FN begann den Begriff »mondialisme« stark zu machen, den er mit dem Konzept einer »nationalen Solidarität« bekämpfen wollte. Eine »nationale Präferenz« sollte sozialstaatliche Leistungen, wie Zugang zu öffentlich gefördertem Wohnungsbau oder medizinischer Betreuung, in erster Linie Französ*innen zugänglich machen. Eine protektionistische Wirtschaftspolitik sollte gewährleisten, dass französische Unternehmen, Arbeitsplätze für »Franzosen« schafften. Doch die Kritik an der wachsenden sozialen Ungleichheit im Land bestand für den FN nicht darin, marktwirtschaftliche Mechanismen zu kritisieren, sondern nur die vermeintliche soziale Ausgrenzung der Französ*innen zu beenden (Igounet 2017: 134 f.).

Trotzdem zeigten sich bereits 1995 erste Erfolge dieser Strategie, als Jean-Marie Le Pen überdurchschnittlich viel von Arbeiter*innen und Erwerbslosen gewählt wurde. Mit dem wachsenden Einfluss von Marine Le Pen wurde diese vermeintliche Verschiebung der Programmatik nach links weiter vorangetrieben und erreichte während des Präsidentschaftswahlkampfes 2007 einen ersten Höhepunkt. Zum ersten Mal schien es so als würde sich Jean-Marie Le Pen öffentlich positiv zu den Errungenschaften der Arbeiterbewegung bekennen. So sprach er während einer Rede in Lille, Zentrum des einst von der Kohleförderung geprägten Nordwestens, von den »existenziellen Rechten, die einst den gottgleichen Fabrikherren durch gewaltige Kämpfe abgetrotzt werden konnte« (vgl. Igounet 2014: 394). Mehr denn je stand die soziale Unsicherheit im Mittelpunkt des Diskurses von Parteichef Le Pen, »welche durch die im Schnellschritt durchgedrückte Globalisierung zustande gekommen sei« (vgl. Igounet 2014: 394).

Ebenso verschob die Tochter, die im Hintergrund den Wahlkampf des Vaters leitete, den Identitätsdiskurs der Partei. War es bisher so, dass für den FN die Integration migrantischer Milieus in die französische Gesellschaft undenkbar war, plädierte Marine Le Pen jetzt für die Forcierung der Ansprache muslimisch-migrantischer Milieus. Gerade jener kleinen, aber relevanten Gruppe von sozialen Aufsteiger*innen und jenen »nicht-weißen Menschen« aus den Banlieues sollte die Idee der »Assimilation« schmackhaft gemacht werden. Wer sich anpasse und jenen von der Rechten so beklagten migrantischen »Kommunitarismus« überwinde, dem würde, so Le Pen, der Weg in die französische Mehrheitsgesellschaft nicht verbaut werden können. Jenes vermeintliche Abrücken von Kernpositionen des FN war damals weder in der Wähler*innenschaft des FN noch in der Partei selbst populär, weshalb Le Pen Senior mit knapp über zehn Prozent der Stimmen das schlechteste Wahlergebnis der Partei seit den frühen 1980ern erzielte. Nicolas Sarkozys Ausgrenzungsstrategien gegenüber jenen desillusionierten, jungen migrantischen Milieus der Vorstädte hatte die FN-Sympathisanten mehr überzeugt, während der FN auch in den Vorstädten nicht punkten konnte (vgl. Igounet 2014: 394 ff.). Dennoch läutete diese Wahlniederlage die Übergabe der Parteiführung an die Tochter ein, die ihr Konzept eines »erneuerten« Front National ab 2011 in die Tat umzusetzen begann.

Migration= Islamismus –
Marine Le Pens Neuausrichtung des nationalistischen Diskurses

Doch es dauerte bis in den April 2015 bis es zum endgültigen politischen Bruch zwischen Vater und Tochter kam. Dieser hatte in mehreren Interviews erneut die klassische Themenpalette der radikalen Rechten bedient. Nicht nur, dass er einmal mehr die Gaskammern der Vernichtungslager als »Detail der Geschichte« bezeichnete, er verteidigte einmal mehr das Kollaborationsregime Pétains, unterstellte Premierminister Valls, welcher gebürtig aus Katalonien stammt, Frankreich nicht wirklich verbunden zu sein und bekannte sich einmal mehr dazu, ein »weißes Europa« zu wollen. Innerhalb des FN war man sich schnell einig, dass gehandelt werden musste, schließlich könnte Le Pen Senior eine tickende Zeitbombe für die kommenden Wahlkämpfe, besonders die Präsidentschaftskampagne im Jahre 2017, sein. Deshalb bemühte sich Marine Le Pen seine »Kaltstellung« als Ergebnis seiner Missachtung des neuen demokratischen und republikanischen Geistes der Partei darzustellen. So argumentierte sie, dass der FN für eine Gesellschaft eintrete, in der alle Menschen vor den Gesetz gleich seien und Hautfarbe, Ethnie und Religion keine Rolle mehr spielten (vgl. Alduy 2017: 117 f.).

Hierbei handelte es sich um einen neuerlichen Versuch, über das eigene Kernmilieu hinaus zu mobilisieren und sich noch stärker als »normale« und nicht radikale politische Formation darzustellen, die in der Mitte der Gesellschaft angesiedelt sei. Doch spätestens mit den Terroranschlägen vom Frühjahr und Herbst 2015, die zu einer allgemeinen Verschärfung der Debatte über »innere Sicherheit« und den Kampf gegen den Islamismus führten, bedurfte es keiner Mäßigung des eigenen Diskurses mehr. Im Gegenteil, eine Heerschar von Journalist*innen und Intellektuellen hatte schon seit Jahren massiv Stimmung gegen die vermeintlich nicht-integrierbaren muslimischen Milieus gemacht. Der Islam wurde als in sich geschlossene Gesellschaftsform dargestellt, die der französischen völlig entgegengesetzt sei, ja sogar erobernd agieren würde, so dass der »große Austausch« der Bevölkerungsgruppen schon im Gange sei. Würde sich an der Migrationspolitik nicht etwas ändern, so wäre Frankreich bald ein islamisches Land, so der Schriftsteller Renaud Camus. Eine Schlussfolgerung, der sich Marine Le Pen in dieser Radikalität nicht anschloss, schließlich plädierte sie immer noch für die Assimilation der sozial aufstiegswilligen, migrantischen Milieus, denn die Zugehörigkeit zum französischen Volk »vererbt oder verdient sich«, um die Worte eines Flugblattes des FN zu zitieren (vgl. Alduy 2017: 122 ff.).

Dieser wurde erst wieder ein zentrales Element für Le Pen im Rahmen der Wahlkämpfe des Jahres 2015 (Erneuerungswahlen der Parlamente der Départements im Frühjahr und der Regionen im Herbst) mit dem Verweis auf die vermeintliche Unvereinbarkeit zwischen »dem Islam« und »den Werten Frankreichs«, also Freiheit, Gleichheit und Demokratie. Hatte sie im Wahlkampf 2012 noch sehr stark mit der ökonomische Bedrohung der Französ*innen durch die Migrationsbewegungen argumentiert, wurde dies jetzt erweitert um den religiösen Fundamentalismus. Für Le Pen wurde der »Islamismus« und der »Fundamentalismus« zur logischen Folge von Migration, die von den herrschenden liberalen politischen Eliten zu verantworten waren, welche den Multikulturalismus, und damit implizit die kommunitaristischen Ghettos der Banlieues, legitimiert hätten. Auch die Öffnung der Grenzen samt der angeblich nicht mehr kontrollierbaren Migration führt für Le Pen ebenso zu einer Infragestellung der homogenen französischen Gesellschaft. Denn die Öffnung nach außen sei auch das Produkt eines überbordenden ökonomischen Liberalismus, welcher durch die europäische Einigung aber auch durch die individualistische Ideologie der USA zu verantworten sei. Alles Übel würde somit von außen importiert, während »das Fremde« im Diskurs von Marine Le Pen die Sündenbockfunktion schlechthin erhält (Alduy 2017: 136 ff.).

Das »befriedete Frankreich« –
Marine Le Pens autoritäre Strategie zur Krisenlösung

Die Wahlen des Jahres 2015 zeigten dem FN aber auf neuerliche Weise die eigenen Grenzen auf. Zwar gelang es Marine Le Pen mit ihrer radikalen Rhetorik die Partei in beiden Wahlen zur wählerstärksten Partei des ersten Wahlgangs zu machen. Allerdings mobilisierte dies in den Stichwahlen in erhöhtem Maße die Gegner*innen des FN, so dass weder eine Stimmenmehrheit in den Départements noch auf der Ebene der Regionen gewonnen werden konnte. Dies machte eine neuerliche programmatische Wende notwendig. Marine Le Pen agierte nun nicht mehr als radikale Kämpferin gegen die Feinde von innen und außen, sondern versuchte sich als »überparteiliche« Kandidatin zu inszenieren, die ein befriedetes Frankreich, fern von Parteienstreit und innerer Unruhe schaffen wollte.

Doch diese vermeintliche Mäßigung ist in Wirklichkeit eher eine Drohung. Denn in Le Pens Vorstellung ist Frankreich ein Land voller Chaos, welches kurz vor dem Bürgerkrieg stehe und nur durch den Ausbau von polizeilicher und militärischer Repression wieder gesichert werden könne, – kurz gesagt, in Frankreich müsse wieder Ruhe und Ordnung herrschen. Und wo mit repressiver Härte nicht gepunktet werden könne, müsse die kulturelle Assimilation und eine vollständige »Homogenisierung« der französischen Gesellschaft vorangetrieben werden. Demzufolge reiche es nicht, nur die französische Sprache zu sprechen. »Um die französische Staatsbürgerschaft zu verdienen, müsse man französisch sprechen, essen und leben« (vgl. Alduy 2017: 147). Das damit implizit eine Ablehnung an muslimische Praktiken einhergeht, ist offensichtlich (Alduy 2017: 145 ff.).

Marine Le Pens Bedürfnis nach einer inneren repressiven Neuordnung sollte jedoch nicht nur als Angriff auf ethnische Subkulturen verstanden werden. Denn für den »Front« gilt so ziemlich jeder zivilgesellschaftliche Akteur als »kommunitaristisch«, der sich nicht der vom FN erwünschten »öffentlichen Friedsamkeit« unterwerfen will. Dem FN ist eine demokratisch verfasste Öffentlichkeit, die sich der Kontrolle der »Frontisten« entzieht, ein Dorn im Auge. So kann in fast allen Gemeinden, die der FN seit 2014 regiert, eine durch die Bürgermeister*innen in Gang gesetzte Einschüchterungsstrategie gegen politisch unliebsame Vereine, Vertreter*innen der lokalen Oppositionsparteien, aber auch gegen Mitarbeiter*innen der Gemeindeverwaltungen beobachtet werden (vgl. VISA 2016: 18 ff./Tondelier 2017).

Denn eine politische Gesellschaft, die auf der Existent differierender Interessen und damit einhergehender Lösungskonzepte beruht, stößt auf den schärfsten Widerstand von Marine Le Pen. Auch wenn Marine Le Pen gerne das Gegenteil behauptet, bleibt Demokratie für die radikale Rechte doch eine gleichmacherische Ideologie, die die als »natürlich« betrachteten Hierarchien und Ungleichheiten

zwischen Menschen auf nicht akzeptable Weise in Frage stellt. So ist auch Le Pens
Plädoyer zugunsten von Frauenrechten nicht als Aussage für deren Ausbau zu betrachten. Im Gegenteil: Debatten über »Feminismus« im Allgemeinen und über
die Neubewertung von Geschlechterrollen im Besonderen werden abgelehnt (Alduy 2017:152 f.).

Man sucht zudem in Marine Le Pens programmatischen Texten vergeblich nach
einer lautstarken Befürwortung von gleichen Löhnen oder Karrierechancen für
Frauen. Ebenso wird man vergeblich nach einem klaren Bekenntnis zur Legalität
des Schwangerschaftsabbruches suchen. Der FN steht vielmehr für ein klares traditionelles Familienbild. So manche*r FN- Bürgermeister*in würde deshalb gerne
kommunale Kinderbetreuungseinrichtungen schließen, denn die Erziehung des
Nachwuchses sei eine Privatangelegenheit der Familien, genauer gesagt der Mütter
(Chwala 2017). Für den Front National sind Frauen weiterhin in erster Linie für die
familiäre Reproduktionsarbeit geboren. Die Verteidigung »der Frau« ist innerhalb
der Programmatik des FN deshalb in erster Linie eine Verteidigung der »französischen Frauen« gegen die »vergewaltigenden muslimischen Männer«, was einen
weiteren Versuch darstellt, muslimische Communities zu diskreditieren, so Cécile
Alduy (vgl. Alduy 2017: 151).

Eine ähnliche »Verschleierungstaktik« fährt der FN auch in den anderen Po-
litikbereichen. Zwar geriert man sich gerne als Partei der »kleinen Leute«, indem
man verdeutlicht, dass ein strategisch agierender, starker Staat dabei helfen werde,
die Abstiegsgesellschaft zu überwinden. Doch außer vielen Worten des Mitleids
ist Marine Le Pen erstaunlich unkonkret, wenn es um die Formulierung konkre-
ter inhaltlicher Angebote für die breite Masse geht (Alduy 2017: 148). Allerdings
nur auf den ersten Blick. Denn schaut man sich die verfügbaren programmatischen
Texte genauer an, plädiert der FN nicht wirklich, lässt man in diesem Fall die rassistische Ausgrenzung fremder Menschen einmal außen vor, für eine Stärkung der
innergesellschaftlichen Solidarität. Seit jeher sind der Partei Steuern sowie gesetz-
liche Regelungen zugunsten von Beschäftigten und Gewerkschaften ein Dorn im
Auge. Schließlich behinderten sie die Unternehmer*innen an der freien Verfügung
über ihre Produktionsmittel und störten den Klassenfrieden. Denn nur, wenn beide
Seiten harmonisch zusammenarbeiteten, ließe sich genügend Wohlstand auch für
die lohnabhängigen Beschäftigten erzielen. Gewerkschaften, die durch Protest und
Streikmaßnahmen die Produktion störten, seien deshalb Feinde Frankreichs, ge-
fährdeten sie für den FN doch die wirtschaftliche Grundlage des Landes. Ähnlich
ergeht es auch der 35-Stunden-Woche, die der »Front« seit ihrer Einführung ständig in Frage stellt (VISA 2017).

Damit der mutige und risikobereite Unternehmer frei handeln könne, brauche
es Bürokratieabbau und eine unternehmerfreundliche Verwaltung, die selbst nach
betriebswirtschaftlichen Grundlagen arbeiten müsse, um vermeintlich überflüssige

Strukturen und Personal abzubauen. Während der FN in der Vergangenheit für eine deutliche Senkung der Mittelzuweisungen durch die Zentralregierung für Regionen, Départements und Gemeinden plädiert hatte, spricht Marine Le Pen in ihrem aktuellen Wahlprogramm »nur noch« von einer anzustrebenden Senkung der Staatsquote, mit der Einsparungen im Milliardenbereich zu erzielen seien und die es erlaube, massiv Steuern zu senken (vgl. Ecolinks 2017: 94 ff.).

So will Marine Le Pen die steuerfreie Übertragung von Vermögen an Familienangehörige erleichtern und so die Erbschaftssteuer aushöhlen. Ist man bösartig, kann man hier durchaus das persönliche Eigeninteresse der Familie Le Pen erkennen, die in den letzten Jahrzehnten per Erbschaften und Immobilienkäufen zu erheblichem Vermögen gekommen ist. Bedenkt man die Tatsache, dass Jean-Marie Le Pen höchst selbst aus kleinbürgerlichem Hause stammt und sich per Stipendium und Kriegsweisenrente bis zum Juraexamen und zum Parlamentsabgeordneten hoch gearbeitet hatte, wird klarer weshalb die Le Pens so intensive Kämpfer*innen gegen Erb- und Vermögenssteuern sind. Denn die materielle Verbesserung der eigenen ökonomischen Situation wird durch die als umverteilend wirkenden Steuern als Infragestellung der eigenen gesellschaftlichen Position wahrgenommen.

Schon früh engagierte sich Le Pen Senior deshalb in den 50er Jahren in vorderster Front bei der »Poujadistischen« Partei, die eine vermeintlich zu hohe Steuerbelastung für die französischen Kleinunternehmer*innen, insbesondere der kleinen Ladenbesitzer*innen beklagte (Chwala 2015: 40 ff.). Der FN ist dessen Linie, Verteidiger des französischen Kleinunternehmertums zu sein, immer treu geblieben. Man wird deshalb bei genauerem Hinsehen in der Programmatik der Partei immer die Forderung nach Entlastung des Mittelstandes sowie der Familien der Eigentümer*innen finden, sei es durch Steuerentlastung oder durch Senkung der Lohnzusatzkosten, um die kleinen Unternehmen am Markt wettbewerbsfähig zu machen. Dass der FN sich als Partei der Wirtschaft sieht, stellte jüngst der Europaabgeordnete und »Chefökonom« der Partei, Bernard Monot, fest. Schließlich seien die Frontisten »(...) ja wirkliche Liberale, die ohne jeden Zweifel Anhänger des freien Marktes und des freien Unternehmertums seien (...)«. Ins gleiche Horn stieß Marine Le Pen, die Ende Januar einmal mehr verkündete, dass eine Erhöhung des Mindestlohnes vom Front National nicht gewollt werde, schließlich sei dies eine »zusätzliche Belastung für die französischen Unternehmen« (VISA 2017). Dieses klare Bekenntnis zur kapitalistischen Grundordnung brachte ihr sogar eine Einladung vom Verbandstag des MEDEF, dem größten Unternehmer*innenverbandes des Landes ein.

Es ist offensichtlich, dass der Protektionismus des FN nationalliberaler Natur ist. Eine weitgehende Deregulierung im Inneren in der Hoffnung auf die Entfaltung der Kräfte des (Binnen)Marktes soll einhergehen mit einer Erschwerung des Zugangs für ausländische Unternehmen und Investor*innen zum französischen

Markt. Dies soll durch eine Steuer auf alle importierten Güter und neuerdings sogar auf ausländische Arbeitskräfte erfolgen, um ausländische Produkte künstlich zu
verteuern.

Diese Logik ist höchst widersinnig: Einerseits wird der Staat als Schutzinstanz
vor den Übeln ökonomischer Globalisierung und wachsender ethnischer Vielfalt
der Gesellschaft dargestellt, andererseits soll der Einfluss seiner Institutionen Stück
für Stück zurückgefahren werden, was allerdings die Wiederaufrichtung der französischen Binnenwirtschaft deutlich erschweren dürfte. Schließlich trägt der staatliche Sektor nicht nur durch das individuelle Konsumverhalten seiner Beschäftigten
zur Stärkung der Nachfrage bei. Vielmehr fragen die »territorialen Gebietskörper-
schaften«, wie es in Frankreich heißt, auch in hohem Maße Dienstleistungen und
Waren aller Art nach, die wiederum die Auftragsbücher der klein- und mittelständischen Wirtschaft füllen (Ecolinks 2017: 106 ff.).

Der Erfolg des FN ist ein Ergebnis gesellschaftlicher Entsolidarisierung

Der Kampf gegen das »Monstrum Staat« hat aber in der mehr und mehr neoliberal
gewendeten Gesellschaft durchaus Anhänger*innen über Unternehmer*innenmilieus
hinaus. Der Wirtschaftsliberalismus des Front National stößt dabei auch bei Er-
werbstätigen auf Zustimmung. Auch die mehr und mehr neoliberale fragmentierte
Arbeitswelt in Frankreich kennt Gewinner*innen, die einer Hierarchisierung der
Gesellschaft anhand ungleicher Vermögensentwicklung zustimmen. Denn für die
»Leistungsträger« ist der ökonomische Erfolg, der mit einer Erhöhung des sozialen
Prestiges einhergeht, ein logischer Erfolg der eigenen individualistischen Erfolgs-
strategien. Besonders Milieus aus der untersten Mittelklasse, die teilweise weiterhin
als Arbeiter*innen beschäftigt sind, mussten in den letzten Jahren erleben, wie der
einst regulierende und intervenierende Staat sich mehr und mehr zurückgezogen
hat und viele Lebensrisiken auf die einzelnen Individuen abgewälzt hat (Chwala
2015).

Trotzdem, so argumentiert der Soziologe Louis Pinto, existiere der Staat weiter, ziehe Steuern ein, baue administrative Hindernisse für Selbstständige aus, oder
diene als Selbstbedienungsladen für mehr oder weniger korrupte Eliten. Was noch
viel schlimmer wiege, ist allerdings, dass »der Staat« weiterhin Mittel für Erwerbslose und Migrant*innen aufwende. Diesen sozial ausgegrenzten Milieus wird unterstellt, sich nicht genügend um die eigene Existenzsicherung zu bemühen und somit
die Steuergelder der lohnarbeitenden Milieus zu missbrauchen. Dadurch wird aber
die Durchsetzung des legitimen Bedürfnisses nach sozialökonomischer Konsoli-
dierung für Angehörige der unteren Mittelklasse erschwert. Laut Pinto ist dieser
»moralische Individualismus«, der sich bei um Abgrenzung nach unten bemühen-

den etablierten Milieus der etablierten Fraktionen der Arbeiterklasse und der Mittelschichten in den letzten Jahren entwickelt habe, die Folge dieser Politik (Pinto 2017, 67 ff.). Jene fühlten sich ungehört und hätten den Eindruck entwickelt, eine Art Zwischenklasse zu bilden, deren weiterer sozialer Aufstieg nicht stattfinde, während sie sich gleichzeitig nicht weiter von den untersten absetzen könnten (vgl. Collovald/Schwartz 2006).

Nicht umsonst plädiert der FN für ein härteres Vorgehen gegen Erwerbslose, denen bei Verweigerung der Annahme von Arbeitsangeboten die Leistungen gekürzt werden sollten. Der FN ist sich aber sehr wohl dessen bewusst, dass viele seiner Wähler*innen aus sozial etablierteren Arbeiter*innenmilieus stammen, aber trotz alledem nicht über allzu hohe Einkommen verfügen, die noch zusätzlich dadurch geschmälert werden, dass in der französischen Eigentümer*innengesellschaft (über 60 Prozent aller Haushalte sind Besitzer*innen ihrer Immobilie) auch noch Immobilienkredite abzuzahlen sind. So ist der FN auf die Idee gekommen, die Senkung der Lohnzusatzkosten um 200 Euro, die über eine Importsteuer zu finanzieren sind, als Erhöhung der Kaufkraft darzustellen. Dies hätte zwar eine unmittelbare Erhöhung der Löhne zur Folge, würde aber mit sinkenden Beitragszahlungen in die Sozialkassen und damit mit geringeren Leistungsansprüchen für die betroffenen Arbeiter*innen einhergehen, während die Unternehmen einseitig entlastet werden würden (vgl. Ecolinks 2017: 116 ff./Lambert 2015).

Die FN wählenden Beschäftigten akzeptieren diese scheinbare Lohnerhöhung. Da sie oftmals in engen sozialen Beziehungen mit den Kleinunternehmer*innen stehen, arrangieren sie sich mit der Logik, dass sinkende Kosten für die Unternehmen als Basis von wachsende Konkurrenzfähigkeit und Arbeitsplatzsicherung dienen können. Mehr noch, da die Arbeiter*innenmilieus, die fern von Gewerkschaften aber auch der urbanen Zentren leben, kein Bewusstsein dafür entwickelt haben, Interessen gegen die Eigentümer*innen durchzusetzen, hoffen sie lieber darauf, selber weiter aufzusteigen oder aber selbst ein Unternehmen gründen zu können (vgl. Girard 2017).

Fazit

Auch wenn der FN immer wieder gerne als Partei »links der Mitte« dargestellt wird, ja sogar als »sozialistisch«, wie durch Frank Baasner, den Leiter des Deutsch-Französischen Instituts, zeigt sich eher das Bild einer klassischen französischen rechtsradikalen Partei. Diese Parteienfamilie argumentiert seit jeher widersprüchlich. Einerseits mit der Forderung nach mehr Markt und weniger Regulierung im Inneren. Andererseits aber soll die innergesellschaftliche Konkurrenz so weit wie möglich unter fairen Bedingungen stattfinden. So werden zwar sozialstaatliche Unterstützungsmaßnahmen für arme Menschen in Frage gestellt, aber auch die ökonomischen und sozialen Privilegien der Eliten kritisiert, da beides als nicht ehrlich erarbeitet angesehen wird und kein »faire[r] Wettbewerb« der Individuen untereinander zugelassen werde.

Genährt durch die Krisenerfahrungen der letzten Jahre und Jahrzehnte und dem Mangel an Bewusstsein über die wahren Ursachen der wachsenden Prekarisierung, werden Sündenböcke gebraucht und argumentativ aufgebauscht. Gerade migrantische Milieus erfüllen diese Aufgabe ganz wunderbar, werden sie von der weißen Mehrheitsgesellschaft doch als störende Faktoren wahrgenommen. Nicht nur, dass sie als Konkurrenz auf dem Arbeitsmarkt oder in den Bildungseinrichtungen, sowie als »stille Reserve« für Wähler*innenstimmen, dienten. So hat sich bei vielen Anhänger*innen der Rechten die Auffassung durchgesetzt, dass die »Mehrheitsparteien« – vor allen Dingen die Linke – jene Communities aus wahltaktischen Interessen übervorteilen würden. In deren Wahrnehmung werteten Migrant*innen das wohlgeordnete Lebensumfeld der bessergestellten, meist weißen Nachbarschaften ab. Gerade die Einwohner*innen der Einfamilienhaussiedlungen verbinden mit den »nicht-weißen« Randgruppen vor allen Dingen Kriminalität, Erwerbslosigkeit und heruntergekommene Stadtviertel, die die Aufstiegsstrategien – welche in Frankreich auch für Arbeiter*inneklassenhaushalte über die Erlangung von Wohneigentum möglich ist – erheblich stören könnten (Cartier u.a. 2008, 254).

In dieser Situation hat es der FN leicht zu punkten, verspricht Le Pen doch die Zementierung einer Gesellschaft in der Ungleichheit als legitim betrachtet wird. Demzufolge würden gesellschaftliche Widersprüche nicht verschwinden. Da in Frankreich aber eine heterogene Mittelklasse besteht, die ihre kleinen sozialen Aufstiege bewahren möchte, indem eine Sanktionierung derer erfolgen würde, deren soziales Prestige deutlich niedriger als das eigene ist, ist die Bekämpfung der Ursachen auch nicht die Erwartung der Wähler*innen von Marine Le Pen und des FN. Eine Präsidentin Marine Le Pen solle viel eher weitere Sozialkürzungen zuungunsten der »Faulen«, die von der »sozialen Hängematte« profitierten durchsetzen. Mit dem Ausbau von Polizei und Militär solle sie außerdem dafür sorgen, dass die Artikulation von Protest gegen die Politik so weit wie möglich eingeschränkt werde. Jene politische Umsetzung hätte eine weiter ansteigende Armut in den Unterklassen zur Folge. Auch eine noch massivere Gewalt in den Vorstädten würde vermutlich zu verzeichnen sein. Schließlich haben die jungen Menschen in den Banlieues wenig bis nichts mehr zu verlieren, während die tägliche Erniedrigung eine derartige Infragestellung der eigenen Würde darstellen würde, dass auch eine repressive FN- Administration dort keine Ruhe schaffen könnte. So würden höchstens neue Keimzellen für ohnmächtige Gewalt von Seiten der Repression betroffenen Milieus entstehen.

Die repressive Idylle, die eine Form von nationaler Homogenität herstellen möchte, welche in dieser Form nie existiert hat, stellt ein antidemokratisches und antisolidarisches Schreckensszenario dar. Nur durch eine Politik, die Ängste abbaut und die soziale Aspekte wieder als Hauptaufgabenfeld betrachtet, können Bewegungen wie der FN wieder in die Defensive gedrängt werden. Nur dann, wenn offensichtlich wird, dass der Zugang zu notwendigen Ressourcen wie Wohnraum, Bildung, aber auch Arbeit gewährleistet wird, wird man der Konkurrenz aller gegen aller – die die Ursache für die Ausgrenzungswünsche gegenüber Schwächeren ist – entgegenwirken können. Viele Beobachter*innen meinen, dass der neu gewählte Staatspräsident Emmanuel Macron – welcher sich im Wahlkampf betont »proeuropäisch« und gesellschaftspolitisch liberal präsentiert hatte – für eine Periode von wirtschaftlichen Aufschwung und Optimismus im Lande sorgen und somit die Angstgefühle, die den Erfolg des Front National ausmachen, überwinden könne. Doch jene übersehen, dass Macron den Weg seines politisch gescheiterten sozialdemokratischen Vorgängers François Hollande weitergehen möchte. So stehen eine weitere Deregulierung des Arbeitsrechts und einseitige Entlastungen der Unternehmer*innen auf der Tagesordnung, die zu einer weiteren Polarisierung der Gesellschaft führen dürften.

Literatur und Quellen

Alduy, Cécile/Wahnich,Stéphane (2015): Marine Le Pen prise aux mots; Paris

Alduy, Cécile (2016): Nouveau discours, nouveau succès in: Pouvoir 157; Paris

Alduy, Cécile (2017): Ce qu`ils disent vraiment. Les politques pris au mot; Paris

Baubérot, Jean (2016): Histoire de la laicité en France; Paris

Braconnier, Céline /Mayer, Nonna (2015): Écouter ceux qu'on n'entend plus; in: Braconnier, Céline /Mayer, Nonna (Hrsg.): Les inaudibles – Sociologie politique des précaires; Paris

Bréchon, Pierre (2012): Les ouvriers sont-ils plus autoritaires et plus xénophobes que les autres groupes sociaux ?; in: De Waele, Jean-Michel /Viera, Mathieu (Hrsg.): Une drotisation de la classe ouvrière en Europe?; Paris

Cartier, Marie /Coutant, Isabelle /Masclet, Olivier /Syblot, Jasmine (2008): La France des »petits-moyens« – enquête sur la banlieue pavillonaire; Paris

Christofferson, Michael (2009): Les intellectuels contre la gauche. L`idelogie antitotalitaire en France (1968-1981); Marseille

Chwala, Sebastian (2015): Der Front National.Geschichte, Programm, Politik und Wähler; Köln

Chwala, Sebastian (2017): Frankreich: Alles läuft auf Macron als Präsident hinaus http://www.semiosis.at/2017/03/02/frankreich alles laeuft-auf-macron-als-praesident-hinaus/ abgerufen: 9.6.2017

Collovald Annie/Schwartz, Olivier (2006): Haut, bas, fragile: sociologies du populaire; in: Vacarme 37; Paris

Crépon, Sylvain (2012): Enquête au coeur du Front National; Paris

Ecolinks (2017): Petit manuel économique anti-FN; Paris

Girard, Violaine (2017): Le vote FN au village. Trajectoires de ménages populaires du péri-urbain; Vulaines-sur-Seine

Igounet, Valérie (2014): Le Front National de 1972 à nos jours. Les parti, les hommes, les idées; Paris

Igounet,Valérie (2017): Les français d`abord. Slogans et viralité Front National; Paris

Kauffmann, Grégoire (2016): Le nouveau FN; Paris

Lambert, Anne (2015): »Tous proprietiare.« L'envers du décors pavillionaire; Paris

Pinto, Louis: La promotion d`un nouvel ordre moral in: Mauger, Gérard/Peletier, Willy (2017): Les classe populaires et le FN. Explications des votes; Vulaines sur Seine

Priester, Karin (2012): Rechter und Linker Populismus. Annäherung an ein Chamäleon; Frankfurt

Proust, Sarah (2013): Le Front national: Le hussard brun contre la république; Lormont

Siblot,Yasmine/Cartier, Marie/Coutant, Isabelle/Masclet, Olivier /Renahy, Nicolas (2015): Sociologie des classes populaires contemporaines; Paris

Tondelier, Marine (2017): Nouvelles du Front; Paris

VISA – Vigilance et Initiatives Syndicales Antifascistes (2016): Face au FN et toute l`extrême droite, Réponses & Ripostes Syndicales; Paris

VISA – Vigilance et Initiatives Syndicales Antifascistes (2017): Le Fn entre en campagne : toujours antisocial et invité du MEDEF ! http://www.visa-isa.org/content/le-fn-entre-en-campagne-toujours-antisocial-et-invite-du-medef (Abgerufen: 25.3.2017)

Das Ende einer Ära. Asylrechtsverschärfungen und der Erfolg der rechtspopulistischen Sverigedemokraterna

von Cordelia Heß

Im Sommer und Herbst 2015 war Schweden das Ziel vieler derjenigen, die im langen *summer of migration* über das Mittelmeer und über die Balkanroute nach Europa kamen. Mehr als 162.000 Personen beantragten hier 2015 Asyl. (»Asylsökande till Sverige 2000-2015«.) Das Land präsentierte sich als der Vorreiter humanitärer Hilfe und Solidarität, die seit den Weißen Bussen im Holocaust den Kern der nationalen Identität ausmachen. Zehntausende demonstrierten für offene Grenzen, als im August das Foto des toten Kindes Alan Kurdi um die Welt ging. »Mein Europa baut keine Mauern«, sagte Staatspräsident Stefan Löfvén im September. Wenige Wochen später, am 23. Oktober, kamen Regierung und Opposition überein, dass das Land eine »Atempause« von den Geflüchteten bräuchte. Als erste Maßnahme wurden Passkontrollen an den Grenzen eingeführt, was verhinderte, dass weiterhin Menschen ohne gültiges Visum ins Land kommen konnten, um Asyl zu beantragen. Seitdem wurden eine Reihe von Maßnahmen verabschiedet, die die Migrationspolitik Schwedens zu einer der restriktivsten innerhalb der EU machen: die Grenzen sind nach wie vor geschlossen, selbst anerkannte Geflüchtete bekommen nur noch temporäre Aufenthaltserlaubnis (13 Monate für subsidiären Schutz, drei Jahre für Anerkennung gemäß der Genfer Konvention), Familiennachzug wird für die Mehrheit der Geflüchteten unmöglich gemacht, eine medizinische Altersbestimmung von alleine einreisenden Kindern direkt an den Beginn des Asylverfahrens gelegt. Die Umkehr kam ebenso plötzlich wie unwidersprochen. Im Juni 2016 wurden die Vorschläge in ein Gesetz gegossen, die Schließung der Grenzen verlängert, seitdem werden nach und nach weitere Verschärfungen vor allem in der Praxis gegenüber Illegalisierten, die im Land leben, und Minderjährigen implementiert. Die Ära, in der Schweden sich in der Rolle als Klassenbeste nicht nur in Sachen Wohlfahrtsstaat, sondern auch humanitärer Hilfe gefiel, ist offiziell vorbei – und niemand scheint es zu bemerken. Bis auf eine Kampagne, initiiert von einigen antirassistischen Gruppen, die das Gesetz zu verhindern suchte, ist es still geblieben über das Ende einer Ära. Woran liegt das? Eine naheliegende Erklärung wäre der indirekte Einfluss der rechtspopulistischen Sverigedemokraterna (SD), die mittlerweile die drittstärkste, in manchen Untersuchungen gar die zweitstärkste Partei des Landes ausmachen, auf die Migrationspolitik der Regierungskoalition: die Vorstellung, dass die Rechtspopulisten die bürgerliche Mitte »vor sich hertreiben«. Der Schock hält sich aber auch bei der Mehrheit, die nicht SD gewählt hat, in Grenzen. Im Folgenden soll die Migrationspolitik der vergangenen Jahrzehnte einerseits mit den Wahlerfolgen der

SD, andererseits mit Hilfe der Ergebnisse des SOM-Instituts der Universität Göteborg, das Langzeit-Daten zu politischen Einstellungen und spezifischen Themenfelder, u. a. Migration, erhebt, kontextualisiert werden, wobei sich Kulturpolitik als ein vernachlässigtes Feld ergibt.

Asylpolitik und Wohlfahrtsstaatschauvinismus

Bis zum Herbst 2015 hatte Schweden eine relativ liberale Asyl- und Immigrationspraxis, verglichen mit anderen EU-Ländern, vor allem in Bezug auf Arbeitsvisa für Geflüchtete. Es gab fünf Kategorien für Asyl: schutzbedürftig gemäß der Genfer Konvention, subsidiär schutzbedürftig, Quotenflüchtling der UNHCR, sonstiges Schutzbedürfnis, besonders belastende Umstände (die letzteren beiden sind mittlerweile gestrichen worden). Zudem nahm Schweden relativ zur Bevölkerung gesehen viele Geflüchtete auf: in den Jahren 2009–2015 erhielten zwischen 11.300 und 36.600 Personen Asyl. (»Beviljade uppehållstillstånd« 2009-2015) Antirassistische Organisationen kritisierten stetig die Widersprüche in der Asylpraxis: Dublin-Abschiebungen nach Italien und Ungarn noch im Winter 2015, Abschiebungen in den Irak und nach Afghanistan, lange Wartezeiten in den Verfahren, theoretisch gute, faktisch aber schlechte Möglichkeiten, ein Urteil anzufechten. Insgesamt stellte sich also die Asylpraxis in Schweden ebenso wie in anderen europäischen Ländern dar: widersprüchlich, mit einigen liberalen und einigen sehr harten Aspekten für Asylsuchende. Die Regierungen, ob rot-grün oder bürgerlich-liberal, betonten aber immer den Wert von Immigration für den Arbeitsmarkt und für Schweden als Ganzes. Die Gesetzgebung lässt theoretisch auch Freiräume für Personen ohne Papiere zu, wie der beschränkte Zugang zum Gesundheitssystem, gewisse Möglichkeiten, Sozialhilfe oder Wohnungsbeihilfen zu bekommen und Schulbildung für Kinder. Auch durften bis 2016 abgelehnte Asylbewerber*innen, deren Abschiebung nicht vollzogen werden konnte, in den Unterkünften des Ausländeramtes leben und bekamen weiterhin finanzielle Unterstützung. Diese Möglichkeiten für Illegalisierte werden derzeit sukzessive eingeschränkt oder zurückgenommen. Während vor 2015 die humanitäre Situation der Illegalisierten ein wichtiger Aspekt in der Debatte war, steht nun der politische Wille im Vordergrund, Personen ohne Aufenthaltsstatus so umfassend wie möglich zum Verlassen des Landes zu bewegen. Zunächst betonte die Regierung dabei die Notwendigkeit, die begrenzten Ressourcen auf Personen mit »faktischem Schutzbedarf« zu konzentrieren, nach dem Anschlag in Stockholm im April 2017, zu dem sich ein illegalisiert lebender Usbeke bekannte, kamen vermehrt auch sicherheitspolitische Argumente hinzu.

Zur Bewertung der Migrationspolitik gehören auch die Veränderungen, denen der schwedische Wohlfahrtsstaat seit den 1990er Jahren durch den Beitritt des Landes zur EU unterworfen ist. Wie in anderen Ländern auch, wird der Zugang zu sozialstaatlichen Leistungen weniger an der Staatsbürgerschaft und mehr am Aufenthaltsstatus festgemacht: wer legal in Schweden lebt, hat Zugang zu den meisten Sozialleistungen und bürgerlichen Rechten. Diese Entscheidungen wurden zumeist auf EU-Ebene gefällt, und sowohl rechte als auch linke Parteien sind in Schweden traditionell sehr EU-feindlich und kritisieren den erlebten Verlust der nationalen Souveränität in Fragen des Wohlfahrtstaates. Ein gewisser Wohlfahrtstaatschauvinismus führt zu der Vorstellung, dass die EU zur Aufweichung der eigentlich nahezu perfekten nationalen Regelungen führe. Die SD sind in dieser Argumentationslinie federführend, aber nicht alleine: sie beziehen sich positiv auf den schwedischen Wohlfahrtsstaat der 1950er und 60er Jahre und fordern eine Re-Nationalisierung dessen, den Zugang zu Sozialleistungen nur für Staatsbürger*innen. Bei gleichzeitig geforderter Erschwerung der Hürden für die Erlangung der Staatsbürgerschaft liefe das auf einen ethnisch begründeten Wohlfahrtsstaat hinaus. (Nordensvard und Ketola 2015)

Sverigedemokraterna in der parlamentarischen Landschaft

Das Wahljahr 2014 markierte einen Umschwung in der schwedischen Parteienlandschaft, die bis dahin von stabilen Blockkoalitionen aus entweder Sozialdemokraten und Grünen (mit Unterstützung der Linkspartei) oder Moderaterna (liberal-konservativ), Centerpartiet (sozialliberal), Folkpartiet (liberal) und Kristdemokraterna (christlich-sozialkonservativ) gestellt wurden. Neben den beiden großen Blöcken positionierte sich die rechtspopulistische Partei SD mit 12,9 % der Wähler*innenstimmen in ihrer zweiten Legislaturperiode im Parlament (2010: 5,7 %) als drittstärkste Partei. Gleichzeitig konnte keiner der beiden Blöcke eine stabile Regierungsmehrheit erreichen, eine Art »Große Koalition« wurde nicht angestrebt und alle anderen Parteien versuchen weiterhin, die SD zu isolieren. Entsprechend finden sich die übrigen schwedischen Parteien in einer neuen Situation, in der die Frage sich verschärft stellt, ob die Rechtspopulisten sie vor allem in migrationspolitischen Fragen »vor sich hertreiben«. Denn die öffentlich zelebrierte Ablehnung der Partei SD und ihrer Politik und Ansichten gehört, trotz ihrer steigenden Beliebtheitsziffern, medial und politisch in Schweden noch immer zum guten Ton und macht einen wichtigen Aspekt im nationalen Selbstverständnis aus. (Hellström 2013)

Neu war im Wahlkampf 2014 auch, dass die Themen beider Blöcke sich nicht wie eigentlich in der gesamten Nachkriegszeit um sozioökonomische Fragestellungen drehten, sondern erstmals um Fragen der Identität und Kultur. Dies war ein Thema, das die SD aktiv einbrachten und das die anderen Parteien aufnahmen, auch weil seit 2010 Meinungsumfragen ergaben, dass immer mehr Wähler*innen eine restriktivere Migrationspolitik forderten. Alle anderen Parteien distanzierten sich von der SD als Partei, diskutierten aber die von der SD betriebenen Fragestellungen intensiv, gleichzeitig kam den SD und vor allem dem Parteivorsitzenden Jimmie Åkesson zugute, dass er als Experte für Migrations- und Integrationsfragen medial aufgebaut und angenommen wurde. Im Wahlkampf wurden z.b. zwölf Wahldebatten zwischen den Parteivorsitzenden gesendet, davon enthielten acht einen Block über Migration und Integration, und der Parteivorsitzende von SD wurde durch Redezeit und Kameraeinstellungen zum zentralen Akteur aufgebaut. (Hagren Idevall 2016: 68, 73) Fredrik Reinfelt dagegen, dem bürgerlichen Staatsminister 2006-2014, wurde seine Rede »Öffnet eure Herzen« als wahlkampfentscheidend negativ vorgeworfen. In dieser Ansprache im Sommer 2014 betonte er die nationale Tradition als humanitäre Weltmacht mit langer historischer Tradition ebenso wie die Tatsache, dass die Aufnahme einer großen Anzahl Asylsuchender anfangs zwar Kosten verursache, auf lange Sicht aber dem Land zugekommen würde.

Wie Analysen der Wechselwähler*innen und der sozialen Zugehörigkeit von SD-Sympathisant*innen zeigen, besteht das Kernklientel einerseits aus ehemaligen Moderaterna-Wähler*innen, also Bürgerlich-Konservativen, die weiter nach rechts rücken, andererseits aus gut ausgebildeten Arbeiter*innen und Handwerker*innen, für die die traditionelle schichtenspezifische Zugehörigkeit zur Sozialdemokratie nicht mehr gilt. (Sannerstedt 2016)

Die Beliebtheit der SD nahm in der Parteiensympathieuntersuchung des Statistischen Zentralamts SCB (»Was würden Sie wählen, wenn heute Reichstagswahl wäre«) seit 2014 stetig zu, während die Werte von Moderaterna und Sozialdemokratie schwankten. Auffällig ist der Knick in den Werten für die SD in der Umfrage von November 2015, dem Zeitpunkt der Grenzschließung, der gleichzeitig zu verbesserten Werten für Moderaterna und Sozialdemokratie führte.

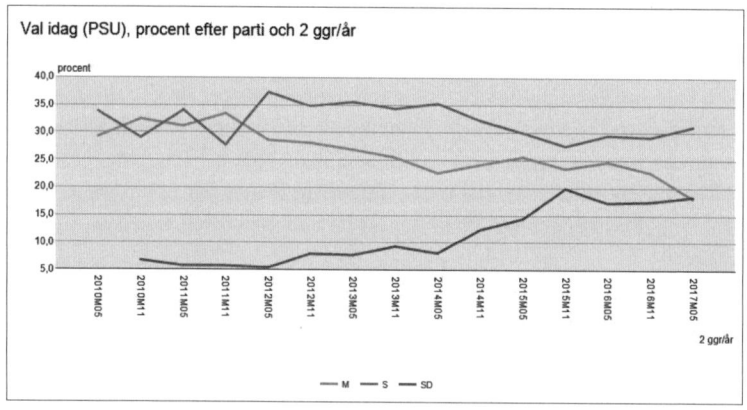

»Was würden Sie wählen, wenn heute Wahl für den Reichstag wäre?«
Umfragewerte des Statistischen Zentralbüros SCB jeweils im Mai und November jeden Jahres. M: Moderaterna, S: Socialdemokraterna, SD: Sverigedemokraterna. Quelle: scb.se

Die Frage nach dem im europäischen Vergleich relativ späten, dann aber massiven Erfolg der SD wurde in der Forschung vor allem mit den Wurzeln der Partei in der extremen Rechten beantwortet, die sie lange Zeit weniger »wählbar« erscheinen ließen als vergleichbare europäische Parteien. Anfang der 90er Jahre hatte gleichzeitig die erste rechtspopulistische Partei in Schweden »Ny Demokrati« eine kurze Blüte, sie erlangte bei der Reichstagswahl 1991 6,7 % der Stimmen, kollabierte jedoch bereits 1994. Vergleiche wurden eher zwischen der SD und Parteien der extremen Rechten gezogen als zwischen der SD und anderen europäischen rechtspopulistischen Parteien, was unter Berücksichtigung der früheren Geschichte der Partei durchaus Sinn macht. (Rydgren 2013, Rydgren 2002)

Eine Besonderheit der schwedischen extremen Rechten war es seit jeher, dass die Berührungsängste mit dem parlamentarischen System klein sind. Auch solche Gruppen, die den bewaffneten Kampf und die nationalsozialistische Revolution befürworten, suchen von Zeit zu Zeit den Weg in die Parlamente. Das führt dazu, dass sich etliche winzige extrem rechte Splitterparteien in einem scheinbar unaufhörlichen Strom von Fusionen, Zersplitterung und Neuformierungen befinden, wobei die Protagonist*innen oft dieselben sind. Auch die SD waren vor etwa 25 Jahren ein Teil dieser stetigen Umorganisierung, und damals war es noch keinesfalls absehbar, dass ausgerechnet die SD den parlamentarischen Weg am konsequentesten und erfolgreichsten von allen extrem rechten Parteien in Schweden beschreiten würden.

Die SD hatten anfangs vor allem eine Stärke: Straßenpräsenz. Entstanden aus der Kampagne Bevara Sverige Svenskt, bestanden die SD zunächst aus einer kleinen Schar Mitglieder unterschiedlicher extrem rechter Gruppen. Die Partei war bei ihrer Gründung 1988 ein Sammelbecken unterschiedlichster Aktivist*innen aus der extremen Rechten, von jungen Skinheads bis zu Altnazis. Die SD selbst haben viel Energie darauf verwendet, die neonazistischen Altlasten loszuwerden, mit wechselndem Erfolg: Laut einer Untersuchung der Zeitschrift Expo hatten 41 Kandidat*innen auf der SD-Liste für die Reichstagswahl 2010 mehr oder weniger eindeutige Verbindungen zur Naziszene. Das Aufzeigen von neonazistischen Verbindungen, offenem Rassismus und Misogynie und anderer Aspekte, die die Wählbarkeit der SD hätten einschränken sollen als hauptsächliche Strategie von Medien und Recherchearbeit, um die SD zu kritisieren, bleibt aber völlig erfolglos.

Die Person, die den Kurswechsel in Richtung wählbarer Volkspartei nach außen am deutlichsten repräsentierte, war Jimmie Åkesson. Ende der 1990er Jahre war er zunächst Vorsitzender des Jugendverbandes und damit Nachfolger von Robert Vesterlund, der seine Karriere in der außerparlamentarischen extremen Rechten fortsetzte.[1] Die Ablösung Vesterlunds durch Jimmie Åkesson markierte den Wechsel

---

1 Vesterlunds Outing am Arbeitsplatz 1999 zog die Ermordung des Syndikalisten Björn Söderberg nach sich, der in seinem Haus von Neonazis aufgesucht und erschossen wurde,

hin zum Parlamentarismus auch bei der Jugendorganisation der SD. 2005 wurde
der erst 26jährige zum Parteivorsitzenden der Mutterpartei gewählt. Er kam in eine
Partei, die inhaltlich und personell noch mit mindestens einem Bein in der extremen Rechten steckte, und er machte sich den Wandel zum Rechtspopulismus zur
Herzensaufgabe.

2011 formulierte die Partei einen umfassenden Reformvorschlag für das Grundsatzprogramm unter dem neuen Label »Sozialkonservatismus«. Darin wurde der
Wechsel von der reinen »Ein-Frage-Partei« hin zu einem insgesamt ethnisch begründeten Wohlfahrtsstaatskonzept hin vollzogen. Als positive Matrix dient der
Wohlfahrtsstaat der 1950er und 1960er Jahre, innerhalb dessen Verteilungsgerech-
tigkeit herrschen soll. EU-Kritik spielt eine vergleichsweise geringere Rolle als bei
anderen rechtspopulistischen Parteien, auch Versuche zur Einschränkung reproduktiver Rechte sind weniger prominent als beispielsweise bei der »Alternative für
Deutschland«. Neben dem Wohlfahrtsstaat ist die übergeordnete Klammer die
Islamfeindlichkeit, die in allen sozial- und kulturpolitischen Bereichen eine Rolle
spielt: In der Gleichstellungspolitik, der inneren Sicherheit, in der Schulpolitik etc.

Die schwedische nationale Identität baut traditionell vor allem darauf auf, liberale politische Werte wie Gleichstellung, Demokratie und humanitäre Hilfe als
besonders schwedisch anzusehen und daraus Nationalstolz abzuleiten, eher als aus
kulturellen oder ethnischen Aspekten. Die SD formulieren diese Werte in einer
spezifisch ethnisch geprägten Form, die vor allem den Islam als Feindbild des nor-
dischen Werteliberalismus stigmatisiert.

Es ist unklar, inwieweit dieser kulturpolitische Fokus ausschlaggebend für den
Wahlerfolg der Partei war und ist, die Partei geht jedenfalls in ihren diesbezüglichen
Forderungen weiter als andere nordische rechtspopulistische Parteien und fordert
klare staatliche Eingriffe in unterschiedliche kulturelle Bereiche. (Lindsköld 2015)
Der Fokus auf Kulturpolitik als schwedische Identitätspolitik prägt die Politik der
SD umfassend, während die Frage, was schwedisch sei, bei den anderen Parteien
bis vor kurzem überhaupt keine Rolle gespielt hat. SD-Vertreter*innen kleiden sich
bei öffentlichen Auftritten in Volkstrachten, fordern mehr schwedische Musik im
Radio und einen schwedischen Lesekanon in der Schule. Und im Jahr 2016 zogen nicht nur die anderen Parteien, sondern auch die Medien nach: »Schwedische
Werte« wurden 1600 Mal in schwedischen Zeitungen und Radiosendungen diskutiert (im Vergleich zu 286 Mal im Jahr 2012). (Demos, 387)

---

nachdem er dafür gesorgt hatte, dass Vesterlund von seinem gewerkschaftlichen Vertrauens-
posten entbunden wurde.

Volkes Meinung: Asylpolitik, Immigration und Assimilation in den Daten des SOM-Instituts

Die SOM-Untersuchungen (»Samhälle, opinion, medier« [Gesellschaft, Meinung, Medien]) werden seit 1986 jährlich als repräsentative Umfragen mit einem festen Fragenkatalog durchgeführt und erlauben deshalb Aufschlüsse über längerfristige Veränderungen in der Relevanz, die die Bevölkerung bestimmten Themen beimisst. Träger ist ein Zentrum an der Universität Göteborg, getragen vom Staatswissenschaftlichen Institut und dem Institut für Journalistik, Medien und Kommunikation (www.som.gu.se). Befragt werden sowohl Staatsbürger*innen als auch Einwohner*innen mit Aufenthaltsrecht; allgemeine demographische Angaben über Ökonomie, Haushaltsgröße sowie Herkunftsländer der eigenen und der Elterngeneration werden mit erhoben.

Die SOM-Untersuchungen enthalten drei Fragen, die direkt die Einstellung zu Migration und Asylpolitik abfragen: erstens die Möglichkeit, ohne Vorgaben politische Themen als relevant zu bezeichnen, zweitens die Frage, ob es gut sei, weniger Flüchtlinge aufzunehmen, und drittens die Frage, ob Integrationspolitik vor allem helfen sollte, die schwedische Kultur zu erlernen und zu adaptieren. Hierbei ergibt sich, dass bis zum Jahr 2010 immer nur geringe Anteile der Bevölkerung Migration und/oder Integration als eins der beiden wichtigsten tagespolitischen Felder benannten.

Während der 1990er Jahre lag die Zahl derjenigen unter 15 Prozent, die das Thema Migration wichtiger fanden als etwa Staatsfinanzen, Umwelt, Krankenversorgung und innere Sicherheit. Während der Flüchtlingswelle aufgrund des Balkankrieges stieg diese Zahl temporär. Bis zum Jahr 2011 ist allerdings kein markanter Anstieg zu verzeichnen, erst während der ersten Mandatsperiode der SD im Parlament und dann mit dem kultur- und migrationspolitisch aufgeladenen Wahlkampf 2014 und dem folgenden *summer of migration* stieg dieser Anteil rasant an: 2015 gaben 53 % der Bevölkerung an, Migration für die wichtigste politische Sachfrage zu halten, gegenüber 27 % im Vorjahr. Diese Einschätzung kommt sowohl von Personen, die mehr Flüchtlinge aufnehmen wollen, als auch von denjenigen, die das Gegenteil fordern. (Siehe Grafik in Demos, 383)

Insgesamt sinkt der Anteil in der Bevölkerung, der weniger Flüchtlinge aufnehmen will, seit 1993 (65 %) langsam, aber stetig. 2014 gaben 43 % an, weniger Flüchtlinge aufnehmen zu wollen, im Jahr danach noch 40 %. Die Politologin Marie Demker interpretiert diese Zahlen als Widerspruch zum Wahlerfolg der SD, da ja ein wachsender Anteil der Bevölkerung sich für eine generösere Asylpolitik ausspricht. Umgedreht aber bedeutet es, dass deutlich mehr Personen eine restriktivere Asylpolitik fordern, als bisher die SD wählen. Dies wiederum korrespondiert mit den politischen Selbsteinschätzungen der Befragten: Weder Alter noch soziale Faktoren konnten als bestimmend für die Ablehnung von Flüchtlingen ausgemacht werden, sondern die eigene Platzierung auf einer Rechts-Links-Skala und die gleichzeitig abgefragten Parteisympathien ergaben das deutlichste Bild hierzu: wer sich selbst als eher rechts einstuft und rechtspopulistisch oder Moderaterna wählt, möchte weniger Flüchtlinge aufnehmen. (Bennulf und Demker 2013)

Was die von der SD vorangetriebene Politisierung der »schwedischen Kultur« betrifft, so beziehen sich mehrere Fragen in der SOM-Untersuchung indirekt darauf. Fremdenfeindlichkeit wird an der Zustimmung zu der Aussage »Einwanderer bedeuten eine Bedrohung für die schwedische Kultur und die schwedischen Werte« gemessen; die Anzahl derer, die dem völlig zustimmen liegt seit 2011 etwa konstant zwischen 36 und 39 Prozent. Die Zustimmung zur Aussage »Die Medien berichten nicht die Wahrheit über gesellschaftliche Probleme im Zusammenhang mit Zuwanderung« bewegte sich zwischen 63 und 68 %.

Kulturpolitik im engeren Sinne betrifft die Frage, ob Immigrant*innen weiterhin in Schweden frei ihre Religion ausüben sollten, hier stieg die Zustimmung von 19 % im Jahr 1993 auf 35 % im vergangenen Jahr – umgekehrt bedeutet das aber, dass zwei Drittel der Bevölkerung eine freie Religionsausübung, die eventuell abseits der in Skandinavien dominanten protestantischen Religion liegt, als entweder nicht relevant oder nicht wünschenswert ansieht. Am signifikantesten ist jedoch die Zustimmung zur Aussage »Die Einwanderungspolitik sollte Flüchtlingen und Einwanderern helfen, sich an die schwedische Kultur und Tradition anzupassen«, die seit Mitte der 1990er Jahre nahezu unverändert bei 80 bis 82 % liegt (mit einem Einbruch 1996 mit 66 %). (Demker und von der Meiden 2016)

Das Ende einer Ära?

Die rechtspopulistischen SD erfreuen sich seit 2010 nicht nur steigender Wahlerfolge, ihre Beliebtheitswerte nehmen auch in den Fragen »Wen würden Sie wählen, wenn jetzt Reichstagswahl wäre« des Statistischen Zentralbüros stetig zu – mit einer Ausnahme. Als im Herbst 2015 die rot-grüne Regierung die Grenzen schloss und die Asylaufnahme auf den europäischen Mindeststandard herabsetzte, knickten die Werte für einige Monate ein. Bisherige Untersuchungen haben den Wahlerfolg der SD bislang hauptsächlich im Zusammenhang mit der recht schematischen Frage nach mehr oder weniger aufzunehmenden Geflüchteten diskutiert. Diese können nicht erklären, warum der radikale Bruch mit dem nationalen Selbstverständnis als humanitäre Vorreiternation, auf das sich auch wesentlich das schwedische Nationalgefühl aufbaut, nicht zu mehr Widerspruch, sondern offenbar im Gegenteil zu weniger Bereitschaft führte, rechtspopulistisch zu wählen.

Die Meinungsumfragen des SOM-Instituts erheben seit Jahrzehnten Daten zu allgemeinen Einstellungen zu Asylpolitik, der Bedeutung von Migration für die schwedische Politik und zur Ausrichtung von Integrationspolitik. Hierbei zeigt sich, dass gerade während der Phase, als Schweden tatsächlich eine relativ liberale Migrations- und Asylpolitik betrieb, der Widerstand gegen diese besonders groß war – um die 60 Prozent fanden etwa während der 1990er und 2000er Jahre, dass weniger Geflüchtete aufgenommen werden sollten, während diese Zahl derzeit, mit der herrschenden restriktiven Politik, eher sinkt. Das bedeutet, dass die liberale Asyl- und Arbeitsmarktsmigrationspolitik gegen den Willen einer Mehrheit der Bevölkerung betrieben wurde. Dass das nicht zu Konflikten oder Anpassungen der Politik führte, lag daran, dass Migration in der gesamten Nachkriegszeit kein relevantes Thema in der schwedischen Politik war – die beiden politischen Blöcke unterschieden sich vor allem in Fragen der Umverteilung und Steuerpolitik, während soziokulturelle Fragen kaum Bedeutung hatten. Das änderte sich mit dem Einzug der rechtspopulistischen Sverigedemokraterna ins Parlament 2010. Wie in anderen europäischen Ländern auch gelang es den Rechtspopulisten, Migration zu politisieren und zu polarisieren. Die anderen Parteien zogen mit, zunächst nicht in Form einer diskursiven oder realpolitischen Anpassung, aber dahingehend, dass Migration und Asylpolitik als Problemfelder benannt wurden, und zwar in Kombination mit Fragen der Integration und damit der Kulturpolitik.

Hier ergaben die Umfragen, dass unabhängig von der sonstigen Einstellung zu Migration und Asylpolitik eine große Mehrheit der schwedischen Bevölkerung schon seit etwa 20 Jahren – vermutlich schon länger – Assimilation in die einheimische Kultur und sogar in die Religion für das oberste und erstrebenswerte Ziel der Politik hält. Dies steht im Widerspruch zur staatlichen Gleichstellungspolitik, die auch ein Bekenntnis zum Multikulturalismus umfasst, jedoch ohne sich kritisch mit der faktisch vorhandenen Hierarchie zwischen den Kulturen und der damit verbundenen sozialen und kulturellen Segregation vor allem in den Großstädten auseinanderzusetzen. (Ålund 2007) Im Gegensatz dazu hat es bisher keinerlei Forderungen dieser Art von staatlicher Seite an Neuankömmlinge gegeben – 2002 wurde kurz die Einführung eines Sprachtests bei der Einbürgerung diskutiert, aber schnell verworfen. Insgesamt ist Schweden auch im innerskandinavischen Vergleich das Land, das die permissivste Regelung zur Integration hervorgebracht hat und noch immer implementiert. (Borevi, Jensen und Mouritsen 2017, 743) Die Debatten etwa über die Notwendigkeit, in Erstaufnahmeeinrichtungen Lehrgänge über schwedische Gleichstellungspolitik und Geschlechterverhältnisse anzubieten, um Übergriffen gegen Frauen vorzubeugen, sind 2016 aufgeflammt – eine interessante Parallele zu den Diskussionen nach der Silvesternacht in Köln in Deutschland, die zeigt, dass in Schweden es zunächst als Aufgabe des Staates angesehen wird, für die Assimilierung zu sorgen, und erst in zweiter Instanz die Verantwortung den Geflüchteten selbst zugestanden wird.

Dies wiederum bedeutet, dass auch die liberale Migrationspolitik der vergangenen Jahre nicht bedingungslos toleriert wurde, sondern nur im Rahmen der Forderung nach vollständiger Assimilierung. Diese wiederum ist auch ein zentraler Bestandteil der Forderungen der SD, die als erste im Parlament vertretene Kraft Kulturpolitik und die Frage danach, was denn schwedisch sei – vergleichbar mit der deutschen Leitkultur-Debatte – zentral auf die Agenda setzen. Hier zeigt sich, dass der soziokulturelle Bereich eine vernachlässigte Nische war, in die sich der Rechtspopulismus drängen konnte, weil die anderen politischen Parteien hier blockübergreifend nur kleine Justierungen an der allgemein liberalen Ausrichtung vornahmen und damit ganze Bevölkerungsgruppen ignorierten, die sich eine konservativere, weniger diverse und insgesamt klarere nationale Identität wünschten.

In Bezug auf die Frage, warum das Ende der Ära als Vorreiter in Sachen humanitärer Hilfe und Asyl nicht zu größeren Konflikten und Widerspruch führt – auch nicht bei denjenigen, die nicht die SD wählen und die den extremen Verschärfungen im Asylrecht nicht zustimmen – kann das bedeuten, dass die sukzessive Politisierung und Sichtbarmachung eines bereits lange bestehenden Konfliktfeldes, nämlich der nie durchgesetzten oder auch nur offen formulierten Integrations- und Assimilierungsforderung an Neuankömmlinge, zur Akzeptanz der Verschärfungen beigetragen haben. Die Auseinandersetzung darüber, wer und was schwedisch sei und wer es werden könnte und sollte, wurde von den SD auf die Tagesordnung gesetzt, war aber in weiten Teilen der Bevölkerung bereits latent als Konfliktfeld vorhanden. Als im Herbst 2015 die beiden Blöcke der Regierung und Opposition gemeinsam die Grenzen schlossen, führte das zu einem kurzfristigen Einbruch der Umfragewerte der SD. Seitdem kommen kaum noch neue Asylsuchende ins Land und Asylpolitik als Verteilungsfrage ist in den Hintergrund getreten, statt dessen tobt die Debatte um »schwedische Werte« – jedoch nicht im Sinne dessen, was bisher oft als Kern des nationalen Selbstverständnisses betrachtet wurde, nämlich humanitäre Hilfe für andere, sondern als normativ aufgestelltes Ziel der Anpassung neu Eingewanderter.

Literaturliste

»Asylsökande till Sverige under 2000-2016«, online einsehbar unter https://www. migrationsverket.se/download/18.585fa5be158ee6bf362fd2/1485556063045/ Asylsokande+till+Sverige+2000-2016.pdf (Abruf: 15.6.2017)

Bennulf, Martin; Demker, Marie (2013): »VI OCH DOM«. Svenska folkets åsikter om invandring och flyktingmottagning. In Marie Demker (Ed.): Svensk migrationspolitisk opinion 1991-2012. Göteborg: SOM-institutet, S. 255–271.

»Beviljade uppehållstillstånd 2009-2015«, online einsehbar unter http://www.migrationsverket.se/download/18.2d998ffc151ac38715994f9/1462197648878/Beviljade+uppehallstillstand+2009-2015.pdf (Abruf: 15.6.2017).

Borevi, Karin; Jensen, Kristian Kriegbaum; Mouritsen, Per (2017): The civic turn of immigrant integration policies in the Scandinavian welfare states. In CMS 5 (1).

Demker, Marie (Ed.) (2013): Svensk migrationspolitisk opinion 1991-2012. Göteborg: SOM-institutet.

Demker, Marie; Meiden, Sara von der (2016): Allt starkare polarisering och allt lägre flyktingmotstånd. In Jonas Ohlsson, Oscarsson, Henrik, Maria Solevid (Eds.): Ekvilibrium. SOM-undersökningen 2015. SOM-rapport nr 66: Göteborgs universitet, S. 197–214.

Demos (Ed.): Nothing To Fear But Fear Itself?»Mapping and responding to the rising culture and politics of fear in the European Union«. Online einsehbar unter: https://www.demos.co.uk/wp-content/uploads/2017/04/DEMJ5104_nothing_to_fear_report_140217_WEBv2.pdf (Abruf: 15.6.2017)

Hellström, Anders (2013): Varför vi älskar att hata Sverigedemokraterna. In ATfS (2), S. 69-99.

Lindsköld, Linnéa (2015): Contradicting Cultural Policy: – A comparative study of the cultural policy of the Scandinavian radical right. In Nordisk kulturpolitisk tidsskrift 18 (01), S. 8-26.

Nordensvard, Johan; Ketola, Markus (2015): Nationalist Reframing of the Finnish and Swedish Welfare States – The Nexus of Nationalism and Social Policy in Far-right Populist Parties. In Social Policy & Administration 49 (3), S. 356–375.

Ohlsson, Jonas; Oscarsson; Henrik; Solevid, Maria (Eds.) (2016): Ekvilibrium. SOM-undersökningen 2015. SOM-rapport nr 66: Göteborgs universitet.

Rydgren, Jens (2002): Radical right populism in Sweden. Still a failure, but for how long? Stockholm: Sociologiska institutionen, Stockholm universitet (Särtryck, 198).

Rydgren, Jens; Ruth, Patrick (2013): Contextual explanations of radical right-wing support in Sweden: socioeconomic marginalization, group threat, and the halo effect. In Ethnic and Racial Studies 36 (4), S. 711–728.

Sannerstedt, Anders (2016): Sverigedemokraternas sympatisörer: Fler än någonsin. In Jonas Ohlsson, Oscarsson, Henrik, Maria Solevid (Eds.): Ekvilibrium. SOM-undersökningen 2015. SOM-rapport nr 66: Göteborgs universitet, S. 161–178.

Ålund, Aleksandra(2007): Migration och socialt medborgarskap. In Nordisk sosialt arbeid 27 (04), S. 280-294.

Rechtsruck in der Ukraine? Der schwierige Umgang mit der Vergangenheit in einer schwierigen Gegenwart
von Lara Schultz

In der Ostukraine tobt seit April 2014, allen Waffenstillstandsabkommen zum Trotz, ein erbitterter Krieg. Die dortigen Kampfhandlungen finden zwischen vermutlich von Russland unterstützten Milizen, regulären ukrainischen Truppen, pro-russischen Kräften sowie Freiwilligenmilizen statt. Ziel ist die Abspaltung der proklamierten Volksrepubliken Donec'k und Luhans'k von der Ukraine – beziehungsweise, diese Abspaltung zu verhindern. Nach Angaben der Vereinten Nationen vom Dezember 2016 sind bislang mindestens 10.000 Menschen getötet worden, ein Fünftel davon Zivilist*innen, mindestens doppelt so viele wurden verwundet, teilweise schwer. Die Caritas berichtet von 1,7 Millionen ukrainischen Binnenflüchtlingen aus den Kriegsgebieten. Offiziell spricht niemand von einem Krieg. Russland bestreitet eine Unterstützung der je nachdem als »Separatist*innen«, »Rebell*innen« oder »Freiheitskämpfer*innen« bezeichneten pro-russischen Soldat*innen. Die Ukraine führt im offiziellen Duktus eine *Antiterroroperation* (ATO) in den Gebieten um Donec'k und Luhans'k durch, die *ATO-Zone* genannt werden.

Soweit die Fakten. Über die Ursachen des Krieges ranken sich unterschiedliche Ansätze und Theorien: Ihnen zufolge haben wahlweise der Westen, die EU, Putin, die NATO oder die USA seit den Protesten auf dem Majdan seit Ende 2013 einen Keil in die ukrainische Gesellschaft getrieben und einen Krieg angezettelt. Hier wird jedoch übersehen, dass die Bevölkerung sich längst an der Frage gespalten hat, ob die Ukraine eigentlich Opfer des Stalinismus oder Sieger über den deutschen Faschismus ist, beziehungsweise ob der »Unabhängigkeitskämpfer« Stepan Bandera als Volksheld oder als Nazikollaborateur zu gelten hat. Der eklatante Mangel an Informationen darüber, wer seit Januar 2014 für verschiedene Kampfhandlungen inklusive Todesschüsse auf dem Majdan verantwortlich ist, wie die Kämpfe um das Gewerkschaftshaus in Odessa[1] blutig eskalieren konnten und wer in der Ostukra-

---

1 Die Ausschreitungen in Odessa am 2. Mai 2014 waren eine Reihe von Zusammenstößen zwischen »pro-ukrainischen« und »pro-russischen« Demonstrant*innen in Odessa, bei denen 48 Menschen ums Leben kamen und mehr als 200 verletzt wurden. Anlässlich eines Fußballspiels wollten verschiedene »pro-ukrainische« Gruppierungen einen gemeinsamen Marsch veranstalten. Auf dem Kulikovo-Platz vor dem Gewerkschaftshaus hatten »pro-russische« Demonstrant*innen ein Zeltlager errichtet, dort eskalierte die Situation zwischen beiden Lagern.

ine eigentlich gegen wen kämpft, führt zu an Verschwörungsideologien grenzenden
Überzeugungen und einseitigen Schuldzuweisungen.

Einer der Ausgangspunkte des bewaffneten Konflikts waren die Demonstrationen seit Ende November 2013 auf dem »*Majdan Nezaležnosti*«, dem Unabhängig-
keitsplatz in Kiew, verbunden mit Rücktrittsforderungen an die Regierung.

Auf dem Majdan versammelte sich, darauf legten auch ukrainische Bericht-
erstatter*innen großen Wert, ein Querschnitt der Bevölkerung. Das heißt natürlich: auch Nazis. Von Anfang an fehlte in der Protestbewegung eine Abgrenzung
und Distanzierung von der extremen Rechten. Eine enge Kooperation mit Neonazis wurde so normalisiert, mit der Folge, dass Nazis anschließend in wichtige politische Ämter kamen und eigene Bataillone aufstellten, um im Osten des Landes
zu kämpfen. Dies zu äußern, so wurde der Autorin und anderen Journalist*innen
vorgeworfen, sei Wasser auf die Mühlen Putins, der sowieso die gesamte Ukraine als
»faschistisch« diffamiere. Nur deshalb nicht über die ukrainische extreme Rechte
zu berichten, wie es im Februar 2014 in einem prominenten offenen Brief von
Sozial- und Geisteswissenschaftler*innen gefordert wurde[2], wäre dennoch falsch:
Don't shoot the messenger! Und schließlich: Wieso sollte eigentlich ausgerechnet
die Ukraine eines der wenigen Länder sein, das derzeit keinen Rechtsruck erlebt?

Der vorliegende Beitrag rückt die Ukraine in den Mittelpunkt ihrer Handlungen, beleuchtet die historischen Konflikte zwischen den unterschiedlichen Bevölkerungsgruppen als mögliche Ursache des Krieges und wendet sich gegen die These
einer von außen herrschenden Macht, die einen Keil in die ukrainische Gesellschaft
treiben will. Er geht außerdem der Frage nach, ob sich die ukrainische Politik seit
dem Majdan nach rechts verschoben hat.

Alles Einmischung von außen?

Bereits 2014, die Demonstrationen auf dem Majdan waren gerade vorbei, die alte
Regierung abgesetzt, erschienen die ersten Bücher, die auf die aktuelle Situation in
der Ukraine eingingen. Das Gros dieser Publikationen kann jedoch eher als populistisch denn als wissenschaftlich eingeordnet werden.

Nikolaj Starikov beispielsweise, russischer Autor und politischer Aktivist, dessen
Texte zum verschwörungstheoretischen Antiamerikanismus neigen und der Mitglied des russischen ultranationalistischen Think Tanks Izborskij Klub um Alek-
sandr Dugin ist, sieht die Majdan-Bewegung als von den USA gesteuert: »Noch
vor einem Jahr hätte sich niemand vorstellen können, dass durch die ukrainischen
Städte Nazi-Kämpfer marschieren und Blut vergießen würden. [...] Warum passiert

2   https://www.boell.de/de/2014/02/20/euromaidan-freiheitliche-massenbewegung-
zivilen-ungehorsams, 09.03.2017.

all das? Die USA brauchen einen Krieg, um ihre kolossalen Staatsschulden zu tilgen. [...].« (Starikov 2014: Klappentext) Das Buch ist in der Ukraine verboten.

Stanislav Byšok und Aleksej Kočetkov, zwei kremlnahe *Neonazis in Nadelstreifen*, haben ihr Ukraine-Buch *Evromajdan imeni Stepana Bandery. Ot demokratii k diktature* [Stepan Banderas Euromajdan. Von der Demokratie zur Diktatur][3] genannt. Ebenso wie Starikov ziehen sie eine direkte Linie von 1917 zum Majdan: Der Revolution von 1917 habe ein »linksradikaler Mainstream« zugrunde gelegen, der von 2014 ein rechtsradikaler (Byšok /Kočetkov 2014a: 32).

Der Slavist und Politikwissenschaftler Andreas Umland dagegen sieht eher im aktuellen Russland Parallelen zum Nationalsozialismus: »Freilich finden sich bei Putin schon eher einzelne Ideen und Praktiken, die an die Politik des Dritten Reiches erinnern« (Umland 2014). Auf Facebook schreibt er: »2012 stieg Svoboda und 2014 der Rechte Sektor IN REAKTION [Herv. i. Orig.] auf die prorussische Politik Janukowitschs auf. Vorher gab es in der Ukraine kaum Rechtsextremismus«, korrigierte sich aber rasch: »Vorher gab es in der Ukraine kaum *signifikanten parteipolitischen* [Herv. LS] Rechtsextremismus«[4].

Auch Christiane Schubert und ihr Mann, der ehemalige DDR-Bürgerrechtler und spätere Junge Freiheit-Autor Wolfgang Templin, sehen Russland als den alleinigen Aggressor:

> »Ein politischer und ökonomischer Machtkampf, der aktuell in einen Krieg mündet, stellt die Existenz der Ukraine als eigenständige Nation, ihre jahrtausendealte eigene Geschichte, ihre Kultur, Tradition und Sprache infrage. Gestützt auf historische Argumente verübt der russische Nachbar Annexionen und fällt in das Nachbarland ein.« (Schubert/Templin 2015: 8)

Während Schubert/Templin also die Alleinschuld bei Russland sehen, betont Jörg Kronauer in seinem Buch zum Thema ›*Ukraine über alles!‹ Ein Expansionsprojekt des Westens* vor allem einen deutschen Einfluss: »Der vorliegende Band soll die Rolle deutlich machen, die Deutschland und die übrigen westlichen Staaten für die Entwicklung der Ukraine spielten und spielen.« (Kronauer 2014: Klappentext)

Bei allen Zitaten (und es gäbe noch jede Menge weiterer Beispiele) fällt eine einseitige Argumentation auf: die jeweilige Alleinschuld. Schuld sei »der Westen«, wahlweise »die USA« oder eben »Russland«, Schuld seien »die Faschisten«, womit alle Ukrainer*inner gleichermaßen gemeint werden. Die russische Propaganda, die die komplette Majdan-Bewegung ebenso wie die gesamte Regierung in Kiew als Faschisten gebrandmarkt hat, ist natürlich absurd. Die Instrumentalisierung

---

3   in der englischen Übersetzung »Neonazis & EuroMajdan. From democracy to dictatorship«

4   https://www.facebook.com/andreas.umland.1/posts/10202452051516070,
09.03.2017.

von russischer Seite darf jedoch nicht darüber hinwegtäuschen, dass die Tatsache, dass es ukrainische Faschist*innen gibt, für die russische Bevölkerung und russische Muttersprachler*innen in der Ostukraine ein großes Thema ist. Dass der Westen ebenso wie Russland auch in der Ukrainepolitik eigene Interessen vertritt, soll damit nicht in Abrede gestellt werden. Jedoch sämtliches Geschehen auf äußeren Einfluss zurückzuführen spricht den in der Ukraine lebenden Menschen ab, selbst politische Subjekte zu sein.

Pro-russisch vs. Pro-ukrainisch

Die Ukraine ist gespalten – das haben bereits vor Kriegsbeginn die jüngsten Anti-Regierungs-Proteste auf dem Majdan seit 2013, zuvor aber bereits die *Ukraine ohne Kučma*-Bewegung (2000/2001) und die *Orangene Revolution* (2004) gezeigt. Geografisch-ideologisch verläuft diese Spaltung zwischen Ost und West, die beiden Pole werden entsprechend vereinfachend als pro-russisch und pro-ukrainisch (oder pro-europäisch beziehungsweise pro-westlich) beschrieben. Diese Pole beziehen sich u.a. auf Unterschiede in der Religionszugehörigkeit (katholisch versus orthodox), der hauptsächlich verwendeten Sprache (Ukrainisch versus Russisch), der unterschiedlichen Einkommensverhältnisse (mit Ausnahme von Kiew ist das Einkommen im Osten höher als in der West- und Zentralukraine) und der unterschiedlichen Parteivorlieben zusammengefasst. Am deutlichsten zeigt sich die Spaltung aber in der Erinnerungskultur: An die im Nachhinein als *Holodomor* bezeichnete Hungersnot 1932/33[5] wird in der Zentralukraine, aber auch im Westen stärker erinnert als im Osten, wo die Sowjetisierung vor allem mit Industrialisierung und Bildung in Verbindung gebracht wird. Auch die Präferenz, ob an die Rote Armee und den Sieg über Nazi-Deutschland gedacht wird oder ob die Sowjetisierung mit ihren fatalen Folgen im Mittelpunkt der Erinnerung steht, unterscheidet sich zwischen Ost und West.

All dies wird im Folgenden noch zu erklären sein. An dieser Stelle bereits der Hinweis darauf, dass die Bezeichnungen pro-russisch und pro-ukrainisch eine vereinfachende Zusammenfassung von mehreren Items sind, zu denen unter anderem kulturelle Einflüsse, kirchliche Zugehörigkeit, der Grad an Bewahrung der ukrainischen Sprache als Familien- und Umgangssprache, das Niveau der industriellen Entwicklung sowie das Wahlverhalten gehören (Lutz Auras 2013: 205).

Die Ukraine ist im postsowjetischen Raum nicht das einzige Beispiel für Separationsbestrebungen und Bürgerkrieg: Sie reiht sich ein in einige Beispiele von in-

---

5   Die Hungersnot hatte hauptsächlich zwei Ursachen, Missernten einerseits, aber auch Stalins Politik der Zwangskollektivierung und Zwangsabgaben, ihr fielen vermutlich zwischen 2,5 und 3,5 Millionen Menschen zum Opfer. Siehe hierzu auch das Kapitel Holodomor weiter hinten im Text.

zwischen *eingefrorenen Konflikten* wie Transnistrien in Moldawien, Abchasien und Südossetien in Georgien, Bergkarabach in Armenien und Aserbaidschan. In diesem Kontext ist auch der Ukrainekonflikt zu sehen: Die strukturellen Probleme in der Ukraine müssen bei aller berechtigten Kritik an der aggressiven Politik Russlands ebenfalls berücksichtigt werden.

Die Macht der Sprache

Russisch oder Ukrainisch – vor allem die Frage nach der Muttersprache ist ein Politikum und verdeutlich einmal mehr die Spaltung des Landes: Bereits 1994 war der pro-russische Leonid Kučma gegen den Amtsinhaber Leonid Kravčuk mit dem Wahlversprechen angetreten, Russisch als zweite Staatssprache einzuführen. Tatsächlich aber setzte Kučma während seiner Präsidentschaft keine nennenswerten Akzente im Bereich der Sprachpolitik. Die Sprachensituation in der Ukraine ist widersprüchlich: Auf der einen Seite sind die meisten Menschen zweisprachig – des Ukrainischen wie des Russischen auf muttersprachlichem Niveau mächtig – und es ist üblich, in Unterhaltungen beide Sprachen zu verwenden; auf der anderen Seite birgt der Status der offiziellen Sprachen einigen Sprengstoff. Anfang März 2017 kündigte Präsident Petro Porošenko an, dem Parlament einen Gesetzentwurf für eine Quotenregelung (auch für das Fernsehen) vorzulegen.

>»Dank des verabschiedeten Gesetzes [die Quotenregelung für das ukrainische Radio von 2012 – LS], haben wir bedeutende Ergebnisse in der Verbreitung ukrainischer Lieder und der ukrainischen Sprache im Radio erreicht. Ich möchte, dass bald die gleiche Regelung auch für Fernsehen gilt, hier ist die Anwesenheit von ukrainischer Sprache unannehmbar niedrig«, zitiert ihn die nationale Nachrichtenagentur *Ukrinform*[6].

Wenige Tage zuvor hatte der Ukrainische Nationalrat für Hörfunk und Fernsehen vom lokalen Radiosender *Hlas* in Odessa eine Strafgebühr von 43.200 Hryvnja (knapp 1.500 Euro) für die Nichteinhaltung der Quote für die Staatssprache Ukrainisch verlangt. Der Anteil an ukrainischsprachigen Beiträgen und Liedern betrage statt der gesetzlich geforderten 50 Prozent nur 30 Prozent. Russisch ist aufgrund der kulturellen und historischen Siedlungsgeschichte der Region bis heute die am weitesten verbreitete Sprache der Stadt Odessa. Im offiziellen Zensus aus dem Jahr 2001 gaben 65 Prozent der Einwohner*innen Russisch als Muttersprache an[7]. Unabhängige Studien haben jedoch deutlich höhere Anteile für das Russische ergeben,

---

6   https://www.ukrinform.ua/rubric-society/2189751-prezident-obicae-iniciuvati-ukrainomovni-kvoti-dla-tb.html, 09.03.2017.

7   http://database.ukrcensus.gov.ua/MULT/Database/Census/databasetree_no_uk.asp?#m5, 09.03.2017.

in Odessa beispielsweise 93 Prozent.[8] Ausschließlich Ukrainisch ist seit der Unabhängigkeitserklärung im Jahr 1991 Amtssprache.

Im Präsidentschaftswahlkampf 2009 hatte schließlich Viktor Janukovyč seinen überwiegend aus der Ost-und Südukraine stammenden Wähler*innen versprochen, Russisch als zweite Amtssprache einzuführen. Durch ein von ihm unterzeichnetes Gesetz gilt Russisch seit 2012 in acht beziehungsweise neun Regionen des Landes (die neunte Region ist die Krim, die seitdem de facto von ukrainischem in russisches Staatsgebiet übergegangen ist) als *regionale Amtssprache*, darunter auch in Odessa.[9]

Die Sprachpolitik ebenso wie das Gesetz zur Quotenregelung für Ukrainisch im Radio waren offiziell nie pro Russisch oder contra Russisch. Russisch wurde vielmehr eine von 18 Minderheitensprachen, die unter bestimmten Voraussetzungen als regionale Amtssprache anerkannt werden kann. 2014 wurde Umfragen zufolge in der Ukraine so viel Ukrainisch gesprochen wie nie zuvor, und so wenig Russisch, wie seit 1992 nicht.[10]

Die Vermutung liegt nahe, dass es sich hier in einem nahezu komplett zweisprachigen Land vor allem um ein Lippenbekenntnis handeln könnte, welcher Sprache (und damit vor allem auch: welcher Politik und welchem historischen Narrativ) man sich verbundener fühlen möchte.

Nation Building

Nation Building umfasst die Schaffung äußerer nationaler Symbole wie Flaggen, Hymnen, Nationalfeiertage, Nationalsprachen einschließlich nationaler Mythen – auf der »eigenen Scholle«. Nationale Identität wird dabei willkürlich konstruiert, indem unterschiedliche Gruppen zu einer Nation geformt werden sollen. Die Herausbildung von Nationen war immer ein langwieriger und oft von gewaltsamen Auseinandersetzungen begleiteter Prozess.

Die Ukraine hatte mit ihrem Territorium von 1991 niemals – anders als beispielsweise die baltischen Staaten – als eigenständiger Staat existiert. Einzelne Gebiete des Ostens (Luhans'k), Westens (Galizien) und Südens (Krim) erhielt die Ukraine erst in den 1920ern, 1939 bzw. 1954 als Staatsgebiet. Das Gebiet des heutigen ukrainischen Staates bzw. seiner Teilregionen war im Laufe der Geschichte Bestandteil von mindestens 14 verschiedenen Staaten; die wichtigsten unter ihnen waren das Königreich Polen-Litauen, das Russische Reich, die Habsburgermonarchie und die Sowjetunion. Zwischen ihnen war die Ukraine ein Schlachtfeld. Der

---

8 http://www.analitik.org.ua/researches/archives/3dee44d0/41ecef0cad01e/, 09.03.2017.

9 Gesetz über die Grundlagen der staatlichen Sprachpolitik, No. 5029-VI

10 Wobei hierbei angemerkt werden muss, dass sogenannte Einstellungsumfragen keine Einstellungen, sondern allenfalls Zustimmungsbereitschaften erfassen.

kurzlebige Ukrainische Staat, dessen Entstehung auf dem Vertrag von Brest-Litovsk 1918 beruhte (dem separat geschlossenen *Brotfrieden*, nicht dem Friedensvertrag), zerbrach vor allem an den gewalttätigen Auseinandersetzungen der unterschiedlichen nationalistischen Fraktionen.

Der Südosten der heutigen Ukraine wurde erst gegen Ende des 19. Jahrhunderts erschlossen. Auf der Basis der reichen Steinkohlevorkommen des Donbass wurde hier eine Schwerindustrie aufgebaut, die zum wichtigsten Motor der Industrialisierung Russlands wurde. Im Zuge der Industrialisierung zog es zahlreiche russische Arbeiter*innen in die Ostukraine. Im administrativen Zentrum Kiew hingegen konzentrierten sich Verwaltung und Handel. Ebenso wie die östliche Ukraine erlebte die südliche Ukraine im 19. Jahrhundert eine Urbanisierung und Modernisierung, die sich jedoch weitgehen ohne Ukrainer*innen vollzog, die überwiegend arme Bäuerinnen und Bauern blieben – die meisten von ihnen waren Analphabet*innen. So konnten 68 Prozent der Männer und 95 Prozent der Frauen weder lesen noch schreiben (o.A. 2015).

In allen großen Städten stellten Russ*innen die Bevölkerungsmehrheit, während der Anteil an Ukrainer*innen gering war: Einen bedeutenden Anteil an der Stadtbevölkerung stellten auch Jüdinnen und Juden. Die ersten Vertreter*innen der ukrainischen Nationalbewegung, die sogenannten nationalen Erwecker*innen, sammelten Ende des 18./Beginn des 19. Jahrhunderts vor allem Volksliteratur und historische Quellen und starteten Versuche, eine ukrainische Hochsprache zu schaffen. Eine kleine Gruppe von Intellektuellen begann Mitte der 1840er-Jahre erstmals, auch politische Ziele zu formulieren. In den frühen 1860er-Jahren formierten sich erneut kleine Zirkel, die in Ukrainisch publizierten und ukrainischsprachige Sonntagsschulen einrichteten. Die Regierung reagierte mit Verboten. Infolge der Repressionen, die die ukrainische Nationsbildung in Russland behinderten, verschob sich der Schwerpunkt der Nationalbewegung ins österreichische Galizien. Unter den dort günstigeren Rahmenbedingungen bildeten nationale Aktivist*innen Vereine und politische Parteien. Liberalisierungen in Folge der Revolution von 1905 ermöglichten landesweit sowohl die Gründung von politischen Parteien und Vereinen als auch die Herausgabe von Zeitschriften in ukrainischer Sprache (ebd.).

Michajlo Hruševskij (1866–1934), ukrainischer Historiker, Politiker und führender Kopf der Nationalbewegung um die Jahrhundertwende, schildert in seinem historischen Abriss *Die ukrainische Frage in historischer Entwicklung* eher einen Nationalmythos als eine Nationalgeschichte:

>»Es hat einst Zeiten gegeben, wo die Ukraina [sic!] und ihr Volk in Europa besser bekannt waren. [...] Jetzt, wo der Weltkrieg jedermann zwang, sich die osteuropäischen Verhältnisse näher anzuschauen, kommen den breiten Kreisen der europäischen Oeffentlichkeit [sic!] die nationalen Verhältnisse im Zarenreich immer mehr zum Bewusstsein und gleichzeitig taucht aus dem Nebel des allrussischen Konglo-

merates die eigenartige Individualität unseres Volkes auf. [...] Das Gesetzmässige [sic!] und Natürliche dieser Bestrebungen der Ukraina [sic!] wird nach der Lektüre der objektiv geschriebenen Skizze des Professors Hruschewskyj sogar jedem Skeptiker einleuchten.« (Hruschewskyj 1915: 3 f.)

Auch in Bezug auf das Nation Building zeigt sich also der Kampf um die Vorherrschaft zwischen einem pro-russischen und einem pro-ukrainischen Narrativ. Die Ost- und Südukraine, insbesondere die dortigen Städte, waren im 19. Jahrhundert zum großen Teil russisch bevölkert, während die die ukrainische Sprache unterdrückt wurde. Aus dem Kampf um das Recht auf die Nutzung der ukrainischen Sprache eine »gesetzmäßige« und »natürliche« Bestrebung der »Volksindividualität« zu machen, wurde eine romantisch-völkische Vorstellung, die mit einer behaupteten ukrainischen Einzigartigkeit gegenüber dem Russischen begründet wurde.

Nationalmythos und Erinnerungskulturen

Nach Yves Bizeul ist der Nationalmythos »eine komplexe Narration, die aus mehreren kleineren mythischen Erzählungen« besteht und unter der Mitwirkung von Dichter*innen, Politiker*innen und vor allem Historiker*innen »zu einem großen einheitlichen Narrativ mit einem klaren, linear ablaufenden Plot zusammengeschnürt« wird (Bizeul, 2013:10). Die Nation wird in ihrem Mythos mit einem goldenen Zeitalter in Form einer »imaginierten vergangenen Glanzzeit« in Verbindung gesetzt, während sie gleichzeitig in Krisenzeiten (die Nation ist auch eine gefährdete Gemeinschaft, die im kollektiven Imaginären unter der ständigen Bedrohung von außen steht) von Heldengestalten erlöst werden muss (ebd.: 11). Genau das lässt sich am oben genannten Zitat von Hruševskij zeigen, der die Ukraine als Einheit beschreibt und sie nach ihren vermeintlichen Glanzzeiten bedroht sieht, damit sie am Ende heldenhaft hervorgehen kann. Der Nationalmythos liegt dann wiederum der Erinnerungskultur zugrunde: Sie bezeichnet den gesellschaftlichen Umgang damit, Teile der Vergangenheit im Bewusstsein zu halten und gezielt zu vergegenwärtigen. Im Folgenden soll dies für die Ukraine im Umgang mit und der Erinnerung an den Holodomor, der OUN-UPA und der sozialistischen Vergangenheit gezeigt werden.

Holodomor

Dürre, Missernten und stalinistische Kollektivierung mit Zwangsabgaben von Getreide führten in der UdSSR gerade in den Jahren 1932/33 zu Hungersnöten. Die Ukraine war davon in besonderem Maße betroffen, da die Regierung die ukrainischen Grenzen für die Ausreise geschlossen hatte. Die genaue Zahl der Opfer ist bis heute unbekannt, Schätzungen gehen bis zu sieben Millionen, wobei hier der Geburtenverlust einberechnet wurde und ein Vergleich mit sechs Millionen ermordeten Jüdinnen und Juden intendiert sein dürfte. Eine realistische Zahl dürfte die von 2,5 bis 3,5 Mio Opfern sein – immer noch eine außerordentlich hohe Zahl. Im sowjetischen Sprachgebrauch handelte es sich bei der Kollektivierung unter anderem um eine Maßnahme zur *Liquidierung der Kulaken*[11]. Die genauen Umstände und Deutungen sind bis heute Gegenstand von Debatten: War die Hungerkatastrophe Absicht oder Konsequenz aus Stalins skrupelloser Politik? Wenn die Kollektivierung gegen eine Klasse oder soziale Schicht gerichtet war, war es die Hungerpolitik dann ebenfalls? Dann könnte die Hungerkatastrophe als Soziozid per Definition der UNO kein Genozid sein, auch wenn das ukrainische Parlament (aber auch einige andere Länder) den Holodomor (Hungerssterben) als Genozid ansehen. Die Frage, ob der Holodomor ein Genozid war, ist ein zentraler Punkt im inoffiziellen russisch-ukrainischen Historikerstreit. In der Westukraine, die bis 1939 nicht zur sowjetischen Einflusssphäre gehörte, wurde der Holodomor ab 1991 ein Gründungsmythos der Ukraine. Dort wurde die Nation als Vereinigung von Opfern, nicht von Siegern gesehen. Die Erinnerungen an den Holodomor überlagert im Westen und der Zentralukraine das Gedenken an die Opfer des Zweiten Weltkriegs. Die semantische Ähnlichkeit zwischen Holocaust und Holodomor (Holodomor, Hungerssterben) ist zwar zufällig, die Verwendung des Wortes sicher nicht. Auf dem zentralen Platz des Lyčakivs'kyj Friedhofes in L'viv (Westukraine) stehen meterhohe weiße Kreuze, die, durch Jahreszahlen kenntlich gemacht, an die Opfer des Holodomor erinnern. Daneben findet sich ein Gedenkstein für die ukrainische Armee (inklusive der *14. Waffen-Grenadier-Division*, also der *SS-Division Galizien*), daneben Gräber von nach dem Krieg verstorbenen Mitgliedern der OUN-UPA. Aber auch frisch angelegte und reich mit Plastikblumen geschmückte Gräber sind zu sehen – hier sind diejenigen bestattet, die in der »Antiterroroperation« im Osten des Landes gefallen sind. Seit 2008 befindet sich das Nationalmuseum für die Erinnerung an die Opfer des Holodomor in Kiew im Park des Ewigen Ruhmes – einem Park in sowjetischem Stil mit Ehrenobelisk und *Ewiger Flamme für den Unbekannten Soldaten des Großen Vaterländischen Krieges*.

Dies lässt sich folgendermaßen interpretieren: Wo das sowjetische Gedenken im Stadtbild noch übrig ist, wird es durch andere Opfergruppen, derer erinnert werden soll, überlagert.

Hierzu dient vor allem der Holodomor als Gegen-Erinnerung, also das Erinnern daran, woran in der Sowjetunion nicht erinnert werden durfte. Dabei werden Opferzahlen mitunter um ein Vielfaches übertrieben.

---

11 Im sozialistischen Sprachgebraucht wurden mit Kulaken abwertend reiche Bauern bezeichnet, die als »Klassenfeinde« galten.

Bandera – OUN – UPA

Auf dem Majdan spielte auch die Erinnerung an den »Volkshelden« Stepan Bandera eine große Rolle, obwohl seine Organisation nachweislich mit den Nationalsozialisten kollaboriert hat und für Pogrome und Attentate verantwortlich war. Zum Teil lässt sich auch das Erinnern an Bandera als Gegen-Erinnerung zum sowjetischen Heldengedenken verstehen.

Die *Organisation Ukrainischer Nationalisten* (Orhanizacija ukraïns'kich nacionalistiv, OUN), in der Stepan Bandera schnell zum *Führer* aufstieg, wurde 1929 in Wien von Vertreter*innen nationalistischer Gruppierungen und (para-) militärischer Formationen gegründet, darunter das *Bündnis der ukrainischen Faschisten* und die *Ukrainische Militärorganisation*. Im Gründungsdokument wurde festgelegt, dass »alle Okkupanten vollständig von der ukrainischen Erde« (Bruder 2007: 33) zu beseitigen seien, ebenso wurden hier bereits Feinde des eigenen Feindes als potenzielle Bündnispartner gesehen. Auch wurde ein Absolutheitsanspruch formuliert: »Im Sinne dieser Prinzipien wird die OUN allen Parteien und klassenvertretenden Gruppen entgegenwirken« (ebd.). Aufgrund von Differenzen spaltete sich die OUN 1940 in die beiden Flügel OUN-M (für Melnyk) und OUN-B (für Stepan Bandera). Die OUN-B unter Bandera war eine faschistische Terrororganisation, die einen ukrainischen faschistischen Staat nach Vorbild Mussolini-Italiens gründen wollte. Die Selbstbezeichnung der OUN war *Natiokraten*, aber »im Prinzip nannten sich die ukrainischen Nationalisten nur deshalb nicht Faschisten, weil sie die ›Originalität‹ des ukrainischen Nationalismus betonen wollten« (ebd.: 35). Die OUN bzw. deren 1943 gegründeter Arm *Ukrainische Aufständische Armee* (Ukrajins'ka Povstans'ka Armija, UPA) waren seit Einmarsch der Wehrmacht in die Sowjetunion bis 1944 an der Ermordung zehntausender Jüdinnen und Juden, Pol*innen und Russ*innen beteiligt. Im Juni 1941 proklamierte Bandera nach dem Einmarsch der Wehrmacht die ukrainische Unabhängigkeit. Wegen dieser Unabhängigkeitserklärung deportierten die Deutschen Bandera ins KZ Sachsenhausen, entließen ihn aber 1944 wieder. Seine Zeit als Ehrenhäftling in Sachsenhausen scheint ihn wie die gesamte OUN-UPA vom Vorwurf des Faschismus freizusprechen. Die wichtigsten ideologischen Eckpunkte der OUN schreibt OUN-Ideologe Mykola Ščibors'kyj in seinem Text *Naciokratija* (1935) und schließt vor Kriegsbeginn 1941 mit einem Staatsentwurf daran an: »Die Ukraine ist ein souveräner, autoritärer, totalitärer, durch die Berufe gegliederter Staat [...]«. Zur Naciokratija gehört für ihn außerdem die uneingeschränkte Macht des Staates mit einem Diktator als Staatsoberhaupt. Insgesamt skizziert der Entwurf »einen totalitären Staat, der sich stark an Mussolinis faschistischem, korporativem Staatsmodell orientierte« (ebd.: 122). Jaroslav Stec'ko, Vize der OUN-B, ließ in seiner autobiografischen Schrift von 1941 keinen Zweifel am eliminatorischen Antisemitismus der OUN:

»Moskau und die Juden sind die größten Feinde der Ukraine. Als Hauptfeind betrachte ich Moskau, welches die Ukraine mit Gewalt in Unfreiheit gehalten hat, nicht weniger beurteile ich die Juden als ein schädliches und feindliches Schicksal, die Moskau helfen, die Ukraine zu verknechten. Daher beharre ich auf dem Standpunkt einer Vernichtung der Juden und der zweckdienlichen Einführung deutscher Methoden der Extermination der Juden in der Ukraine, ihre Assimilation ausschließend.« (Berkhoff/Carynnyk 1999: 162)

2013/2014 wurde Bandera zu einem Schlüsselsymbol der Proteste auf dem Majdan. André Liebich und Oksana Myshlovska beschreiben Bandera, der sich nach 1934 weitgehend oder sogar vollständig außerhalb der Ukraine aufgehalten hat, »weniger [als] eine historische Persönlichkeit aus Fleisch und Blut als vielmehr ein Symbol, wobei die fehlende persönliche Bekanntschaft mit ihm zu seiner umso höheren Wertschätzung führt. Banderas Name wurde für eine Generation junger Nationalisten zum Symbol des Befreiungskampfs [...]« (Liebich/Myshlovska 2014: 2). Diese Wertschätzung wurde nun auch gesetzlich verankert: Mit dem *Gesetz über die rechtliche Stellung und die ehrende Erinnerung an die Kämpfer für die Unabhängigkeit der Ukraine im zwanzigsten Jahrhundert*, No. 314-VIII vom 9. April 2015 kann strafrechtlich belangt werden, wer Kritik an der wohlwollenden Einschätzung der OUN-UPA äußert. Kontroversen sind somit ausgeschlossen.

Dekommunisierung und Lustration

Präsident Petro Porošenko erfüllte als eine zentrale Forderung der Demonstrierenden auf dem Majdan die *Lustration*, also die Entfernung von »politisch belasteten« Mitarbeiter*innen aus dem öffentlichen Dienst. Ein entsprechendes Gesetz unterzeichnete er noch 2014. Das Gesetz betrifft Beamte, die in der Regierungszeit unter Präsident Viktor Janukovič hohe Ämter innehatten, ebenso ehemalige Kommunist*innen – also alles, was russisch oder gar noch sowjetisch anmutet. Gleichzeitig läuft seit dem Regierungssturz 2014 ein Prozess der *Dekommunisierung*. Nachdem erst spontan kommunistische Denkmäler von Unbekannten gestürzt wurden, legalisierte das Parlament diesen Prozess im Mai 2015 mit dem *Gesetz über die Verurteilung kommunistischer und nationalsozialistischer (nazistischer) totalitärer Regimes und das Verbot der Propaganda ihrer Symbole*, No. 317-VIII. Das Gesetz sieht vor, dass zahlreiche Denkmäler abgebaut sowie Orte und Straßen mit den Namen von KP-Funktionären oder Bezeichnungen wie *Sozialistische Revolution* umbenannt werden müssen. Sowjetische Symbole, wie Hammer und Sichel, dürfen nicht mehr gezeigt werden. Abgebaut werden müssen nach dem Gesetz auch Denkmäler zum Gedenken an führende Wissenschaftler*innen und Kulturschaffende, welche »das kommunistische Regime unterstützten«. Nach der Einschätzung des Ukrainischen Instituts zum nationalen Gedenken müssen 76 Städte und 795 Dörfer umbenannt werden. Zwei Gebietszentren sind ebenfalls betroffen. Die

Stadt Dnipropetrovs'k mit ihren 900.000 Einwohner*innen wurde Mitte Mai 2015 von der *Verchovna Rada* (ukrainisches Parlament) in Dnipro umbenannt. Damit befindet sich die Ukraine auch erinnerungskulturell in der Phase einer Abkehr von Russland/der Sowjetunion.

Rechtsruck

Dass Nazis und extreme Rechte, die sich auf dem Majdan profiliert hatten, später mit politischen Ämtern bedacht würden, war abzusehen. So war es dann auch im Kabinett Jacenjuk I: Der stellvertretende Ministerpräsident Oleksandr Sič, Verteidigungsminister Ihor Tenjuch, Umweltminister Andrij Mochnik und Landwirtschaftsminister Ihor Švajka hatten damals alle ein *Svoboda*[12]-Parteibuch. Auch Generalstaatsanwalt Oleh Machnickij war Mitglied der Partei Svoboda. Bildungsminister Serhij Kvit wurden Sympathien für den *Rechten Sektor* nachgesagt. Dmytro Bulatov, Minister für Jugend und Sport, war Mitglied der neonazistischen *Ukrainischen Selbstverteidigung UNA-UNSO*, ebenso Tetjana Čornovol, damalige Vorsitzende der nationalen Anti-Korruptions-Kommission. Der damalige Chef des Rats für die nationale Sicherheit und Verteidigung, Andrij Parubij, war Mitbegründer der Svoboda-Vorgängerpartei, der *Sozial-nationalen Partei der Ukraine.* Und Dmytro Jaroš, ehemaliger Majdan-Kommandant, »Führer« der neonazistischen Organisationen *Dreizack* und Rechter Sektor, war Parubijs Stellvertreter im Rat. Dieser Erfolg von faschistischen Gruppen und eine derart hohe Regierungsbeteiligung von extremen Rechten war in europäischem Maßstab einmalig. Derzeit ist beispielsweise Andrij Parubij Parlamentspräsident, während der ehemalige Kommandant des *Azov*-Bataillons Vadym Trojan ist Polizeichef in Kiew ist.

Dass *Svoboda* ebenso wie der *Rechte Sektor* bei den Parlamentswahlen im Oktober 2014 an der Fünf-Prozent-Hürde scheiterten, kann noch lange nicht als Indiz einer eingetretenen Demokratisierung gewertet werden. Wahlergebnisse sind eben nicht der einzige Indikator für rechte und extrem rechte Tendenzen innerhalb einer Gesellschaft. Und: Wer eine extrem rechte Kraft wählen wollte, musste nicht unbedingt bei der *Svoboda* ihr Kreuz machen. Zwei Sitze gingen an den *Rechten Sektor*, die *Radikale Partei Oleh Ljaškos* erlang 22 Mandate. Ljaško war Mitinitiator des neonazistischen Freiwilligencorps *Azov*. Sechs Sitze bekam *Svoboda* sowieso über Direktmandate. Andrij Parubij, kandidierte auf Listenplatz 4 der Jacenjuk-Partei *Volksfront*; Tetjana Čornovol, Listenplatz 2, kann bestenfalls als Neonazi-Aufhö-

---

12 Die »Allukrainische Vereinigung Svoboda« (dt.: Freiheit) ist eine extrem rechte und nationalistische ukrainische Partei unter dem Vorsitz von Oleh Tjahnybok. 1991 wurde sie unter dem Namen »Sozial-nationale Partei der Ukraine« gegründet, die Umbenennung 2004 hatte vermutlich wahltaktische Gründe.

rerin, keinesfalls als -aussteigerin gesehen werden, weil wesentliche Elemente eines Ausstiegs fehlen wie nicht zuletzt der Bruch mit den ehemaligen Kamerad*innen. Beide wurden gewählt – über die politikwissenschaftlich meist als liberal-konservativ beschriebene *Volksfront*-Liste. Auch über den *Block Petro Porošenko* und die *Selbstnominierten* gingen Parlamentssitze an Mitglieder des *Rechten Sektors* (Schultz 2014).

Die Majdan-Revolution war unter anderem Ausdruck einer nationalen antirussischen Identität. Der ukrainische Dreizack, Blumenkränze im Haar, reich bestickte Blusen und Hemden waren Symbole, die auch die Fernsehaufnahmen prägten. Dass sich Teile des Majdans positiv auf den je nach Sichtweise Freiheitskämpfer oder NS-Kollaborateur zu bezeichnenden Bandera beriefen, dass der OUN-Schlachtruf »Ruhm der Ukraine – den Helden Ruhm!« und die Beteiligung von organisierten Neonazis auf dem Majdan gängig waren, war Wasser auf die Mühlen Russlands, dessen Propaganda auf dem Majdan eine neue faschistische Junta sah oder eine direkte Parallele zur historischen, mit Nazis kollaborierenden OUN ziehen konnte. Auch die schwarz-rote Fahne der UPA war – neben den blau-gelben Fahnen der Ukraine und dem europäischen Sternenbanner – gehäuft auf dem Majdan zu sehen. Doch auch ein anti-ukrainisches Symbol war schnell gefunden: Diese Funktion erfüllte das orange-schwarze St.-Georgs-Band, einst sowjetisches Symbol für den Sieg über den Faschismus, nun pro-russisches Symbol für den Kampf gegen ein vermeintlich faschistisch regiertes Land. Dass der Majdan komplett faschistisch gewesen sein soll, ist selbstverständlich nicht haltbar. Der Vorwurf an den Majdan, sich zu keinem Zeitpunkt von den Nazis distanziert zu haben, Nazis nicht nur als Schutz vor Polizei und Staatsgewalt fungieren zu lassen, sondern ihnen politische Mitsprache, teilweise Meinungshoheit zu geben, hat dennoch Bestand. Eine Zusammenarbeit mit der extremen Rechten wurde auf dem Majdan normalisiert. Und sie zeigt sich unter anderem daran, dass für jede Partei bekannte Neonazis auf vorderen Listenplätzen stehen ebenso wie in der nahezu alltäglichen Verwendung von Phrasen und Symbolen der OUN-UPA.

Fazit

Anhand der Beispiele des Nationalmythos und der Erinnerungskulturen sollte gezeigt werden, dass sich die ukrainische Erinnerung als Gegen-Erinnerung zu allem (Russisch-)Sowjetischen versteht, indem sie allein ukrainische Helden- und Opfererzählungen zulässt. Für den Umgang mit dem sowjetischen Erbe gilt in erster Linie ein gesetzliches Verbot. Dies wiederum verstärkt Spaltungstendenzen in der Gesellschaft, deren russischsprachiger Teil sich im ukrainischen nationalen Narrativ nicht wiederfindet und sich historisch-politisch eher im russischen, denn im europäischen Terrain verortet.

Zum Rechtsruck in der Ukraine, einhergehend mit der Abwertung von Minderheiten, einer rassistischen Diskursverschiebung und Normalisierung, kann zynisch kann gesagt werden: Dies ist durchaus ein »proeuropäisch-demokratisches« Moment. Mobilisierung und Meinungsmache, die anderswo in Europa *Gida-Bewegungen, rechtspopulistischen Parteien und Bürger*inneninitiativen wahrnehmen, gibt es auch in der Ukraine, wenn auch nicht in Form von allwöchentlichen Aufmärschen. Während nahezu überall in der EU Rechtspopulist*innen neue Parteien gründen, besetzen etablierte ukrainische Parteien vordere Listenplätze mit Nazis und anderen extremen Rechten. Der europäische Rechtsdrift nimmt die Ukraine also nicht aus. Wie überall ist es daher auch in der Ukraine wichtig, extrem rechte Tendenzen weiter zu beobachten sowie linke und antifaschistische Strukturen zu stützen.

Literatur

Berkhoff, Karel C./Carynnyk, Marco (1999): The Organization of Ukrainian Nationalists and Its Attitude toward Germans and Jews. Iaroslav Stets'ko's 1941 Zhyttiepys, in: Harvard Ukrainian Studies, Bd. 23, Nr. 3–4, S. 149–184.

Bizeul, Yves (2013) (Hrsg.): Rekonstruktion des Nationalmythos? Frankreich, Deutschland und die Ukraine im Vergleich. Göttingen 2013.

Bizeul, Yves (2013): Reaktivierungsversuche des Nationalmythos. In: ders. (Hrsg.): a.a.O., S. 9-33.

Bruder, Franziska (2007): »Den ukrainischen Staat erkämpfen oder sterben!« Die Organisation Ukrainischer Nationalisten (OUN) 1929-1948. Berlin.

Byshok, Stanislav/Kochetkov, Alexey [Byšok, Stanislav / Kočetkov, Aleksej] (2014): Neonazis & Euromaidan. From democracy to dictatorship. 3. Aufl. Moskow. (a)

Byšok, Stanislav/Kočetkov, Aleksej (2014): Evromajdan imeni Stepana Bandery. Ot demokratii k diktature [Stepan Banderas Euromajdan. Von der Demokratie zur Diktatur]. Moskva. (b)

Hruschewskyj, Michael [Hruševskij, Michajlo] (1915): Die ukrainische Frage in historischer Entwicklung. Wien.

Kronauer, Jörg (2014): »Ukraine über alles!« Ein Expansionsprojekt des Westens. Hamburg.

Liebich, Andre/Myshlovska, Oksana (2014): Stepan Banderas Nachleben wird gefeiert, in Ukraine-Analysen Nr. 140, S. 2-4, online unter http://www.laender-analysen.de/ukraine/pdf/UkraineAnalysen140.pdf (09.03.2017).

Lutz Auras, Ludmila (2013): Zwischen Stolz und Missbilligung, in: Bizeul, Yves (Hrsg.): a.a.O., S. 193-226.

Schubert, Christiane/Templin, Wolfgang (2015): Dreizack und Roter Stern. Geschichtspolitik und historisches Gedächtnis in der Ukraine. Berlin.

Schultz, Lara (2014): Bewundert und gehasst. Die extreme Rechte in der Ukraine, online unter https://publikative.org/2014/03/20/regierungsbeteiligung-der-extremen-rechten-in-der-ukraine/ (08.03.2017).

Starikov, Nikolaj (2014): Ukraina. Chaos i revoljucija. Oružie dollara. [Ukraine. Chaos und Revolution. Der Dollar als Waffe.] Moskva et al.

Umland, Andreas (2014): Sind die rechtsradikalen Minister der ukrainischen Regierung »Faschisten«?, Online unter https://www.boell.de/de/2014/03/28/rechtsradikalen-minister-ukrainischen-regierung-faschisten (25.03.2017).

o.A. (2015): Geschichte der Ukraine im Überblick, online unter http://www.bpb.de/izpb/209719/geschichte-der-ukraine-im-ueberblick?p=all (25.03.2017).

British right wing extremism, Brexit – and the left
Graeme Atkinson, (*HOPE not hate* – in a personal capacity)

DISS: It is a pleasure and an honour to have Graeme Atkinson with us. He lives in England and he is a Geordie by birth, that is, his family of coal miners comes from Durham in Northern England.

He will talk to us in English, although he speaks and understands German perfectly. In fact, he lived in Germany for 10 years, in Bad Cannstatt, which was his first place in Germany. The second place was Frankfurt, and the third one was Berlin. In 1965 he became a militant antifascist with 1965 being some sort of signal year of opposition and protest all over Europe.

In 1985 he started work as a journalist for *Searchlight* and since 2012 he has been working for *Hope but not Hate*-magazine. Since then he has also been coordinating the antifascist work across 17 countries. Thank you, Graeme, for coming the long way from the UK to Würzburg. But it's not the first time that you are within these walls of Frankenwarte – and you don't like the word "Brexit"?

Graeme Atkinson: No, I will not be using this word. I don't like it.

First of all, I will try to keep it short, I will try to keep it very simple and clear and, most importantly I will try – but can not guarantee – not to upset anybody.

If we look at the vote to leave the European Union in the British referendum that took place in June, we need to have a look at some of the basic statistics first. But, before we do that, we have to understand that that vote took 31 years to crystallize and that this vote is a function and an expression of class struggle in Britain.

It's very important that we understand that, because nearly everybody in the international media has not got a clue about the social issues, the social conflicts, that have actually produced this situation and I will talk about the class struggle aspect. It is ok, if people want to pose questions because it is not immediately the most important thing.

So, we look at who voted. First of all: not everybody. There were 12.9 million voters, registered voters who did not take part in the referendum. 17.4 million voted to leave the European Union. 16.1 million voted to remain within the European Union. If you add together the 16.1 and the 12.9 you have actually a much bigger majority of the voting population in the UK, to stay – well, at least, if you count them to stay in.

The fact that they didn't vote tends to indicate to me that they didn't want to change anything. If you count that, then maybe the figures, 52 % to leave, 48 % to stay, are actually a little bit more complex than immediately suggested.

So who voted to leave? Well, *England*, as one would expect, voted very strongly to leave the European Union, by 53 % to 46 % and so, surprisingly, did Wales with the leave-vote reaching 52 % and the remain-vote only 47.5 %.

Interestingly, Scotland and Northern Ireland both voted heavily to remain within the EU and the Scottish vote is very important because this vote overall has revived a constitutional crisis in Scotland and it has opened up a new constitutional crisis in Northern Ireland. Because, what is frequently forgotten is, that the United Kingdom is a unity of four different nations or to be more accurate, of three nations and a bit.

In Scotland, where 62 % voted to remain, there's no doubt about it, that this will drive forward what I consider to be the legitimate demands of Scotland for national independence.

In Ireland, it's going to create a very interesting situation, because we might see the return of frontier posts between Ireland and the Republic of Ireland, which nobody wants. At the same time, nobody wants a unification of Ireland.

On a social level, if you examine the vote, there are some very, very contradictory phenomena. For example the parts of the United Kingdom, strangely enough, that voted to leave are also those that have been the most starved of government funding, the ones that have been hit hardest by government's dismantling of the social welfare system. And they're also the ones that are the most dependent on funding from the European Union.

I'll give you a little anecdote to illustrate that. At the time of the British general election in 2015, I went into a little, what we call charity shop, volunteer centre, in the little rural village where I live and the lady behind the counter asked me if was looking forward to the general election? I said no. She said: "Oh, I am", so I asked her why was this. She said: "Oh, well, Mr Cameron will give us a referendum and we can get out of the bloody Common Market."

You see, they still call it the "Common Market". Nobody has called it the "Common Market" for years in reality, but they call it the "Common Market".

This shows how much thinking at grassroots-level in the UK has developed. Anyway, I asked her, I said: "Well, will you be pleased to get your P45?" A P45 is a letter a document you get from your employer to show that your employment has been terminated, in other words that you've been fired or that there's no job for you anymore.

So she said: "What do you mean? How can that happen?" I said" "Because, if you would view your job as an onion and you start taking all the layers off it, what you get in the middle of it, is funding from the European Union's Regional or Social fund. In other words, the EU is paying for your job. So, if you vote to leave the European Union, you're probably voting not to have a job within six months of doing so."

And what's happening? The local county council has hit a number of these projects, that they have now, so that they are living on borrowed time, because further funding is no longer certain. And this will devastate whole areas of the country, particularly those that have been hit by deindustrialisation.

Why did people want to leave the European Union? Well, the majority actually wanted to leave for reasons that were nothing short of xenophobic. The biggest reason, given for leaving, was that we can now set out our own immigration policy.

They weren't voting to leave the European Union in order to have more immigrants come in. That's not what they meant by setting out their own immigration policy.

What it meant was that they will pull up the draw-bridge, that they will shut all the gates. That's what they meant. And then, another reason was, that we can control our own borders.

Now, that's the biggest laugh in human history. The United Kingdom is two big islands. If they can't control the borders, there's something seriously wrong. In fact, they're not part of Schengen! They're not part of Schengen and never wanted to be. And they can actually stop people coming in at a moment's notice.

But it's about false consciousness. It's about actually thinking you are achieving something that actually already exists.

They also cited sovereignty and democracy. They wanted the British parliament to have higher, ie. decision-making status, than the European Parliament or the European Commission, which, in fact, it already has. And, yet, these same people who supported Brexit and who – sorry, I used that word ! – who supported leaving the European Union, these are the ones who are now objecting to the British parliament being able to say "yes" or "no" to any final agreement.

So on the one hand, they create smoke and mirrors about parliamentary sovereignty and then, on the other hand, they are trying to dig it up at the roots. It's a massive contradiction.

They also objected – and here is more xenophobia – to the idea of an ever-closer union with other European member states. In other words: "We don't want to be anywhere near those Germans. And what about the French? Well, we don't want that." And … whatever you do, don't mention the Poles. I did once and I think I've got away with it.

So it's just actually all founded on different proportions of national prejudice. And, of course for them, it delivered the goods. And when you think that the biggest votes to leave were recorded in the poorest areas of England in particular, it does remind you of turkeys voting for Christmas, you know? That's what it reminds me of.

Of course, the question has arisen: "how are we going to do all this?" because nobody has ever left the European Union before. We are on new territory and nobody knows.

And you have got all these clowns saying "No, well, there's no plan B ..." There is no plan A either, as far as I can see. They have no clue at all about what they're going to do because, all the way through the campaign, they lied.

They lied through their teeth, they claimed that there would be £ 350 million pounds a week extra to go to the National Health Service. If that was the case, the National Health Service would be able to send us all to the Caribbean on holidays when we got ill.

And then you look at what's happened with the economy: Nobody knows what the long-term effects are. Some sectors of the economy are terrified, for example those that are involved with tourism, because it is quite likely that the other countries of the European Union are not going to be too happy about this colossal inconvenience that the British have caused.

And they are going to make it difficult. And no amount of tax-free-shops will change that.

You know, also Britain has lost its triple A credit rating, which was a myth anyway, because what this leaving the European Union will expose is how weak the British economy really is and how much, up to now, over the period since 1973 it has been sustained by funding from the European Union.

At the moment our unemployment rate stands at 4.9 %, which is 1,66 million. Compared to countries like Greece and Spain our youth unemployment rate is really small (13.7 %). The economy at the moment is not, superficially, on the surface, in bad shape, but when we come to leave the European Union and the results start to feed themselves through the whole process, then there'll be very big problems and we will see unemployment escalate.

It must happen because for people like that lady in the local volunteer centre who I mentioned – her job is going to go down the plug-hole very quickly.

They are talking, as well, about what sort of – and I am going to have to use this word again – Brexit they want. There is the hard Brexit or there's the soft Brexit or there is the dog's breakfast, which is a total mess. What they mean by a hard Brexit is a refusal to compromise on the European Union's single market. They will have to refuse to compromise on that because one of the basic rules of the single market is the free movement of goods, capital and labour. They don't want that.

On the other end of the scale, you have got the so-called soft Brexit which is to try to follow the example of Norway and stay within the single market but it means they'll have to accept the EU's rules on the free movement of labour. If they do that, it will be seen as a massive betrayal. And tensions are really running quite high over this.

In the period immediately after the June referendum, the level of reported hate crimes and incidents increased by 47 %. Strangely enough, these were not "white on black" or "white on brown" attacks. They were attacks, some of them "brown on white", against Polish citizens. In that period the biggest proportion of victims of hate crimes were actually Polish nationals of whom there are 900,000 living in the UK. They were the focal point of resentment.

A lot of these people who voted and supported leaving the European Union took the vote as the green light to actually begin the process of persuading other EU nationals that maybe they don't like living in the UK after all. And that is a really, really serious problem.

The government, Mrs. May says that she's going to get immigration down to 100,000 per year. At the moment, it's about 330,000. And that's against the net outflow of around 40.000 people per year. And, we have all heard about limiting immigration to a hundred thousand before.

The problem that they face, and this is a problem that the boss class faces, is that they have deindustrialised the country, that they have largely de-skilled the country, which means that they become ever more dependent on the supply of foreign workers, foreign labour.

And this, of course, has the effect that those who want to leave the European Union now say that it has increased levels of unemployment of – what you might call – ethnically British people.

What was actually created for people, black and white, in certain sectors are increasingly so-called zero-hours-contracts, where nobody has a fixed job and you sit at home waiting by the telephone. You can't even go out to the local shop to buy a loaf of bread, you sit at home all day waiting for somebody to phone you up and offer you a job – through an agency, not through our version of the *Arbeitsamt* – or on short-term contracts. And the trade-union movement, which is very weak – it's very much focused on the public sector – can not, at least at the moment as things stand, combat this process.

So we are in a very, very difficult situation and it's not one that will improve. Its one, I think, that will only get considerably worse.

The last point I want to make is that the vote for UKIP, the United Kingdom Independence Party – last seen actually having a *Schlägerei* in the European Parliament – the vote for UKIP really ate into some of the hardest core Labour vote.

And I think the loss could be permanent. Just as in Scotland, the loss of the labour vote to the Scottish National Party – which is far to the left of the Labour Party – will also be permanent. And when we try to attribute responsibility for that, it goes no further than the Labour Party itself.

Democracy in America – U.S.A. after the 2016 Election.

von Stacey Blatt (November 2016)

Donald Trump's presidential campaign and victory reflects and empowers far right forces. Neo-Nazi, White supremacist, White nationalist and nativist movements have been awakened and emboldened. But if these were his only supporters, he would not have won the election.

Vestiges of a 230 year-old electoral system, a history of voter suppression, recent voter access restrictions, congressional district manipulation and aggressive partisanship are seriously undermining American democracy. Let me explain.

The Elector System

The Electoral College is part of the original constitution of 1789. It reflected the belief that ordinary people were not educated or informed enough to be trusted to vote directly for president. More specifically, it was a compromise to keep the southern slave states in the Union. It allowed slaves to count as 3/5 of a person with regard to the state's electoral representation without giving them the right to vote. Although slavery ended over 150 years ago, the electoral system remains intact, giving less populous states a greater representation.

The United States has the oldest continuous democracy. This does not make it better. It just means it is old. Here is how it works:

People vote for a slate of electors from each state. The winning candidate in each state sends a delegation of electors to the Electoral College, which then chooses the president and vice president. The number of electors is the combined number of senators and congressional representatives in each state.

The electors then vote for the candidate who wins the most votes in their state. This »winner takes all« method means that if a candidate wins by one vote, he or she gets all the electors, which could be as little as 3 electors in Wyoming, or as many as 55 electors in California. But no matter how many votes Clinton got in California, she could only get the maximum 55 California electoral votes. The president needs a majority of the electors, which is 270 out of 538.

This system has resulted in a president being elected without the popular vote 4 times in history and twice in the last 16 years. Hillary Clinton won the popular vote by close to 3 million votes but Donald Trump won the majority of electors. And because each state is guaranteed at least 3 electors and the total number of congressional representatives is capped at 435, voters in states that are sparsely po-

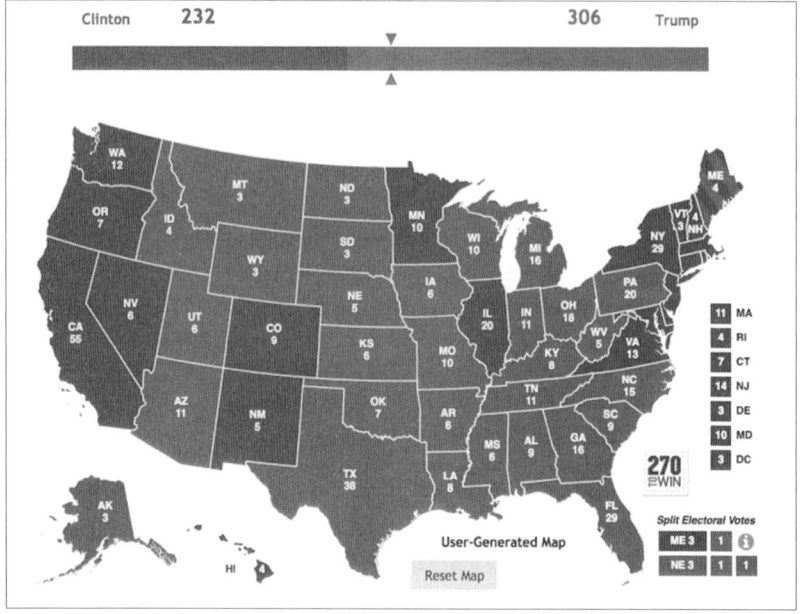

pulated have disproportionately more weight. It means that California, which is 70 times more populous than Wyoming, only receives 18 times the electors.

And because California votes solidly Democratic, California (and many other states that vote predictably) is practically ignored during presidential campaigns. The entire presidential election is fought in only about 15 »swing states« or »battle ground states«, which are those states whose election results are not predictable.

Trump

Trump tapped into the anger and frustration of a growing sector of society that sees itself as victim to global capital. If one looks at the electoral map, the states of Wisconsin, Michigan, Ohio and Pennsylvania all »flipped« from Blue to Red. In other words: they voted Democrat in the past and voted Republican this time. It is no coincidence that these are the »rust belt« states. Traditionally strong manufacturing states that have experienced tremendous job losses due to outsourcing, automation, and factory-flight.

According to research by the economists Thomas Piketty, Emmanuel Saez and Gabriel Zucman, a group of over 100 million Americans »has been completely shut off from economic growth since the 1970s«. This is serious stuff. But there is no evidence, that these people were Trump voters.

Mehdi Hasan (Al Jazeera, November 25, 2016) reported that exit polls showed the median income of a Trump voter to be well above the national average. Clinton won the majority of voters earning under $50,000. Democrats lost more votes in counties with the highest white income growth (Philip Klinkner, November 2016, Hamilton College). Hasan's suggestion was that Trump's success had more to do with racism and anti-immigrant sentiment than the wealth divide, or at least more than what we attribute. And a system that can be and has been subverted.

Voting in America

After the Civil War, the slaves were freed and in 1870 the 15th Amendment granted full American citizenship including the right to vote. But it took almost another 100 years of legalized, institutionalized racism, segregation and virtual denial of the vote in many states until the Voting Rights Act of 1965 was passed.

Since then, America has become less White. Mostly due to immigration, the non-White population has gone from 1 out of 27 in 1970, to 1 out of 8 in 2007. The changing demographics have unsettled many people, but it has also expanded the Democratic base of voters. Accepted wisdom is that the higher the voter turnout, the better it is for the Democratic candidates. The Republicans also see it this way.

In the past decade, there has been an overt effort by Republican lawmakers to reduce voter participation. In the name of »protecting the integrity of the ballot box«, Republican-controlled state governments have introduced and passed laws that have made it harder to vote. They have required strict voter identification, cut back early voting dates, made it harder to register and conducted extreme voter purges (removing people from the list of registered voters). As intended, these measures have disproportionately affected the elderly, poor and non-White citizens.

This is all possible because voting is done state-by-state. Each of the 50 states makes its own voting laws, even for federal elections. And it is further complicated by the fact that there is no national identity card in the U.S. You can have a passport if you travel and a state drivers license if you drive, but it is estimated that 25 % of voting age African-Americans and 8 % of Whites lack the photo-ID required to vote in some states. Some examples of state restrictions in the last few election cycles include Texas, which accepts a handgun license as ID but not a state university student ID. Indiana issues non-driving license identification only on the fifth Wednesday of the month, which only occurs 5 times a year. Florida conducted aggressive purges in the lead up to the 2000 election to remove names of the dead and convicted felons from the registration list. This resulted in tens of thousands of people wrongly removed. Alabama closed several drivers license offices (the only place to get state ID) in heavily Black counties. In Pennsylvania, the state tried to curtail early voting days in selected counties that were heavily Democrat. This was struck down in court but the state left the information on its website.

Why does the Justice Department not intervene? It does, but not always successfully and not always in time. And there is great concern that the next Attorney General will not make this a priority.

> »The data is not in yet to assess the impact of restrictive voting laws on the 2016 race, but there's ample evidence that long lines, malfunctioning machines, and confusion created problems on Election Day.« (Brennan Center for Justice, November 14, 2016).

The Brennan Center reports that in 2011 and 2012, 180 new voting restrictions were introduced in forty-one states, with new laws adopted in nineteen states that made it harder to vote. Many of these laws were blocked in court in 2012, but a year later the Supreme Court cut out a major section of the Voting Rights Act, severely weakening voting rights. As a result, twenty-one states had new restrictions in place in 2014.

To be fair, there are many more states that have enacted laws to expand voter participation including automatic voter registration, on-line registration, same-day registration, early voting, easy vote-by-mail, and no photo ID requirements. These have tended to be in Democratic-controlled state governments, emphasizing the growing Red/Blue political divide in America.

The States and the Congress

The United States is not a dictatorship. The two houses of Congress, the courts and the states have considerable power. Continuing in the »winner takes all« system, the majority party in the Senate gets to choose a Majority Leader and the House of Representatives chooses a Speaker. These people are extraordinarily powerful in determining the priorities of the chambers. (The Speaker of the House is the 3rd in line to the presidency). The majority party chooses the chairperson of every committee, which in turn determines which bills make it to the general body for a vote. And indeed many, many bills that are introduced never make it to a vote.

Dozens of bills introduced by Obama were blocked and never even voted on, as well as several of his nominations, including a Supreme Court Justice post that has remained unfilled for over a year. These partisan games have always been played but to nowhere near the extent the Republicans have over the past 8 years. The filibuster and other blocking strategies were previously used only sparingly. Against Obama, they were routine.

Working down the food chain: The members of the House of Representatives are elected from districts that are drawn in their home states. These are re-drawn every 10 years after the new census figures are known. The state legislatures are responsible for this, so if a state had a Republican majority in 2010, the Republicans drew the new districts for that state. The census is taken every 10 years, making the 2000, 2010, 2020 elections particularly important.

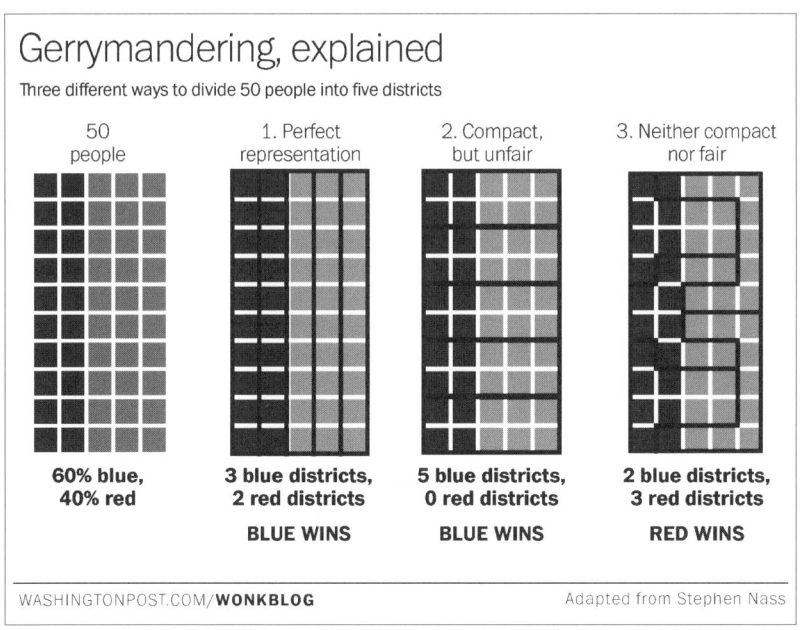

Gerrymandering, explained
Three different ways to divide 50 people into five districts

50 people	1. Perfect representation	2. Compact, but unfair	3. Neither compact nor fair
60% blue, 40% red	**3 blue districts, 2 red districts**	**5 blue districts, 0 red districts**	**2 blue districts, 3 red districts**
	BLUE WINS	**BLUE WINS**	**RED WINS**

WASHINGTONPOST.COM/**WONKBLOG**   Adapted from Stephen Nass

There has always been a tradition of »gerrymandering«, which means manipulation of the district lines to benefit a particular party. With advanced technology that enables highly specific information to be known about people, it is possible for the dominant party to literally pick its voters by carving creative district borders. The diagram above illustrates how it is possible to create districts where the majority is under-represented.

This »creativity« reached new heights after the all important 2010 election cycle. To make sure they would be in position to redraw as many states as possible,

the Republicans decided to do something new. The national party decided to invest big money into small campaigns. Normally races for State Assembly are relatively low budget. The Republican National Party targeted select races around the country where they thought they could tip the balance in the state legislature and poured obscene amounts of money into those campaigns.

It proved highly effective. In 2012, 49 % of Americans voted for Democratic Representatives compared to 48 % Republican. But with the control of many new state legislatures, and with aggressive gerrymander redistricting, Republicans got a 233 to 195 majority in the House of Representatives. That was the 2nd biggest margin in 60 years. In Pennsylvania, the Democrats got approximately 50 % of the congressional votes but Republicans got 75 % of the seats. In North Carolina, Democrats got 50 % but Republicans got 70 % of the congressional seats. Michigan Democrats got the most votes but received only 5 out of 14 seats.

This continued to pay off in the 2016 election, according to a Facing South analysis of the election results. In West Virginia, for example, 1/3 of the state's voters voted for a Democratic candidate, yet there are no Democrats among the state's 3 representatives. In South Carolina, nearly 40 % voted for Democratic Representatives yet only 1 out of the state's 7 representatives (14 percent) is a Democrat.

VOTES VS. REPRESENTATION: The South's missing Democratic representatives

Despite millions of votes cast for Democratic candidates in the 2016 election, Democrats will be underrepresented among many Southern states' congressional delegations, according to a comparison of the share of votes Democratic candidates received and their share of their state's representatives.

State	Total seats	DEMOCRAT						REPUBLICAN					
		Votes	% of votes	Expected seats based on vote share	Actual seats	% of seats	Under/over representation*	Votes	% of votes	Expected seats based on vote share	Actual seats	% of seats	Under/over representation*
WV	3	222,885	33%	1	0	0%	-33 points	442,192	65%	2	3	100%	+35 points
SC	7	795,739	39%	3	1	14%	-25 points	1,181,130	59%	4	6	86%	+27 points
NC	13	2,117,147	47%	6	3	23%	-23 points	2,423,271	53%	7	10	77%	+24 points
MS	4	428,846	38%	2	1	25%	-13 points	658,528	58%	2	3	75%	+17 points
KY	6	516,887	29%	2	1	17%	-13 points	1,248,112	71%	4	5	83%	+13 points
VA	11	1,810,190	48%	5	4	36%	-12 points	1,799,988	48%	5	7	64%	+16 points
TN	9	810,512	34%	3	2	22%	-12 points	1,488,158	63%	6	7	78%	+15 points
GA	14	1,468,440	39%	6	4	29%	-11 points	2,251,984	61%	8	10	71%	+11 points
AR	4	111,049	10%	0	0	0%	-10 points	755,357	71%	3	4	100%	+29 points

*This measure compares the share of Congressional seats held by a party to the share of votes they received.
NOTE: Alabama, Florida and Texas were not included in this analysis due to insufficient election result data on all districts at the time of publication. Louisiana was not included because it will hold a runoff election in December for two of its U.S. House districts.

FACING SOUTH   SOURCE: New York Times 2016 election results, state elections websites
CHART: Allie Yee, November 2016

Another example of blatant disregard for democratic norms is in North Carolina. The people elected a Democrat as Governor in 2016. But with a Republican Governor and Republican-controlled legislature still in office for the remaining few weeks of their term, they called a special session to radically reduce the powers of the Governor.

More about Trump

Donald Trump has not given us reason for comfort. During the campaign he promised to prosecute and lock up Hillary Clinton (which are not powers of the president). He invited more hacking of the Democratic Party by the Russians. Expecting to lose, he repeatedly said that the election was rigged and that he would not accept the results. Now that he has won, he accepts the results and rejects a call for an investigation into Russian intervention in the election, despite overwhelming evidence.

Trump is an open admirer of Vladimir Putin of Russia and Recep Erdoğan of Turkey, both infamous for their disregard for democratic rights and for vastly enriching themselves in office. Trump has refused to divest himself of his businesses that stand to benefit directly from his presidency. Let us hope he does not continue in the mold of his pals.

The Great Divide

Many things have been said about »echo chambers« and »filter bubbles«; that we are secluded from people who think differently. We often associate this with the internet. How we choose our news and how our news is chosen for us. But research

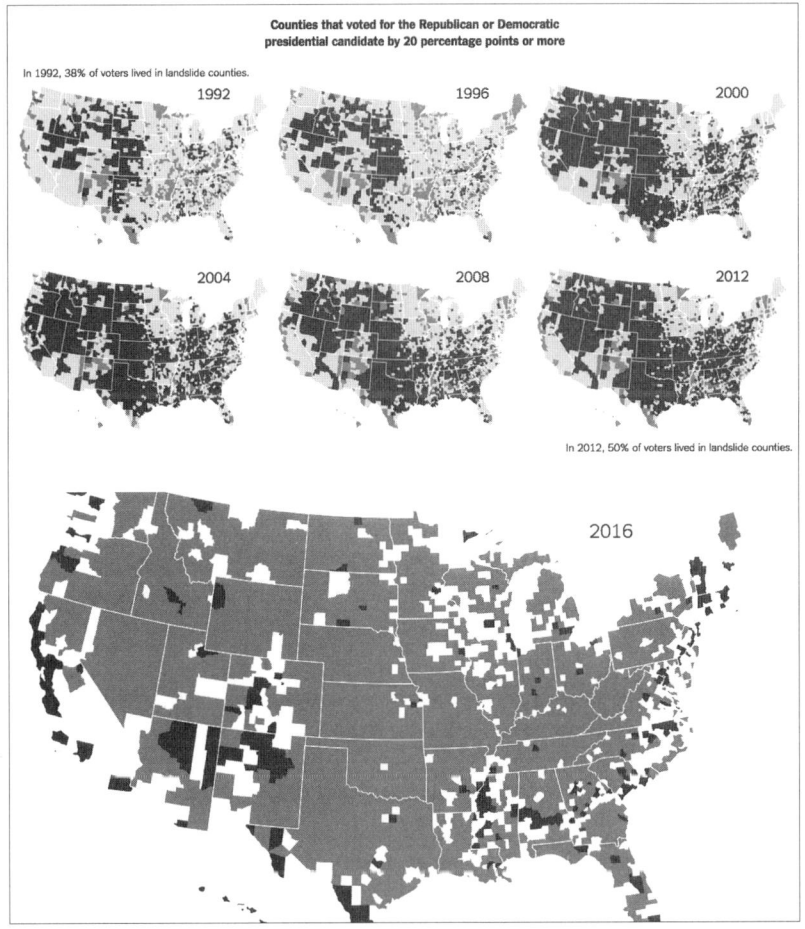

from an article in the New York Times, by Gregor Aisch, Adam Pearce and Karen Yourish, shows that we have been segregating ourselves for decades culminating in a divide where half of the population lives in »landslide areas«; areas where the people voted by over 20% either Republican or Democratic. The maps show the increasing areas of red or blue and decreasing white colored areas (a balance of red and blue). It looks like a steady Republican increase, but in fact the blue areas represent more people. Previously, when there were more white areas, lawmakers were discouraged to be too aggressively partisan. Their constituents were Republicans *and* Democrats. But with people increasingly segregated and the gerrymandering of »safe« districts, lawmakers are free to take more radical positions and not be restrained by democratic norms.

This is alarming information. A system that is electing presidents and congressional representatives from a minority of voters. A system that is willfully disenfranchising its citizens. Two parties that literally have no common ground and little inclination to work together. And a new president that has little knowledge of, interest in, or respect for the democratic process. Everything is ripe for further erosion of democracy.

The obvious question is why does America not change this clearly flawed system? It is noteworthy that America, after the 2nd World War (along with Great Britain and France), set up the decidedly more democratic system of proportional representation in Germany. Any such change in America would require the will of many more people than seem to be cooperating at this moment in history. But there is the hope that with this crisis, America finds the courage to strengthen its democracy.

Ausstieg

von Isolde Aigner

Innerhalb der einzelnen Beiträge unseres Bandes zeichnen sich Gemeinsamkeiten ab bezüglich einer Diagnose verschiedener politischer Kontexte, die mit einem gesellschaftspolitischen Rechtsruck in Europa im Zusammenhang stehen. Neben dem Erstarken völkischer Bewegungen und Parteien haben sich in den letzten Jahren vermehrt autoritäre Entwicklungen innerhalb bürgerlicher Repräsentativdemokratien vollzogen. Tino Heim spricht in seinem Beitrag »Der politische Rechts(d)ruck, die prozessierten Widersprüche des Neoliberalismus und die Strukturkrisen kapitalistischer Vergesellschaftung« in diesem Zusammenhang von einem »postdemokratische[n]« Politikstil. Nach Colin Crouch bezeichnet der Begriff »Postdemokratie« ein Gemeinwesen, in dem die gewählten Repräsentanten weniger im Sinne des Gemeinwohls als unter dem Einfluss einzelner, privater Interessensgruppen agierten und »die reale Politik hinter verschlossenen Türen gemacht« werde, während die »Mehrheit der Bürger« [...] eine passive, schweigende, ja sogar apathische Rolle« einnehme (Crouch 2008, 10). Mit dieser Entwicklung gehe ein neoliberaler Turn einher, der sich einerseits durch eine progressive Ausrichtung innerhalb der Kulturpolitiken, andererseits durch eine reaktionäre Haltung innerhalb der Sozial- und Sicherheitspolitiken auszeichnet.

Zunehmend kristallisierte sich eine Konkurrenzstellung, beziehungsweise Binarität zwischen neoliberalen bürgerlichen Eliten und nationalistisch bzw. völkischen Eliten heraus. Beispielhaft dafür ist die Binarität innerhalb der öffentlichen Verhandlung der Flüchtlingspolitik zwischen der Kanzlerin Merkel (CDU) und dem bayerischen Ministerpräsidenten Horst Seehofer (CSU). Besonders deutlich wurde sie aber innerhalb des Präsidentschaftswahlkampfs in den Vereinigten Staaten: Während der republikanische Präsidentschaftskandidat (und jetzige Präsident) Donald Trump für eine reaktionäre und protektionistische Politik eintrat, warb Hillary Clinton von den Demokraten für einen »progressiven Neoliberalismus« (Nancy Fraser).

»In seiner US-amerikanischen Form ist der progressive Neoliberalismus eine Allianz zwischen einerseits tonangebenden Strömungen der neuen sozialen Bewegungen (Feminismus, Antirassismus, Multikulturalismus und den Verfechtern von LGBTQ-Rechten) und andererseits kommerziellen, oft dienstleistungsbasierten Sektoren von hohem Symbolgehalt (Wall Street, Silicon Valley und Hollywood). Hier stehen progressive Kräfte faktisch im Bündnis mit den Kräften des kognitiven Kapitals, insbesondere der Finanzialisierung. Erstere borgen dabei, ob unbewusst oder auch nicht, den Letzteren ihr Charisma. Grundsätzlich für ganz unterschiedliche Zwecke nutzbare Ideale wie Vielfalt und Empowerment dienen jetzt der Ver-

klärung politischer Entwicklungen, die zur Zerstörung des produzierenden Sektors
und der Lebensverhältnisse der Mittelschicht geführt haben, an denen die darin
Beschäftigten einst teilhaben konnten.« (Fraser, 2017)

Gleichzeitig zeichnet sich bei Teilen der politischen Linken ein Einschwenken auf
nationale Rhetorik und Lösungsvorschlägen ab – besonders deutlich zeigt sich dies
innerhalb der Flüchtlingsdebatte, in der die soziale Frage als Verteilungskampf gedeutet wird: Die Geflüchteten werden als Konkurrenz gegenüber »sozial Abgehängten« (z.b. in Bezug auf den Arbeitsmarkt) dargestellt – im Sinne einer Verteidigung nationaler Etabliertenvorrechte, so dass auf diese Weise marginalisierte
Gruppen gegeneinander ausgespielt werden.

Neben diesen hier skizzierten Entwicklungen, die sich als eine autoritäre Zuspitzung deuten lassen, zeigt sich auf der anderen Seite das Wegfallen (aber auch
Diskreditieren) sichtbarer linker Positionen, Diskurse und Themensetzungen, die
gesellschaftspolitische Alternativen aufzeigen könnten. Durch eine Neoliberal-
lisierung der Sozialdemokratien und deren Anschluss an die Dienstleistungsmit-
telschicht und der linken Fokussierung auf Kulturpolitiken hat sich außerdem ein
Verlust der sogenannten ›Unterschicht‹ als linkes Potential vollzogen.

Wie können linke Interventionen innerhalb dieser Entwicklung aussehen? Zunächst einmal ist eine (Re-)Artikulation und Sichtbarmachung linker Themensetzungen notwendig – genauso wie eine Gerechtigkeitsdebatte, die die Konkurrenz
verschiedener Ausschließungsmechanismen vermeidet. Oder um es mit den Worten von Nancy Fraser zu sagen: »Verweigert die unmögliche Wahl zwischen pro-
gressivem Neoliberalismus und reaktionärem Populismus.«

Quellen:

Crouch, Colin 2008: Postdemokratie. Frankfurt a. M.: Suhrkamp

Fraser, Nancy 2017: Für eine neue Linke oder: Das Ende des progressiven Neoliberalismus.
In: Blätter für deutsche und internationale Politik, 2 /2017 https://www.blaetter.de/
archiv/jahrgaenge/2017/februar/fuer-eine-neue-linke-oder-das-ende-des-progressiven-
neoliberalismus. Zugriff am 27.06.2017.

Über die Autor_innen

Isolde Aigner promoviert zu Antifeminismus in leitmedialen Diskursen und leitet die Diskurswerkstatt des Duisburger Instituts für Sprach- und Sozialforschung. Ihre Forschungsschwerpunkte sind Antifeminismus, Maskulinismus, Diskursanalyse. Sie ist Redakteurin der feministischen Zeitschrift WIR FRAUEN.

Graeme Atkinson was born in 1948 in County Durham, the son of a County Durham coal miner father and a factory worker mother, both of them socialists. After working in a variety of manual jobs, he trained as a teacher and spent 14 years teaching in a comprehensive school (*Gesamtschule*). In 1984, he became a full-time journalist to support the Miners' Strike and from 1986 worked full-time for the anti-fascist *Searchlight* magazine. From January 1989 until August 1997, he lived in Frankfurt/Main, Stuttgart and Berlin from where he established an international anti-fascist network. Now resident once more in the UK, he is European editor and international co-ordinator of the anti-fascist *HOPE not hate* organisation.

Stacey Blatt, 1958 in Los Angeles geboren, lebte 17 Jahre in New York und legte 1979 den »Bachelor of Arts« am Bard College ab. Seit dem Jahr 2000 wohnt und arbeitet sie in Duisburg, wo sie an verschiedenen Kunstausstellungen beteiligt und bei mehreren MSV Spielen anwesend war. Sie arbeitet als Sprachlehrerin und ist seit 40 Jahre politisch aktiv.

Sebastian Chwala, Politikwissenschaftler, Promotionsstipendiat der Rosa-Luxemburg-Stiftung, Autor des Buches »Der Front National. Geschichte. Programm, Politik und Wähler« erschienen beim PapyRossa Verlag Köln. Lebt in Marburg.

Martin Dietzsch leitet das DISS-Archiv mit Primärquellen zur extremen Rechten. Seine Arbeitsschwerpunkte sind: Extreme Rechte, Antiziganismus und Politischer Totenkult. Kontakt: m.dietzsch@diss-duisburg.de

Tino Heim studierte Soziologie, Philosophie und Erziehungswissenschaften in Dresden und New York und forschte zunächst zur Institutionalisierung von Kunst in Staatssozialismus und Kapitalismus. 2013 promovierte er über die »Metamorphosen des Kapitals. Kapitalistische Vergesellschaftung und Perspektiven einer kritischen Sozialwissenschaft nach Marx, Foucault und Bourdieu« (Bielefeld). Derzeit arbeitet er an einer Habilitation über rechtspopulistische und neokonservative Geschlechterdiskurse im Kontext einer verschärften Krise der Reproduktion. Weitere

Forschungsschwerpunkte: die Krise der Wissensarbeit und der sozialwissenschaftlichen Erkenntnisperspektiven, sowie der historische Wandel von Regierungsrationalitäten im Zusammenhang mit den Produktions- und Konsumverhältnissen.
Zu den jüngsten Publikationen zählt »Pegida als Spiegel und Projektionsfläche«
(Wiesbaden 2016). Kontakt: TinoHeim@web.de.

Cordelia Heß, promoviert 2007 in Hamburg, Postdoc in Stockholm, seit 2014 Senior lecturer in Göteborg am Department für historische Studien. Gastforschung
u. a. an der Universität Tel Aviv und am Zentrum für Antisemitismusforschung an
der TU Berlin. Mitglied im Forschungsnetzwerk Frauen und Rechtsextremismus.
Derzeitiges Forschungsprojekt über Antisemitismus in Skandinavien in langer historischer Perspektive.

Margarete Jäger ist Kulturwissenschaftlerin und leitet zurzeit das Duisburger Institut für Sprach- und Sozialforschung (DISS). Ihre Arbeitsschwerpunkte sind Studien zu Politik-, Medien- und Alltagsdiskursen, insbesondere in Bezug auf Rassismus, Migration, Rechtsextremismus, Krieg und Gender.

Helmut Kellershohn, Jg. 1949, studierte Geschichte und Katholische Theologie
in Bonn, unterrichtete bis 2014 an einem Gymnasium in Moers, Mitarbeiter des
Duisburger Instituts für Sprach- und Sozialforschung (DISS), zahlreiche Veröffentlichungen zur Neuen Rechten, insbesondere zur Jungen Freiheit und zum Institut
für Staatspolitik, zum Neokonservatismus und völkischen Nationalismus. Zuletzt
(zusammen mit W. Kastrup) Herausgeber von »Kulturkampf von Rechts. AfD,
Pegida und die Neue Rechte« (Münster 2016).

Roisin Ludwig ist Politikwissenschaftlerin und Soziologin und arbeitet in Frankfurt am Main. Ihre Masterarbeit hat sie zur Versicherheitlichung von Migration,
antimuslimischem Rassismus und dem aktuellen Terrorismus- und Fluchtdiskurs
geschrieben.

Jobst Paul ist Sprach- und Literaturwissenschaftler und wissenschaftlicher Mitarbeiter des DISS. Er veröffentlichte Bücher und zahlreiche Aufsätze zur Ethik, u.a. zum
Menschenbild in den Biowissenschaften. Zwischen 2005 und 2010 leitete er das
Forschungsprojekt ›Staat, Nation, Gesellschaft‹, das sich mit den gesellschaftspolitischen Interventionen der deutsch-jüdischen Publizistik im 19. Jahrhundert beschäftigte. Seitdem koordiniert er das Editionsprojekt ›Deutsch-jüdische Autoren
des 19. Jahrhunderts. Schriften zu Staat, Nation, Gesellschaft‹. Derzeit erarbeitet er
einen Leitfaden zur Identifikation und Analyse herabsetzender Urteile/Aussagen/
Argumentationen (Binarismus-Analyse).

Johannes Richter ist Soziologe aus Dresden, er beschäftigte sich zunächst aus aktivistischer Perspektive mit dem Phänomen Pegida. Seit seiner Mitarbeit im Forschungsprojekt des DISS »Pegida im Spiegel der Medien« betrachtet er das Phänomen zunehmend auch wissenschaftlich und schrieb seine Diplomarbeit zum Umgang der sächsischen CDU mit dem Phänomen Pegida. Zudem war er journalistisch für die Zeitung Neues Deutschland und die Jungle World zur rassistischen Hegemonie in Sachsen unterwegs.

Lara Schultz, Politikwissenschaftlerin und Slavistin, beschäftigt sich seit vielen Jahren mit der extremen Rechten in Mittel- und Osteuropa und schreibt darüber unter anderem für publikative.org, Jungle World, analyse & kritik und Der Rechte Rand. Zum Schwerpunkt Ukraine kam sie 2012, als die extrem rechte Partei Svoboda erstmals in der Verchovna Rada Einzug erhielt, die westliche Presse darüber aber lange nicht berichtete. Dass sie sich zu Forschungszwecken mehrfach in der Ukraine aufhielt, wurde ihr in Russland fast zum Verhängnis. Bei der Ausreise wurde sie festgehalten und von einem Sicherheitsbeamten ausführlich über den Grund ihrer Aufenthalte in der Ukraine und ihre Ansicht zum russisch-ukrainischen Verhältnis befragt.

Regina Wamper ist Politikwissenschaftlerin und Wissenschaftliche Mitarbeiterin im Duisburger Institut für Sprach- und Sozialforschung. Ihre Forschungsschwerpunkte sind Diskurstheorie, Studien zur extremen Rechten, zu Rassismus und zu Antifeminismus.

Felix Schilk

Souveränität statt Komplexität

Wie das Querfront-Magazin ›Compact‹ die politische Legitimationskrise der Gegenwart bearbeitet

Edition DISS | Band 39
2017 | 192 Seiten | 19,80 €
ISBN 978-3-89771-768-8

Rechtspopulismus im ›Alternativmedium‹ Compact

Compact, Jürgen Elsässers »Magazin für Souveränität«, liefert dem Umfeld von AfD und Pegida Stichworte, Symbole und Ideologeme. Die monatlich erscheinende Zeitschrift verbindet das Bedürfnis nach Homogenität und rigiden Ordnungsvorstellungen und verschwörungsideologischen Deutung gesellschaftlicher Krisenerscheinungen und bietet Projektionsflächen für Sozialcharaktere, die sich durch einen selektiven und verhärteten Zugriff auf die Wirklichkeit auszeichnen.

Wolfgang Kastrup, Helmut Kellershohn (Hg.)

Kulturkampf von rechts

AfD, Pegida und die Neue Rechte

Edition DISS | Band 38
2016| 244 Seiten | 24 €
ISBN 978-3-89771-767-1

Hochaktueller Diskussionsband

An Phänomenen wie Pegida und der AfD zeigt sich deutlich der Rechtsruck, der zurzeit durch Deutschland geht. Die Ausbreitung rechter Ideologeme in der Mitte der Gesellschaft hat durch die aktuelle Flüchtlingspolitik einen gewaltigen Schub erhalten. Der Vertrauensverlust vieler Menschen in die politische Klasse ist aber nicht nur Ausdruck einer politischen Krise, sondern auch das Resultat der Krisenprozesse kapitalistischer Ökonomie in den letzten Jahren. Neurechte Gruppierungen und Netzwerke stehen bereit, diesen Menschen mit völkischer Ansprache Orientierung zu bieten.

» überzeugend dargelegt... «

junge Welt

Jens Zimmermann, Regina Wamper & Sebastian Friedrich (Hg.)

Der NSU in bester Gesellschaft

Zwischen Neonazismus, Rassismus und Staat

Edition DISS | Band 37
2015 | 168 Seiten |18 €
ISBN 978-3-89771-766-4

Die Morde des NSU und die ›Mitte der Gesellschaft‹

Der gesellschaftliche Umgang mit den Morden des NSU zeugt von seiner Einbettung in ein medial vermitteltes und institutionell verfestigtes Wissen über Migration, rassistische Gewalt und ihre Ursachen, bei dem Migration und Kriminalität eng miteinander verknüpft sind. Hat sich daran nach Aufdeckung des NSU etwas verändert?

In dem Sammelband werden mit einem Blick in die 1990er Jahre die zentralen Faktoren ausgeleuchtet, die für die Entstehung und die weitgehend ungehinderten Aktivitäten des NSU relevant waren. Schließlich geht es um die Frage, was der NSU und der gesellschaftliche Umgang mit ihm und den Morden für eine antifaschistisch und antirassistisch ausgerichtete Theorie und Praxis bedeutet.

UNRAST Verlag • Postfach 8020 • 48043 Münster

www.unrast-verlag.de • E-Mail: info@unrast-verlag.de

EDITION DISS **Duisburger Institut für Sprach- und Sozialforschung**

Seit 1987 bearbeitet das DISS ein Themenspektrum, das in der Öffentlichkeit vielfach als unbequem und lästig angesehen wird. Doch brisante Themen wie Rassismus und Rechtsextremismus, wie Militarisierung und Nationalismus, wie Sozialstaatsabbau und Ausgrenzung von Minderheiten müssen angesprochen werden, damit sie sich nicht unter der Oberfläche auswirken können. Das DISS will einen Beitrag dazu leisten, die Konstitutionsprozesse solcher Vorgänge zu erforschen. Dabei geht es nicht nur um die Beschreibung von Gefährdungen, sondern auch darum, positive Potentiale innerhalb der Gesellschaft zu entdecken. Der diskurstheoretische Ansatz, auf den sich die Arbeiten des DISS stützen, bietet hier Möglichkeiten zu konstruktiven Lösungsvorschlägen.

Die Arbeitsschwerpunkte liegen zurzeit in folgenden Bereichen:
- Rassismus und Einwanderung in Deutschland
- Entwicklungen der extremen Rechten
- Völkisch-nationalistische und militaristische Tendenzen
- Historische Diskursanalysen zur jüdischen Publizistik im 19. Jahrhundert
- Soziale Ausgrenzung

Zu diesen Themen wurden im DISS eine Bibliothek und ein umfangreiches Archiv aufgebaut. Diese Einrichtungen können von Wissenschaftler*innen* sowie von Journalist*innen* genutzt werden.

Daneben veröffentlicht das DISS Monographien und Sammelbände in der EDITION DISS des Unrast-Verlags (Münster).

Das DISS-JOURNAL, in dem die Arbeit des DISS dargestellt wird und Kommentare zu aktuellen politischen Ereignissen publiziert werden, erscheint in der Regel zweimal im Jahr und wird Interessierten gegen die Erstattung der Versandkosten zugeschickt.

Mitgliedschaft / Spenden

Das DISS ist auf finanzielle Unterstützung durch Einzelpersonen und Organisationen angewiesen, damit es seine Arbeit „gegen den Strich" fortsetzen kann. Spenden an das DISS sind steuerlich absetzbar.

DISS, Siegstraße 15, 47051 Duisburg
Tel 0203-20249, Fax 0203-287881;
e-mail: info@diss-duisburg.de
www.diss-duisburg.de

Spenden: Konto 209-001167; Stadtsparkasse Duisburg (BLZ 35050000)